本书为沈阳师范大学"教育学学科标志性成果建设工程"
学术专著资助项目成果

杨艳蕾 著

超越大学的围墙

"威斯康星理念"研究

Beyond University Campus
Research on the Wisconsin Idea

中国社会科学出版社

图书在版编目(CIP)数据

超越大学的围墙:"威斯康星理念"研究/杨艳蕾著. —北京:中国社会科学出版社,2015.2(2023.5重印)

ISBN 978-7-5161-5676-6

Ⅰ.①超… Ⅱ.①杨… Ⅲ.①高等教育—教育思想—研究 Ⅳ.①G640

中国版本图书馆 CIP 数据核字(2015)第 045302 号

出 版 人	赵剑英
选题策划	陈肖静
责任编辑	陈肖静
责任校对	刘 娟
责任印制	戴 宽

出　　版	中国社会科学出版社
社　　址	北京鼓楼西大街甲 158 号
邮　　编	100720
网　　址	http://www.csspw.cn
发 行 部	010-84083685
门 市 部	010-84029450
经　　销	新华书店及其他书店
印　　刷	北京君升印刷有限公司
装　　订	廊坊市广阳区广增装订厂
版　　次	2015 年 2 月第 1 版
印　　次	2023 年 5 月第 2 次印刷
开　　本	710×1000　1/16
印　　张	16.25
插　　页	2
字　　数	258 千字
定　　价	68.00 元

凡购买中国社会科学出版社图书,如有质量问题请与本社联系调换
电话:010-84083683

版权所有　侵权必究

目 录

序 ……………………………………………………………… （1）
导言 ……………………………………………………………… （1）
 一 选题缘由和意义 ……………………………………… （1）
  （一）选题缘由 ……………………………………… （1）
  （二）选题意义 ……………………………………… （4）
 二 国内外研究状况 ……………………………………… （7）
  （一）国外研究综述 ………………………………… （7）
  （二）国内研究综述 ………………………………… （14）
  （三）关键词厘定 …………………………………… （17）
 三 研究思路和方法 ……………………………………… （21）
  （一）研究思路 ……………………………………… （21）
  （二）研究方法 ……………………………………… （21）

第一章 "威斯康星理念"的思想内涵 ………………………… （23）
 一 巴斯科姆的教育思想 ………………………………… （24）
  （一）州大学必须加强社会的"精神进步的资源" … （25）
  （二）州大学要对州提供帮助 ……………………… （29）
  （三）建立以州大学为核心的公共教育体系 ……… （31）
 二 钱伯林的教育思想 …………………………………… （34）
  （一）州大学是州共同体的福祉 …………………… （35）

（二）大学要提供一种普遍的影响 …………………………（37）
　　（三）大学教育要适应人民的需求 …………………………（39）
　三　范海斯的教育思想 …………………………………………（43）
　　（一）州的大学必须要服务于州 ……………………………（45）
　　（二）大学要加强创造性工作 ………………………………（52）
　　（三）大学要把知识带给人民 ………………………………（58）
　本章小结 …………………………………………………………（62）

第二章　"威斯康星理念"的实践模式 ……………………………（65）
　一　大学推广教育部的社会服务活动 …………………………（66）
　　（一）大学推广教育部的创立 ………………………………（66）
　　（二）大学推广教育部的运行 ………………………………（70）
　二　大学农业院系的社会服务活动 ……………………………（80）
　　（一）乳业科学研究 …………………………………………（81）
　　（二）农业推广教育 …………………………………………（87）
　三　大学的专家资政活动 ………………………………………（92）
　　（一）帮助制定和完善州的立法 ……………………………（93）
　　（二）参与州的行政管理工作 ………………………………（102）
　本章小结 …………………………………………………………（105）

第三章　"威斯康星理念"的成因分析 ……………………………（108）
　一　社会变革的必然诉求 ………………………………………（108）
　　（一）经济社会生活的巨变 …………………………………（109）
　　（二）教育诉求的直接表达 …………………………………（113）
　　（三）《莫里尔法案》颁布的深意 ……………………………（117）
　二　高等教育领域发生的变革 …………………………………（120）
　　（一）大学与社会的联系得到重视 …………………………（121）
　　（二）教育民主初现端倪 ……………………………………（125）
　　（三）大学公共服务指向渐趋明朗 …………………………（128）
　三　威斯康星州独特的环境因素 ………………………………（137）

（一）州政治改革对大学的依赖 …………………………… (137)
　　（二）州农业转型对大学的需求 …………………………… (143)
　　（三）州独特人文底蕴的生态土壤 ………………………… (148)
　　（四）州大学求真务实的校园文化 ………………………… (153)
　本章小结 ……………………………………………………… (162)

第四章　"威斯康星理念"的影响及新发展 ……………………… (166)
　一　"威斯康星理念"获得的积极肯定 ……………………… (166)
　　（一）来自州内的赞美 ……………………………………… (167)
　　（二）来自州外的赞美 ……………………………………… (169)
　二　"威斯康星理念"遭到的质疑批评 ……………………… (173)
　　（一）对大学超越服务权限的质疑 ………………………… (173)
　　（二）对大学行政管理不当的批评 ………………………… (178)
　三　"威斯康星理念"对高等教育的影响 …………………… (180)
　　（一）"威斯康星理念"对思想观念的更新作用 …………… (180)
　　（二）"威斯康星理念"对其他大学的典范作用 …………… (182)
　　（三）"威斯康星理念"对大学服务职能的定位作用 ……… (183)
　四　当代"威斯康星理念"的新发展 ………………………… (184)
　　（一）传统推广教育进一步拓展 …………………………… (185)
　　（二）构建新的服务体制 …………………………………… (186)
　　（三）注重特定的服务 ……………………………………… (187)
　本章小结 ……………………………………………………… (189)

第五章　"威斯康星理念"对我国的启迪与推动 ………………… (191)
　一　"威斯康星理念"对近代中国的启迪与推动 …………… (191)
　　（一）"威斯康星理念"在近代中国的传播 ………………… (191)
　　（二）"威斯康星理念"对近代中国大学社会服务活动的推动 … (197)
　二　"威斯康星理念"对今日中国的影响 …………………… (205)
　　（一）大学对政府和社会机构的服务："协同创新"中的
　　　　　智囊和伙伴 …………………………………………… (205)

（二）大学对地方经济的服务：助力经济腾飞 ………………（209）
　　（三）大学对社会的文化教育服务：文化提升与教育反哺 …（215）
　三　"威斯康星理念"对我国大学的启示 ………………………（222）
　　（一）大学要施行切实有效的社会服务 …………………（223）
　　（二）大学要引领和提升社会文化 …………………………（224）
　　（三）大学社会服务要与时俱进 ……………………………（224）
　本章小结 …………………………………………………………（228）

结语 ………………………………………………………………（230）
　一　"威斯康星理念"标志着美国式新大学的出现 ……………（231）
　二　"威斯康星理念"标志着打破高等教育传统的封闭体制 …（232）
　三　"威斯康星理念"标志着大学社会服务功能的确立 ………（234）
　四　"威斯康星理念"代表着教育民主理想的实现 ……………（236）

主要参考文献 ……………………………………………………（239）
后记 ………………………………………………………………（247）

序

《超越大学的围墙:"威斯康星理念"研究》一书即将出版,这是杨艳蕾博士在她自己博士学位论文基础上修改而成的一本专著。在该书即将付梓之际,作为杨艳蕾博士在攻读博士学位期间的导师,我为她的学术成果出版感到由衷的高兴,并欣然应允作序。

大学的社会服务功能是西方大学发展历程中的一个重要阶段,也是西方大学教育研究的一个重要问题。在经历教学功能和科研功能两个阶段之后,从19世纪中期起,以美国大学为先导,西方大学又增加了社会服务功能,这表明了西方大学逐步拓展和丰富了自己的功能,并以全方位和多角度的方式直接为社会服务。其中,巴斯科姆(J. Bascom)、钱伯林(T. C. Chamberlin)和范海斯(Charles R. Van Hise)三位校长相继领导的美国威斯康星大学办学实践,不仅是大学社会服务功能理念的集中体现,而且是大学社会服务功能正式产生的标志。威斯康星大学创立的为社会服务理念最为显著的特征,就是州政府与大学之间形成了密切的伙伴关系。在某种意义上,"威斯康星理念"也可以作为"大学为社会服务理念"的代名词。美国著名教育史学家布鲁巴克(John S. Brubacher)曾这样指出:"范海斯在威斯康星大学的改革取得了令人瞩目的成功,其他各州纷纷仿效。社会服务成为它们恪守的主要原则,为美国民主发展成为美国高等教育的一条新的道路。"(《变革中的高等教育:一部美国历史,1636—1956》)

正因为美国威斯康星大学办学实践以及"威斯康星理念"所体现出的

创新性和实用性,自改革开放以来,我国不少教育学者对这个学术问题进行了研究,并发表一些相关的学术论文。但是,对"威斯康星理念"的整个研究还不够深入,至今还没有一本相关的专著进行集中的研究,因此,杨艳蕾博士选择"威斯康星理念"这一充分体现大学服务功能的课题进行系统的深入的研究,其研究成果无疑是具有重要的理论价值和明显的现实意义。正如杨艳蕾博士自己在本著作中所写的:在"威斯康星理念"研究中,"对它进行细致的梳理廓清与剖析论述,无论是对于高等教育领域的学术研究,还是对教育史领域的学术研究,都具有拓宽论题研究的广度,深化问题研究的深度,提供更为翔实丰厚的理论诠释,提升理论蕴积之意义。""重温一个世纪前'威斯康星理念'的诞生,对于大学组织重新审视学术与服务、经济利益与公共福祉的关系,力求在急速发展的社会进程中寻找一个较为理想的平衡支点是很有启示作用的。"

作为一本集中阐释和论述"威斯康星理念"的著作,杨艳蕾博士在构思和撰写《超越大学的围墙:"威斯康星理念"研究》的过程中,想方设法收集了大量相关的英文资料,并在此基础上以历史为研究主线,基于美国社会时代背景,从"威斯康星理念"的思想内涵、"威斯康星理念"的实践模式、"威斯康星理念"的成因分析、"威斯康星理念"的影响及新发展等方面,系统地论述了"威斯康星理念"。与以往相关的研究相比,在整个研究中,确实有一些超越以前的研究成果,例如,在"威斯康星理念"的思想内涵上,不仅仅论述了以前较为熟知的范海斯校长的理念,而且论述了以前研究不多的巴斯科姆和钱伯林两位校长的理念,更好地揭示了"威斯康星理念"的思想内涵不断臻于完善的过程,从而使得"威斯康星理念"在思想内涵方面的研究更为深化;又如,在"威斯康星理念"的实践模式上,从威斯康星大学推广教育部和农业院系的社会服务活动以及大学教授的专家资政活动入手,指出了实践"威斯康星理念"的三条路径,从而使得研究比以前更为具体和更为深入。此外,在研究中,还从"社会变革的必然诉求"、"高等教育领域发生的变革"以及"威斯康星州独特的环境因素"三个方面探讨了"威斯康星理念"生成的成因,使得整个研究更富于立体感。

还值得注意的是,《超越大学的围墙:"威斯康星理念"研究》一书不仅很好地论述了"威斯康星理念"对美国高等教育的重要影响，而且尽力分析了"威斯康星理念"对我国近代和当今的有益启迪，这也清楚表明了该书作者在研究中力图摆脱书斋式，而努力凸显出学术研究的现实性。

从整体结构来看，《超越大学的围墙："威斯康星理念"研究》一书的框架合理、条理清楚、资料丰富、观点明确、论述得当，文字也流畅。基于历史意识和现实意识结合的视野，该书不仅对"威斯康星理念"之思想内涵的形成和发展进行了精心的阐释，而且对"威斯康星理念"的实践进行了很好的分析，这些都表现出杨艳蕾博士较强的学术研究能力。

《超越大学的围墙："威斯康星理念"研究》一书的出版，是对杨艳蕾博士多年学术努力的一种肯定。作为她的导师，我要向杨艳蕾博士表示真诚的祝贺，祝贺她在学术研究上所取得的进步；同时我也要向杨艳蕾博士表示美好的祝愿，祝愿她今后在学术研究上能有更多的成果。

是为序。

单中惠

2015 年 1 月

导　言

一　选题缘由和意义

（一）选题缘由

1. 问题本身的魅力

大学是一个拥有着高知识贮存、高智商水平、高研究能力的师生群体和先进辅助条件的组织，这样的组织无疑是一个巨大的智能团和资源库。在当今科学技术飞速发展、社会文明程度不断跃升的时代，大学通过与政府合作、与企业联手等诸种方式，愈益深入地关注、参与和影响着社会生活，成为社会文明进步的推动力量，从而愈益强烈地体现着它服务社会的基本职能，它因此也得到社会民众更为广泛的认可、喜爱和向往。而这种来自社会的对大学功能作用的角色认定和价值认可，也越发坚定了大学人服务社会的信念，服务社会已成为现代教育恪守的一条办学原则。

然而，在一百多年前，大学还远没有建立起与社会的直接联系，更没有成为社会生活的中心。在美国的大学（严格说是学院）里，来自欧洲大陆的强劲的理性主义思潮和智力训练传统严格支配着学校生活的各个方面，教育的功能和目的指向被仅仅局限于对人的智力训练、理性涵育和优雅行为举止的培养上，大学成为少数人独享理智思辨乐趣的远离生产实际和大众生活的场所。

19世纪中后期起，在赠地学院运动的热潮中，美国的一些大学逐渐认识到传统学院远离生产生活、远离社会民众的弊端，开始注意到让大学的影响向社会、向广大民众传播和扩散，以使大学在社会生活中发挥作用，为此，很多大学开始开设推广教育课程。在费城成立的美国大学推广教育协会（The American Society for the Extension of University Teaching）把当地的大学及中小学联合起来，共同为民众举办讲座课程，印第安纳州则由州的校友协会承担对民众进行知识教育的任务。一些大学校长也开始注意到大学服务社会的问题，采取了一些结合州的实际的大学教育改革措施，如怀特（A. D. White）提出要把康奈尔大学办成"所有人都能学到所有知识的地方"，安吉尔（G. B. Angell）在密歇根大学提供给州内7万多人的函授课程，并开办政治科学学院，研究州的政治问题。堪萨斯大学组织数千册图书的巡回下乡服务。芝加哥大学校长哈珀（W. R. Harper）坚信大学负有宣传真理广为人知的使命，宣称"推广教育要把大学带进与人民生活的直接联系中"①，他率先在他的大学里设立了正式的组织严谨的推广教育部，以讲座课程、函授课程、图书出版等多种推广教育形式向人民大众传播知识，影响遍及中西部地区。与此同时，在州的行政事务中大学教授也开始以自己的专业特长进行服务，比如，哥伦比亚大学的政治学教授被邀请为州拟定宪法，印第安纳州在制定州铁路方面的法规时，也是邀请州大学教授帮助制定。应该说，在19世纪末，大学为州、为社会服务已是大势所趋，成为很多大学教育改革的方向和目标。

在这些致力于为社会服务的大学中，威斯康星大学（University of Wisconsin）是最为杰出的代表。它虽然不是大学为社会服务的最早提倡者和最早实践者，但是，服务于社会需要也是该大学的办学传统，从第五任校长巴斯科姆（J. Bascom）提出大学要成为社会道德提高的工具，到第六任校长钱伯林（T. C. Chamberlin）强调发展科学，鼓励进行结合州实际的科学研究，以使大学要发挥一种普遍影响时，他们已经为威斯康星大学在为社会服务方面奠定下良好的基础。1914年，范海斯（C. R. Van Hise）担任校长，他将大学为社会服务的传统更加发扬光大，在他担任校长的14年

---

① Storr, Richard J. Harper's University: The Beginning. Chicago: The University Chicago Press. 1966, p. 197.

间，大学通过向州政府输送立法专家，通过大批教授参与到州的行政委员会中行使行政管理职责，通过开展大规模的推广教育活动，将大学的服务社会活动推向了高潮，威斯康星大学成为令全美国，乃至全世界瞩目的地方。

1911年，威斯康星州立法咨询图书馆的麦卡锡教授（C. McCathy）以《威斯康星理念》(*The Wisconsin Idea*) 为题目，对包括威斯康星大学服务州的活动在内的州的进步主义改革实践进行了系统的阐述，从此，威斯康星大学的服务社会的思想和实践就连同这本书一起蜚声世界，"威斯康星理念"这一高度浓缩、概括着威斯康星大学服务社会之思想和实践的词语，也就成为大学服务社会功能定型的标志和大学服务社会的代名词，成为教育史学界和高等教育领域里的一个经典语汇。

在那个发生着历史巨变的时期，威斯康星大学是勇立时代潮头的先锋，它勇敢地冲破了隔绝大学与社会数个世纪的藩篱，向社会、向民众敞开校门，开启了用科学知识和技术直接服务于社会的种种创举。它是素以冒险创新精神著称于世的美国人的缩影，它以前所未有的开放式、与社会互动式的教育实践，完成了从基于个体本位的知识教学、理性沉思到面向社会、服务社会的大学职能的拓展和延伸，实现了高等教育进程中的一次历史性跨越。

大学服务社会的实践活动并非为威斯康星大学独有，更非威斯康星首创，那么，为什么偏偏是威斯康星人将这一活动推向高潮？在当时世纪之交美国兴起的进步主义运动的大背景下，威斯康星州及威斯康星大学自己又有着怎样的一个适宜"威斯康星理念"生长的微观的良性土壤？在威斯康星大学的校园里，活跃着怎样的一群富有前瞻意识与批判精神的思想先驱和行动勇者？他们是怎样做出了改革时代大学在社会民众生活中的自我角色定位，并用怎样的合力共同推开了那扇向社会民众关闭了几个世纪之久的森严的大学之门？这些问题都像谜一样召引着我，也挑战着我，折磨着我，牵拉着我意欲揭开其谜底的决心。

2. 个人经历的体悟

大学时代我曾参加学生社团部组织的社会实践活动，到长春汽车制造厂为工人补习学校讲授大学语文课程，受到工人们的欢迎，他们感到知识上有长进，而且又增加了对语言文学的兴趣；而走出校园的行动，对我而言，不仅锻炼了教学能力，而且获得了许多在校园课堂上永远也得不到的体悟，可谓感触良多：在我们这个经济文化尚处在发展中的国家，有很多人还被排斥在知识教化的惠泽之外，在这种情况下，如能将我们的知识技能合理地安排使用，使教育活动延伸到他们身上，那将使多少人的文化素质、文明程度得以提升！从此以后我开始注意那些徘徊在大学校门外的人群的教育状况，希望他们得到更多的知识教化的眷顾。同时我也意识到：在传播知识、服务社会的过程中，作为教育主体的大学师生们也会获得一个有利于自身成长的校外课程环境。纷繁的社会现实，变幻多样的服务情境，各具性格的教育对象，以及质疑求解中教学双方的互动，也常常会使教者受到诸多启发、教育，于是，在课外这样一个更贴近生活现实的特殊教育情境中，常常会发生教育主客体间的地位转换和知识流向上的逆转，因此，大学向校园外的知识扩展和服务社会活动，其效应是双向度的而非单向度和线性的，是一种双赢行为。

（二）选题意义

1. 拓展该论题研究的广度、深度和丰厚度

"威斯康星理念"意味和代表大学社会服务职能，而社会服务职能是大学三大职能之一，所以，"威斯康星理念"属于高等教育范畴的问题。但是，"威斯康星理念"又是发生在传统大学向现代大学转变的节点上，它反映的是教育史上的巨变，尤其是高等教育史上的一个重大历史转折，是高等教育发生质的历史飞跃的标志，因而，它又属于教育史的研究范畴。

作为高等教育问题，作为大学职能范畴的问题，"威斯康星理念"如何实现了对大学服务职能的确立和定位？作为历史问题，"威斯康星理念"又是怎样实现了传统大学向现代大学的转变，从而促成了教育进程中的历史性转折，从而使它具有了历史性意义和史学研究价值？长期以来，学界对它的梳理和研究还不是很充分，对于"威斯康星理念"的认识，人们还只是停留于作为一个术语、一个论断、一个命题的层面，一个代表着大学服务社会思想观念的象征语汇的层面，或者说，人们接受的还只是一个结论性的东西，却并不清楚其如何孕育、如何发生，又如何实现了对大学功能的拓展和定位，如何实现了教育史上的历史性转折，也就是说，人们只看到了"威斯康星理念"的应然所在，但并不清楚它的实然所在，只知道

它的现今表现，而不清楚它的最初萌芽肇始及历史发展脉络，所以，研究"威斯康星理念"问题，对它进行细致的梳理廓清与剖析论述，无论是对高等教育领域的学术研究，还是对教育史领域的学术研究，都具有拓宽论题研究的广度，深化问题研究的深度，提供更为翔实丰厚的理论诠释，提升理论蕴积之意义。

"威斯康星理念"虽然已经诞生有百年之久，并且也已经有一些学者从各自的角度对它进行了一定的阐释和研究，但到目前为止，在我国，还没有一本著述能够对它的思想内涵、实践模式、社会背景等做一个更为细致而清楚的梳理，以呈现给读者一个较为清晰的原真图景，尤其是对它兴起的原因分析更是欠缺。事实上，虽然"威斯康星理念"是在20世纪初的范海斯时代达到高潮，但它的孕育绝非一朝一夕，而是经几代人（或叫几批人）的思考、呼喊和奔走努力，积数十年之功而在20世纪初期得以形成完善的体系。从客观上来看，它是应和美国社会工业化进程中社会生产、生活的现实之需而出现的；从主观上来看，它的出现确是那些前后相继的推动者们所秉持的政治信念、道德观点、理想诉求在高等教育领域里的综合反映。"威斯康星理念"是高深知识生活领域里公众民主意识和民主行为的产物，是美国式民主的生动诠释，更是美国人批判精神和勇敢性格的写实，因此，应该对"威斯康星理念"的实践模式做些尽量翔实的描述，努力在"威斯康星理念"的思想内涵、促成原因等方面做些挖掘，对涉及其间的人物、事件、因素及其相互之间的联系做一揭示，努力做到实证性与思辨性的结合。另一方面，本研究力求借鉴一些经济学、宗教学等其他学科的理论成果，并采用宏观视野下的微观史学的研究方法，将研究焦点适当锁定在重点人物和重点事件上面，进行集中的、较为细致的剖析、阐述。这些都是本课题可以伸展的研究空间，如能达致成功，必将有助于人们看到"威斯康星理念"发生、发展的内在逻辑性及后续影响性，提升对"威斯康星理念"所代表的意义价值的理性认识，从而为我国高等教育理论研究和教育史研究增添一份知识贮存，从而实现对该论题研究的广度、深度和丰厚度方面的拓展。

2. 为我国大学社会服务活动提供启示

改革开放以来，尤其是进入21世纪以来，我国大学社会服务活动取得了很大的发展，无论是从服务意识的强化和服务途径的增加上来看，还是从大学社会服务机制的日臻完善上来看，都表明大学服务社会正在成为我国经济社会发展的正当诉求，也是大学谋求自身发展的战略选择。为了启发民智，我国大力开展大学推广教育，在构建以自学考试、函授教育、电化教育、三沟通教育等为主要内容的成人教育体系方面取得很大进展，加之20世纪90年代以来的高等教育扩大化，使得我国社会高等教育的覆盖面、惠及面大为扩展，但尽管如此，对于广大的中西部欠发达地区和广大的农村地区而言，仍然还有许多人不能进入大学校园享受那份知识经济时代应享有的福祉，同时，由于国企改革深化和城市化进程的加剧，导致城市中下岗工人、失地农民和农民工群体的人数不断增长。据统计，现今我国农民工数量已经超过1亿人，且多为第二代农民工，呈现出年轻化趋势，而他们在文化知识基础和接受教育条件上明显处于弱势地位，这部分人群急需提高文化知识和现代意识，以更好适应现代化城市生活的技术要求、制度安排和文明秩序，这种情形与一百年前美国的情形颇有相似之处。因此，通过深入梳理剖析"威斯康星理念"的相关问题，借鉴发达国家之经验，来研究和促进我国大学如何更好地成为政府决策的"智囊"与"高参"，如何服务于各类社会组织，如何服务于市民、农民及城市中弱势人群，如何通过知识教育、文化普及和文化浸润，使广大民众的教育权益和福利得到较好保障，这对于社会安定、社会文明程度的提升意义重大，这也是发展社会民主、构建和谐社会发展目标的真正体现，更是"中国梦"的题中之意。

另外，在大学服务社会功能的发展中，有些人看重服务中的即时效益，将大学组织这一知识文化的社会公共品当作追求经济利益的工具和手段，使经济利益成为科研服务活动的唯一目标驱动，导致急功近利的媚俗倾向的出现，从而违背了大学服务社会的初衷，更为严重的是它削弱了大学组织的学术精神和伦理价值及大学应有的纯洁而高贵的品位。重温一个世纪前"威斯康星理念"的诞生，对于大学组织重新审视学术与服务、经济利益与公共福祉的关系，力求在急速发展的社会进程中寻找一个较为理想的平衡支点是很有启示作用的。

二 国内外研究状况

（一）国外研究综述

威斯康星大学服务社会的教育实践活动从出现之日起就引起人们的极大关注，国外对它的研究已有近百年的历史，其研究特点及其出版的研究著述基本可以划分为这样几类：

第一类是直接以"威斯康星理念"为题来做介绍和研究的著作。这些著作的作者一般都对"威斯康星理念"的起源、兴起原因、主要活动过程、后续影响和演进，以及与"威斯康星理念"有关的主要人物，做出各自的描述和解读。

众多研究著作中首推查尔斯·麦卡锡（Charles McCathy）的《威斯康星理念》（The Wisconsin Idea）。该书发表于1912年，共十章，是国外也是世界上第一本系统阐释"威斯康星理念"的专著。作者麦卡锡在20世纪初期是威斯康星大学法学教授，同时兼任威斯康星州立法咨询委员会主席，并负责州立法咨询图书馆的资料工作。他是威斯康星大学服务社会活动的发动者、直接参与者和目击者。

应该说，《威斯康星理念》不是一本专门的阐述高等教育问题的著作，它是一本以政治学、经济学和教育学等综合视角，去描述和阐释发生在19世纪末20世纪初威斯康星州的社会改革情况的著作。在该书中，在"威斯康星理念"这样一个高度概括的题目下，麦卡锡以一个亲历者的视野和感情向世人较为系统地介绍了19世纪末20世纪初威斯康星州的政治经济状况，分析了促使改革发生的社会背景和引发因素，介绍了威斯康星大学教授主持或参与的州的几项重要立法，以及州大学为州的民众提供的各项推广教育活动。该书第一章"威斯康星理念发生的原因"中，作者用大量篇幅描写了美国社会及威斯康星州内的政治经济生活状况，尤其是对垄断（Monopoly）、专卖权（Franchise）、特许权（Privilege）等这些新的经济活动组织形式和经营方式进行了深刻的剖析，指出这些正是导致美国社会财富分配不公平、人民权利不公平的症结，是急需政府、大学等社会组织通过立法、行政等手段予以干预和规范的领域。这些论述可以使我们了解到大学服务社会活动发生的宏大社会背景；该书第二章"土壤"中，作者对促使"威斯康星理念"发生的州内因素进行分析,指出数量众多的德国移民把他们的母国热爱自由、热爱有效率的政府和热爱有秩序的社会生活的传统带到了威斯康星州,影响了州的乳业农场和民主政府的建立,同时,他还指出新英格兰人对教育的重视和举办教育的热忱也对州产生影响,他得出结论是:正是在这些有利因素的影响下,州的大学得以建立,并且使州大学具有了某种永久的与众不同的特征和某种在当时其他大学很难见到的服务理想。这些论述都有助于我们解读影响"威斯康星理念"产生的州内的独特因素;其他几章中主要介绍了州的几项重要立法,以及大学教授在其中发挥的作用。

该书第五章"教育立法"中集中论述州大学为州的民众提供的各项推广教育服务。虽然大学服务社会活动在他的笔下是作为威斯康星州社会改革和民主化进程中的重要组成部分而被论述的,但该书这一章中有关这一方面内容的描写和论述还是比较详细的。作者描述了州的人民对大学的要求,介绍了州大学实施农业实用知识技术教育情况,并且较为翔实地介绍了州大学推广教育部通过函授教育系、讲座教学系、辩论与公共讨论系和大众信息与福利系等具体系部开展的面向全州的推广教育活动。

《威斯康星理念》既反映着大学服务社会的思想主张,又代表着一系列的实践模式。麦卡锡的这本著作是"威斯康星理念"专题研究的开山之作,也是后继研究者们的重要的资料来源。"威斯康星理念"这一高度浓缩着威斯康星人服务社会之理想追求和价值取向的语汇也从此蜚声世界,麦卡锡也因此被称为"威斯康星理念之父"。《威斯康星理念》一书是本论题研究所依托的最重要的基础资料。

杰克·斯达克(Jack Stark)的《威斯康星理念:大学为州服务》(*The Wisconsin Idea: The University's Service to the State*),发表在《1995—1996威斯康星蓝皮书》上,该书从对"威斯康星理念"的概念定义、重要意义、起因、历史过程、实施的具体的服务活动等角度,全面阐述了威斯康星大学服务社会的教育实践,尤其对"威斯康星理念"起因问题上不同见解和争论情况、对主要承担服务工作的经济系康蒙斯(J. R. Commons)教授、密尔(B. Meyer)教授等参与州的立法工作情况,以及对巴布克(S. Babcock)教授等农学系教授们服务州的乳业生产的活动介绍得颇为详细。

弗里德里克·豪（Frederick C. Howe）的《威斯康星：一场民主实验》（*Wisconsin: An Experiment in Democracy*），发表于 1912 年，全书共十五章。该书是一本全景式描述和高度赞扬 19 世纪向 20 世纪转换的世纪之交，发生在威斯康星州的政治改革和教育改革活动的著作。书中对这些改革活动极尽肯定和赞美之辞，称赞威斯康星州的改革活动是影响美国社会民主生活的重要事件。该书用前三章的篇幅对威斯康星州州长拉夫莱特（Robert. M. La Follette）的进步主义思想主张和改革行为进行介绍，称他为威斯康星州民主的"缔造者"；中间七章介绍州为制约和规范经济生活领域里的垄断而进行的立法活动，这其中对大学教授在立法活动中发挥的作用介绍得十分详细，列出了参与立法活动的教授的名单；后几章主要介绍大学对州的服务情况，在谈到大学通过各种推广教育活动对州居民的思想境界、智力水平的提升发挥作用时称大学是"州的大脑"（The Brain of the Commonwealth），在谈到州大学结合州的实际进行科学研究，从而提高了州的农业经济发展水平时，称大学是"农场优生学的实验站"（An Experiment Station in Farm Eugenics）。这本书也是研究"威斯康星理念"问题的重要资料。

第二类是有关威斯康星州和威斯康星大学史方面的著作。这类著作虽然不是直接以"威斯康星理念"为题，但是，在这些著作的部分章节中直接阐述威斯康星大学的社会活动，或谈到与"威斯康星理念"有关的主要人物，所以，它们在"威斯康星理念"研究中也具有极为重要的文献资料价值。

科蒂（M. Curti）与卡斯坦森（V. Carstensen）合著的《威斯康星大学：1848—1925，第一卷》（*The University of Wjsconsin: 1848—1925, Volume I*）和科蒂（M. Curti）与卡斯坦森（V. Carstensen）合著的《威斯康星大学：1848—1925，第二卷》（*The University of Wjsconsin: 1848—1925, Volume II*）是威斯康星大学前七十年历史的一个全景图，该书采用的也是问题研究的形式，共涉及三十四个问题层面。由于采用了问题研究的形式，所以，在威斯康星大学发展历程及"威斯康星理念"成熟过程中具有重要意义的人、机构和事件也得以凸显。其中，有 4 章内容是对直接承担服务社会任务的大学推广教育部和农学院工作的描写和论述，有 5 章内容是对在大学服务社会活动中发挥重要领导和管理作用的校长巴斯科姆（J. Bascom）、钱伯林（T. C. Chamberlin）和范海斯（C. R. Van Hise）的专题介绍。这两卷本关于威斯康星大学历史研究著作的另一重要特点是，除了对大学的社会服务活动获得的赞誉不吝笔墨，对大学社会活动受到的批评也如实进行反映。这两卷本书的内涵信息容量非常大。

阿兰·鲍格（Allan G. Bogue）编著的《威斯康星大学的一百二十五年》(*The University of Wisconsin：One Hundred and Twenty - Five Years*)，该书展现的是威斯康星大学自 1848 年建立到 1974 年这 125 年间的历史演进情况。该书也主要采用问题研究形式，从大学的经费来源、教师队伍建设、学生管理、课程设置、自然科学研究和社会科学研究等几个问题侧面，对威斯康星大学的发展历程进行了梳理。

罗伯特·奥斯特格林（Robert C. Ostergren）编辑的《威斯康星的土地与生活》(*Wiscinsin Land and Life*)，对威斯康星州的气候、地理、地貌、经济、历史、文化都有较为详细的介绍，书中在谈到州的农业由种植业向乳业转换时，肯定了大学在其中发挥的作用。

第三类资料是侧重对与"威斯康星理念"有密切关系的人物的研究著作，这类文献资料展现的是对推进"威斯康星理念"走向成功的一些关键人物的内心世界、思想主张、性格特征、行动轨迹和生活道路等的挖掘、剖析、介绍和描述，对于我们准确地把握他们与"威斯康星理念"之间的关系，以及认识他们对"威斯康星理念"的影响是十分有益的。这类著作主要有：

威斯康星大学校庆委员会（The Jubilee Committee）汇编的《威斯康星大学 1904 年校庆》(*The Jubilee of the University of Wisconsin* 1904) 是一本收录有范海斯（C. R. Van Hise）等多位大学校长在 1904 年威斯康星大学校庆典礼上演讲报告的文献资料。1904 年威斯康星大学的校庆是将该大学第一届毕业生毕业 50 周年的庆祝活动与范海斯就任威斯康星大学校长的就职典礼融合在一起进行的一次重要的活动，受到美国国内外的高度关注，来自美国国内、加拿大和欧洲的 79 所大学和 12 个学术团体的代表出席了庆典活动，它是美国高等教育史上的重要事件。该书收录了庆典活动中新任校长范海斯（C. R. Van Hise）、前任校长钱伯林（T. C. Chamberlin）、芝加哥大学校长哈珀（W. R. Harper）、卡耐基学院院长吉尔曼（D. C. Gilman）等众多知名校长的演讲，是研究他们思想和行为的重要资料，也是本论题研究所凭据的核心资料。

范海斯（C. R. Van Hise）的就职仪式和就职演说是此次庆典活动的最大亮点。范海斯在就职演说中首先对威斯康星大学走过的50多年的历程和取得的成就进行了回顾，对巴斯科姆（J. Bascom）、钱伯林（T. C. Chamberlin）等前任校长的贡献给予了充分肯定。在谈到大学的未来发展建设目标时，他反复强调"大学要服务于州的儿女"的既定方针，指出这是大学的理想，是新事物，同时他又提出，为了更好地实现为州服务的理想，大学必须加强和拓展创造性工作，这样大学才能以最高的水准去服务州，他的这一论断是对包括发展知识、发展学术在内的大学所从事的所有类型的创造性工作与大学服务社会之间关系的最深刻揭示，使他的服务理念具有了更为深厚的底蕴。范海斯在演说中对于具有人文品格塑造功能的英国式住宿制学院的优点和秉持创造精神的德国研究性大学的优点也给予了充分赞扬，指出美国大学是兼有这两种大学模式之优点的、在人类的所有努力方面都提供训练机会的新型的大学。范海斯关于大学服务社会的思想，在他的就职演说中得到了集中反映，引起人们的强烈反响，他的这篇演说不啻为大学服务社会理念的宣言书，被称为美国高等教育史上的重要文献。它是研究范海斯思想主张和改革创举的最重要、最珍贵的资料。"范海斯1904年的就职演说确立了他决心领导大学去实现'威斯康星理念'之目标的具体方式。"[①]

该书也收录了威斯康星大学第六任校长钱伯林（T. C. Chamberlin）以《州大学与研究》（*The State University and Reserch*）为题的毕业典礼演讲，该演讲集中反映了钱伯林结合州的现实问题进行科学研究来为州服务的思想主张，他强调由州共同体所创办的、属于州共同体的州大学，必须为州服务。

[①] Brubacher, J. S. & Rudy, W. Higher Education in Transition. New Brunswick: Transaction Publishers. 2004, p. 165.

芝加哥大学校长哈珀（W. R. Harper）代表姐妹大学在庆典上的演讲也十分重要。他从"提醒的话语"、"承诺的话语"和"劝告的话语"三个角度表达了对新任校长范海斯的殷切希望，尤其在"劝告的话语"里，他希望范海斯关注公众需求，将大学的直接工作延伸到大学院墙之外。哈珀是大学推广教育的积极倡导者，他的这一演讲反映了他的大学要为民众服务的思想，对范海斯也产生了重要影响。

莫里斯·万斯（Maurice M. Vance）所著《范海斯：进步主义科学家》（*Charles Richard Van Hise：Scientist Progressive*），这是一本对范海斯的生平进行全方位介绍的著作，书中以"生涯的背景"、"职业助手阶段"、"责任科学家"、"地质学和大学社区中的范海斯"、"校长和他的前任们"、"校长范海斯"和"校外活动"等8章的篇幅进行了描述和阐释，是了解范海斯成长历史、思想追求及实践轨迹的重要资料。

小哈特（Lafayette. G. Harter, Jr.）所著《约翰·康蒙斯：对自由主义的抨击》（*John R. Commons：His Assault on Laissez-faire*），约翰·康蒙斯是1904年来到威斯康星大学经济系工作的，由于他对当时美国经济社会起主导作用的自由放任资本主义的反对，主张政府对经济活动的积极干预，由于他在劳工问题等方面的研究造诣，他被州聘为专家，参与了《公共事业法》（The Public Utility Law）、《工业委员会法》（The Industrial Commission Law）等州的多项重要立法的制定，他是大学服务社会活动中"专家资政"这一服务方式的杰出代表。该书对康蒙斯思想主张和参与州立法等活动有较为全面的介绍。

伯吉查特（C. R. Burgchardt）编写的拉夫莱特（R. M. La Follette, Sr.）演讲体传记《拉夫莱特：良心的声音》（*Robert M. La Folltte, Sr.：Voice of Conscience*）。拉夫莱特自1900年起任威斯康星州州长，他是大学服务社会活动的积极倡议者和直接促进者。该书以拉夫莱特的演讲活动为线索，反映和揭示了拉夫莱特志在与垄断利益集团做斗争，将州的进步主义事业进行到底的政治追求。

第四类是有关美国教育和美国高等教育史方面的著作。这些著作虽然不是直接研究"威斯康星理念"的，但是它们能提供"威斯康星理念"产生的美国高等教育发展的宏观背景。这类资料包括：

约翰·布鲁巴克（John Burubach）和鲁迪（W. Rudy）合著的《高等教育的变迁》（High Education in Transition），对美国近300年间高等教育的演变历史做了铺叙，使人们看到从殖民地时期以培养文化型人才为宗旨的单一类型的学院，到20世纪初具有多种职能的新型大学得以出现的美国高等教育的发展轨迹，其中对"威斯康星理念"及大学社会服务职能的阐述较为详细和深刻，是我们解读"威斯康星理念"的重要资料。

劳伦斯·维斯（Laurence R. Veysey）所著的《美国大学的出现》（The Emergence of the American University），采用问题研究的形式对美国大学出现和形成过程中的有关问题进行了阐述，其中与"威斯康星理念"有关的概念和问题，包括"真实生活的概念（The Concept of Real Life）"、"纯科学（Pure Science）"、"研究（Reserch）"、"实用（Utility）"等，书中也有很多篇幅直接对"威斯康星理念"及范海斯等关键人物进行介绍和阐述。

威斯特密尔（P. Westmeyer）的《美国高等教育史》（A History of American Higher Education），该书以概略的笔墨对美国高等教育的发展历程进行介绍，尤其对美国州立大学改革原因的分析和揭示很具体、很到位，这对于我们了解"威斯康星理念"诞生的历史背景十分重要。

关于美国高等教育及美国教育的著作还有：班尼斯（G. A. Barnes）的《美国大学：一个世界指南》（The American University：A World Guide）；厄班（W. J. Urban）的《美国教育：一部历史》（American Education：A History）；斯伯灵（J. Spring）的《美国学校：1642—2000》（The American School：1642—2000）；诺克（A. B. Knok）编辑的《学习社会中的高等教育》（Higher Education in a Learning Society）等。

第五类是对"威斯康星理念"及对与"威斯康星理念"有关的人物进行研究的相关的论文和文章。

约翰·威提（John F. Witte）的《威斯康星理念：在州以及更大范围内的持续作用》（Wisconsin Ideas：The Continuing Role of the University in the State and Beyond）一文除对"威斯康星理念"的兴起过程做描述分析外，还侧重介绍了1914年后"威斯康星理念"向美国全国的扩展情况，具体描述曾在威斯康星州立法咨询委员会发挥骨干作用的著名经济学家爱德文

·威提（Edwin E·Witte）在联邦立法机构中的工作情况。爱德文·威提带领他的学生主持了国家许多重大法律法规的起草工作，实现"威斯康星理念"由"服务州"到"服务国家"的内涵拓展。其中，该文章对"威斯康星理念"的定义较为翔实、贴切，有一定的参考价值。作者约翰·威提（John E. Witte）是威斯康星大学政治科学与公共事务学院的教授，是爱德文·威提的孙子。出于对"威斯康星理念"的热爱，也是出于对祖辈的敬仰和怀念，他一直致力于"威斯康星理念"的研究。

小豪夫勒（J. David Hoeveler, Jr.）撰写的《大学与社会福音运动："威斯康星理念"的学术起源》（The University and the Social Gospel: The intellectual Origins of the "Wiconsin Idea"）一文对巴斯科姆（J. Bascom）的大学服务思想介绍得很详细，书中详细谈到作为神学家的巴斯科姆致力于社会道德进步的宗教理想与大学社会服务之间的关系，指出巴斯科姆主张大学是社会道德进步的工具，大学要加强"社会精神进步的资源"。

此外，还有数篇介绍威斯康星大学社会服务情况的论文：哈德（W. Hard）的《一所公共生活中的大学》（A University in Public Life）、奥维斯（M. B. Orvis）的《一所走向人民的大学》（A University That Goes to the People），范海斯发表的演讲《在费城城市俱乐部考察团欢迎会上的演讲》（An Address to the Philadelphia City Club's Expedition）、《对州立大学协会的演讲》（An Address to the Association of State University），巴斯科姆发表的演讲和文章《大学的精神》（The Spirit of a University）、《大学的未来》（The Future of the University）、《大学工作对人民意愿的适应》（Adaptation in University Work to the Popular Want）、《大学与州》（The University and the State）等。

（二）国内研究综述

迄今为止，国内几乎还没有对"威斯康星理念"的直接的系统研究著作，在许多著述中，"威斯康星理念"都是被置于"高等学校的社会服务职能"这样一个大的观照背景之下，或是在"美国高等教育"这样一个大的范畴内被描写和阐述的，因而，这些著述只是对"威斯康星理念"的几种社会服务模式、历史作用与影响，以及对作为"威斯康星理念"中主要人物的范海斯个人的教育思想主张等做些概略的阐述，并没有对"威斯康星理念"诞生和出现的那个特定历史时期的各方面因素的交互作用进行较为全面系统的开掘和剖析,尽管如此,这些著作对"威斯康星理念"的研究还是具有很高的参考价值。这类研究著作主要有:

潘懋元的《潘懋元高等教育思想文集》(新华出版社1991年版),该书中对"威斯康星理念"核心要义的揭示非常精辟:"'威斯康星思想'的实质就是把大学的人力资源直接为当地社会发展服务,发展了高等学校的第三个职能。"①

陈学飞的《美国高等教育发展史》(四川大学出版社1989年版),该书指出在20世纪初期,威斯康星大学已清楚地意识到与美国的州立大学始终相联系的一个重要理想,即大学要服务于整个社会的各种需要,并逐渐形成了美国高等教育史上著名的"威斯康星思想"。该书还对"威斯康星思想"出现的原因进行了较为详细的阐释,认为"威斯康星思想"的出现与该州公众对教育事业的普遍的积极态度、与当地的经济条件及进步主义运动有直接的关系。该书特别指出威斯康星大学在为公众服务方面发展了把大学教育与普及教育相结合的综合化教学体系——大学教育推广部,并对大学教授参与州立法和行政管理工作情况也做了介绍,称"州政府和大学之间逐渐发展了一种混合指导机构"②。

王保星的《美国现代高等教育制度的确立》(河北教育出版社2005年版),专门辟出一节论述"威斯康星观念"③,对"威斯康星观念"的历史背景和主要内容做了较为详细的阐述,指出"威斯康星观念"在20世纪初的威斯康星州发展至顶峰,这与该州人民素有重视教育的传统密不可分,该州的经济发展状况和进步主义运动也加速了"威斯康星观念"的形成,并指出"威斯康星观念"的主要内容包括大学参与州的各项事务、大学与州政府密切合作和"学术自由"这样几个方面。

施晓光的《美国大学思想论纲》(北京师范大学出版社2001年版)是系统阐述支配美国大学办学活动的各种思潮的著作。该书在论述功利主

---

① 潘懋元:《潘懋元高等教育思想文集》,新华出版社1991年版,第171页。
② 陈学飞:《美国高等教育发展史》,四川大学出版社1989年版,第65页。
③ 潘懋元、陈学飞等一些学者将Wisconsin Idea译作"威斯康星思想",王保星等一些学者译作"威斯康星观念",此问题在本书的"关键词厘定"中有专门论述。

义教育思想时，对"威斯康星思想"进行了阐释，认为"威斯康星思想"是有别于传统大学思想的一种现代大学理念，它的实质是强调大学要面向广大民众，面向地方经济，实现教学、科研和社会服务的一体化。该书还以赞赏的口吻对"威斯康星思想"诞生后的热烈反响进行了介绍。

韩延明的《大学理念论纲》（人民教育出版社 2003 年版），该书对"威斯康星思想"及其范海斯的教育思想做了概略的介绍和阐述，并高度赞扬了它的影响作用，认为这种充分发挥大学的社会服务职能以达成大学与社会双向互动效应的理念和做法，业已成为当今世界各国大学教育发展的一种共识及趋势。

论述到"威斯康星理念"的著作还有：陈利民的《办学理念与大学发展》（中国海洋大学出版社 2006 年版），胡建华的《高等教育学新论》（江苏教育出版社 1995 年版），顾明远等主编的《世界教育大系：高等教育》（吉林教育出版社 2000 年版），中央教育行政学院编写的《高等教育原理》（北京师范大学出版社 1987 年版），张斌贤的《外国教育史》（教育科学出版社 2008 年版），王英杰的《美国高等教育的发展与改革》（上海教育出版社 2002 年版），王廷芳的《美国高等教育史》（福建教育出版社 1995 年版），陈学飞的《美国高等教育发展史》（上海教育出版社 1998 年版），黄福涛的《外国高等教育史》（上海教育出版社 2003 年版），布鲁巴克著，郑继伟等译的《高等教育哲学》（浙江教育出版社 1987 年版），博克著，徐小洲等译的《走出象牙塔——现代大学的社会责任》（浙江教育出版社 2001 年版），弗莱克斯纳著，徐辉等译的《现代大学论》（浙江教育出版社 2001 年版），等等。

在论文方面，直接以"威斯康星理念"为研究题目并做论述的论文有：康健的《威斯康星思想与高等教育的社会职能》（发表于《外国教育研究》1988 年第 4 期），大光的《范海斯的高等教育思想》（发表于《高教文摘》1990 年第 5 期），贺国庆的《美国高等教育现代化的基石——南北战争后到 1900 年间美国高等教育的变革》（发表于《河北师范大学学报》1998 年第 1 期）和《从莫里尔法案到威斯康星观念》（发表于《河北大学学报》1998 年第 3 期），王保星的《威斯康星观念的诞生及对美国高等教育的影响》（发表于《河北师范大学学报》2000 年第 1 期），刘宝存的《"威斯康星理念"与大学的社会服务职能》（发表于《理工高等教育研究》2003年第5期），续润华、李建强的《农工学院的创建及其对内战后美国高等教育的影响》（发表于《河北师范大学学报》2005年第4期）和张皓的《威斯康星思想对我国发挥地方高校社会服务职能的启示》（发表于《重庆文理学院学报》2006年第3期）。另外，还有一些比较优秀的硕士博士论文：山东师范大学张瑞的《论高等教育的社会服务职能》（2001），陕西师范大学徐树成的《美国高等学校社会服务职能之历史探析》（2003），东北师范大学常艳芳的《大学精神的人文视界》（2004），清华大学段江飞的《我国大学社会服务职能的历史考察与分析》（2005），以及湖南师范大学李栋的《论我国研究型大学的社会服务职能》（2006），这些文章中对"威斯康星理念"问题都有所涉及。

本书所参考的文献还有一部分是来自中英文网络资料。

（三）关键词厘定

1. 威斯康星理念（Wisconsin Idea）

自从"威斯康星理念"（Wisconsin Idea）这一词语问世以来，国外许多学者都试图对它进行解读，对它进行简洁而概括的定义。

美国教育史学家布鲁巴克（J. S. Brubacher）在他的经典著作《高等教育的变迁》（*Higher Education in Transition*）的"威斯康星理念"一节中说："威斯康星大学在20世纪初期逐步最为完全地实现了与美国州立大学相关联的另一个重要理想，这就是服务于民主社区的所有要求的理想。"[①] 在这里，很显然，"服务于民主社区的所有需求"这句话点出了"威斯康星理念"的核心含义。

维斯（L. R. Veysey）在《美国大学的出现》（*The Emergence of American University*）中谈到"威斯康星理念"时如是说："'威斯康星理念'有两个具体要素：一是大学的专家以技术支持方式和制订社会计划方式参与政府活动，二是通过大学设立在州的每一个地方的课堂实施推广教育。"[②]

[①] Brubacher, J. S. & Rudy, W. Higher Education in Transition. New Brunswick: Transaction Publishers. 2004, p. 164.

[②] Veysey, L. R. The Emergence of The American University, Chicago: The University of Chicago Press. 1965, p. 108.

他的定义主要侧重于对大学的服务实践的描述。

威斯康星大学政治科学与公共事务学科教授威提（John F. Witte）在《威斯康星理念：大学在州及更大范围内的持续作用》（*Wisconsin Ideas: The Continuing Role of the University in the State and Beyond*）一文中指出："'威斯康星理念'这一词语虽然没有严格的定义，但是对于这所大学而言，它还是有一个明确的含义，其含义包括下列几个组成部分：一、向尽可能多的民众提供更高层级的教育；二、发明、创造、培育和落实那些能使全州受益的新的科学发现和新的理念；三、使用大学里的专家学者，使他们为州的民众和组织带来直接的帮助和益处。"①

在我国，对 Wisconsin Idea 这一词语的翻译除"威斯康星理念"这样一种译法之外，还有这样几种："威斯康星思想"、"威斯康星观念"、"威斯康星计划"，等等，总体来看，以"威斯康星理念"这种译法居多。对于它的界定有："这种办学思想，在美国叫作'威斯康星思想'，即'直接为社会服务'的思想。'威斯康星思想'的实质就是把大学的人力资源直接为当地社会发展服务。"②；"威斯康星大学校长范海斯基于美国大学在社会文化、经济发展中的地位和作用，以及威斯康星州立大学的改革实践，提出了一种完全不同于传统大学办学指导思想的现代大学理念，即'威斯康星思想'。范海斯认为，现代大学要面向广大民众，面向地方经济，实现教学、科研和社会服务的一体化。"③；"'威斯康星观念'源于威斯康星大学的教育实践及办学理念。"④

综上所述，我们可以对"威斯康星理念"做一个这样的概念界定："威斯康星理念"代表的是 19 世纪 80 年代到 20 世纪 20 年代之间由美国威斯康星大学所倡导和发展起来的一种关于大学的功能作用的思想观念体系和该大学所践行的教育改革实践活动，它的中心含义是：大学要冲破大学校园围墙的界限，要与社会、与人民大众建立起有机的联系，大学要将

---

① Witte, J. F. Wisconsin Ideas: The Continuring Role of University in the State and Beyond. Jossey - Bass, 2000. p. 7.
② 潘懋元：《潘懋元高等教育思想文集》，新华出版社 1991 年版，第 171 页。
③ 施晓光：《美国大学思想论纲》，北京师范大学出版社 2001 年版，第 66 页。
④ 王保星：《美国现代高等教育制度的确立》，河北教育出版社 2005 年版，第 126 页。

自己的资源和能力直接用于解决公共问题，即大学服务社会。"威斯康星理念"强调的是大学自身定位上的公共性、社会性，大学达成目标上的广泛性，大学实现目标之手段上的多样性。

"威斯康星理念"体现为思想内涵和实践模式两个维度、两个侧面，它是以完整的思想内涵为大学服务社会活动提供了理论依据和理论支撑，又用具体的改革实践活动贯彻和落实了思想理论，因此，研究"威斯康星理念"，对其思想内涵和实践模式这两个维度、两个侧面都不可忽视，它们是不可分割的统一体。

2. 推广教育（Extension）

推广教育（Extension），也叫扩展教育。广义的推广教育泛指大学除为在校普通全日制学生实施常规教育教学活动以外的所有教育活动，是一切延伸性教育活动的总和。但在"威斯康星理念"中所提到的推广教育是有它特定的涵义的，它是指威斯康星大学在其大学推广教育部（University Extension）的具体组织领导下所进行的有组织、有系统的面向全州人民的教育活动。在20世纪之前，这种推广教育活动分散于各个院系之中，其中尤以农业院系的推广教育活动开展得有声有色。进入20世纪后，面对州内人民群众日益增长的知识信息需求，威斯康星大学的推广教育走向制度化、系统化，建立了专门从事推广教育的组织管理机构——大学推广教育部（University Extension），该部下设函授学习、讲座教学、辩论与公共讨论、普通信息与福利四个系，从此，推广教育部成为大学的一个与各院系处于同等层级的教学组织机构，推广教育成为大学的专项教育内容。

3. 服务职能（Service Function）

大学的服务职能（Service Function）是一种特定的智力输出活动和人力资源辐射活动。从最广泛的意义上说，大学服务职能是指大学教师以大学组织成员的身份，凭借自己的专业知识和学术资源，去对广大民众进行旨在使其知识增长、技能提高、品行涵育的一切有益的影响活动。从本质上说，它包含为教育受众个体发展乃至人类文明进步所做出的一切努力；从方式上说，它包括一切常规的和不常规的影响活动，包括大学教师群体对于一切有利于社会发展和人类文明进步事业的参与和贡献；从影响的范围上说，它的影响达至校园内和校园外的所有教育受众群体。

从一个最基本的意义上说，身居课堂讲坛的教师，以自己传道授业的职业品格和学识智慧去影响学生，培养出一批批适应和合乎社会之需的人才，使学生以合格的就业者、从业者的身份走向社会，这种职业行为本身就已经是在为社会服务，体现大学的社会服务职能了。然而，在大学服务职能刚刚提出的时候，大学规模小且就学人数少，绝大多数民众还被排斥在大学之外，大学教育还是一个仅供少部分人享用的奢侈品，换句话说，在这样的情况下，仅靠对校内学生的教育来实现为社会服务，其效益效率都是不理想的，无法实现最大程度提升全民素质以促进社会经济文化发展的目的。大学要真正实现服务职能，就必须冲破校园的狭小空间，寻找更为广阔、更为切实和更有成效的服务空间。在这一方面，威斯康星大学勇立时代潮头，走在了前面。在20世纪初期，它根据本州的政治经济发展实际，大胆制订了一系列服务计划，以实施"推广教育"（Extension）、"专家资政"（Expert Consultancy）等几种服务模式，为世人称道。

具体来说，威斯康星大学的社会服务主要有两种形式：一种是"将知识带给人民"，通过函授学习等学习组织形式，使州内更多的民众接受较为正规的知识教育；另一种是教授群体直接用自己的专业知识优势和研究成果为州内的政治经济服务，如经济学教授主持州内经济立法，农业学教授为州内奶农提供科技帮助等，因此，本书重点探讨的是由威斯康星大学确立的这种立足校园的专业资源，直接以校园外人群、机构为主要服务对象的智力输出活动、文化知识与科学技术服务活动。

在"威斯康星理念"的推动下，当今美国大学的公共服务职能的内涵已经变得更为丰富，已包括价值观推广、解决社会问题、社会批评、专家咨询、技术转让、弱势群体援助等多个方面。美国大学公共服务的受众面在不断扩大。

在大学服务职能的具体实现过程中，它涉及大学机构中的行政领导（Administration）和教师队伍（Faculty）两个基本层面。一方面，对于大学服务职能的实现，行政领导非常重要。作为一种规范而稳固的服务形式，大学教师的社会服务不是个人行为，它是在学校组织统一部署下代表学校组织去实施的一种特定活动，这样才能保证其服务的长久性和有效性。行政领导是服务职能的贯彻者和服务活动的组织者，服务活动的方向、质量和效率取决于他们对服务制度设计的智慧和对各部分服务力量的协调与指挥力度。另一方面，大学服务职能的实现，取决于大学教师整体的素质，依赖于他们的知识权力和智力优势。大学教师群体是大学服务职能的具体实践者和服务活动的承担者，他们的教育价值观和科学知识文化水平决定着服务的规模和质量。

三 研究思路和方法

（一）研究思路

将"威斯康星理念"所承载的历史事实做一尽量细致的梳理，以呈现给读者一个尽量清晰的立体的过程原貌；力求揭示"威斯康星理念"所蕴含的思想内涵和所依托的实践模式，展现"威斯康星理念"曲折中的前进历程，实现对"威斯康星理念"认识上的理性回归和实践认同；描述和分析"威斯康星理念"出现的原因，说明和阐释它与大学社会服务职能之间的关系，揭示它对高等教育的影响，以及它对我国大学服务社会活动的启示。

（二）研究方法

本书采用历史文献法、个案研究法和综合分析法对问题加以研究。

1. 历史文献法

通过对与"威斯康星理念"相关的史料和现实资料的收集、整理，提炼出有价值的事实材料。通过对相关历史事实的科学认识和准确把握，建构出论题研究的整体框架和逻辑体系，力求清晰梳理出"威斯康星理念"这一研究主题及其与之相关问题的发展脉络，揭示其深刻的思想内涵意蕴，勾勒其发生、发展和演进的图景。

2. 个案研究法

在对"威斯康星理念"进行总体思考、分析、把握的前提下，力求对"威斯康星理念"形成和发展中起关键作用的人物和典型事件做重点探析，使其成为论题研究中的关键支点和有力的论述证据，实现研究中的点面结合。阐述"威斯康星理念"对中国近代和当代社会之大学服务社会活动所产生的深刻启迪和积极推动作用，既着眼于对思想传播层面的介绍，更着重于对典型性实践活动进行细致梳理和集中呈现。

3. 综合分析法

通过对影响和促成"威斯康星理念"诞生和兴起的政治经济方面的、文化传统方面的和高等教育领域变革等各方面因素的描述、分析和阐述，揭示"威斯康星理念"形成的动因和发生、发展的必然性，探寻其历史根源和历史价值，深刻体认它在教育史上所具有的历史地位和所产生的深远影响及其对当下的现实意义。

第一章

"威斯康星理念"的思想内涵

在美国,现在所称的中西部(Midwest)相当于美国建国初期所说的西北部(Norhwest Territory),具体包括明尼苏达、密歇根、伊利诺伊、印第安纳、俄亥俄、艾奥瓦、密苏里和威斯康星等州,是一个建国后在西进运动的推动下迅速发展起来的地区。

威斯康星州位于美国中西部地区的北部,属于五大湖地带。1763年该地区归英国管辖,1783年归属美国,独立建州之前曾隶属于密歇根州。该州在中西部地区属于开发比较晚的部分,19世纪初期,这里还处于人烟稀少的茫茫荒野之中,为数不多的早期拓荒者稀疏地居住在这片广袤的土地上。1848年全州人口超过六千,遂立州加入联邦,成为美国的第30个州。全州面积24万平方公里,现有人口600万。在1848年举行的第一次州议会会议上,授权由议会选举出的12人大学董事会和董事会遴选出的校长组成大学的行政实体。根据议会赋予的权力,董事会制定关于大学的相关法律、遴选教职员工和校长,以及确定他们的薪水等。州法律规定大学由四个系组成:科学、文学和艺术系(Science, Literature, and the Arts);法律系(Law);医学系(Medicine);小学教学理论与实践系(Theory and Practice of Elementary Instruction)。而大学建立的最切实最起始一步,则是开办预科学校(Preparatory School)。第一届预校招收的17名男生于1849年2月1日入学上课。1850年1月16日,首任校长约翰·拉斯罗普(John H. Lathrop)就职,开始主持大学工作。

100多年前,就在这块神奇的土地上,威斯康星大学的改革者们勇敢地冲破校园的围墙，将大学的资源最大程度地向州、向社会开放，将大学的影响扩散到州的人民之中，扩散到州的每一个角落，实现了大学为州、为社会的服务。

在那个大学尚被看作是远离社会、远离现实的"象牙塔"时代，威斯康星大学的社会服务，作为一种新的教育行为、教育现象，它是对传统教育观念的挑战和超越，它绝不是随意的行动，它是建立在一系列观点和主张之上的，而这一系列观点和主张正是构成"威斯康星理念"的思想内涵。"威斯康星理念"反映的是威斯康星大学改革者们的前瞻性视野和远见卓识。

应该说，在威斯康星大学，大学要服务社会、大学的影响要弥散于社会的思想，萌发于19世纪80年代，充实于90年代，最终定型于20世纪初期。经历了几代教育改革家的追问和思考，"威斯康星理念"的思想内涵不断臻于完善。在这一过程中，巴斯科姆、钱伯林和范海斯是其中的优秀代表，他们共同丰富和发展了"威斯康星理念"的思想内涵。

一 巴斯科姆的教育思想

约翰·巴斯科姆（John Bascom）是威斯康星大学第五任校长（1874—1887），被誉为"威斯康星理念的真正创始人"。他1827年出生于一个贫穷而严厉的新英格兰家庭，后举家搬往纽约上州。大约在1800—1850年之间兴起的"信仰复兴运动"（Revivalism）的大火猛烈席卷过这一地区，因而，巴斯科姆的成长背景带着浓厚的宗教痕迹。巴斯科姆是威廉姆斯（Williams）大学研究生，深受当时著名的道德哲学教师马克·霍普金斯（Mark Hopkins）的影响。他的学术视野甚为宽泛，对神学、法律、人文、社会科学、自然科学等都有很深的造诣。他是一个出色的数学家，同时又获得了神学学位，但他对传统神学僵化不变的世界观是质疑的，他主张以进化的观点看待这个造物主赐予的世界，因而，他的神学理论被称为"新神学"，他也因此被称为自由派神学家。作为美国历史上最后一批大众学者之一，他主张宽泛的自由民主教育。

巴斯科姆于1874年来到坐落于威斯康星州首府麦迪逊（Madison）的威斯康星大学，担任校长，1887年离职。在13年的任期里，他为学校的发展做出了很大贡献：首先在学校的基本建设方面，在他的大力要求下，州立法机关于 1875 年为大学的第一所科学大楼拨款 8 万美元，在 1884 年该大楼意外毁于火灾后，州又拨款 40 万美元用于新科学大楼及其附属设施的建设。1876 年，他成功地为学校赢得州的部分磨坊税（the Mill Tax）收入。在他任期内，学校实现了完全的男女同校。

巴斯科姆担任校长期间，威斯康星大学的科学实用课程及应用研究还未大规模设置和开展，具体的服务社会活动计划也尚未大面积实施，他对大学服务社会改革计划的最大贡献在于精神领域，在于他用他的内涵丰富的道德哲学理论，用他的思想，为大学推广教育活动提供了影响最为深远的哲学基础，影响了作为一个社会组织的大学的办学指导思想的形成。巴斯科姆关于政府的责任、关于大学的责任、关于大学在社会道德的提升和进步中的作用的主张，是"威斯康星理念"的精神来源，是催化大学服务社会活动的思想酵母。他更用他的道德教谕和道德感召力启发和感染了他的学生，影响了他们的价值取向，使得他的学生群体中得以出现拉夫莱特、范海斯这样能够影响一个时代的杰出人物。

巴斯科姆的思想可以高度概括为民主教育思想，它们主要是在三个层面展开：一是强调州立大学必须加强社会的"精神进步的资源"，州立大学是道德教育的手段和工具；二是强调州大学要对州提供帮助，从事教育活动的教育人要成为州的服务员；三是主张建立以州大学为核心的公共学校教育体系。

（一）州大学必须加强社会的"精神进步的资源"

巴斯科姆强调州大学必须加强社会的"精神进步的资源"（Spiritually Progressive Resources），他把州大学视为对民众实施道德教育，从而提升整个社会的道德水准的一个重要的手段和工具，这是巴斯科姆关于大学的地位、功能的一个基本思想。

巴斯科姆关于大学地位、功能的思想是直接与他的神学思想和道德哲学思想相联系的。作为一位具有强烈清教理想的神学家、哲学家，他始终关注于提升社会的整体道德水平。19 世纪 80 年代的美国，伴随着科学技术的进步和社会生产力的发展，科学主义、物质主义极度泛滥，同时，由于 19 世纪 60 年代以来斯宾塞（H. Spencer）的社会达尔文主义的传入，社会上更是弥漫着对弱肉强食的物质性力量之作用的推崇，强调技术性进步、物质性进步的价值，而忽视和削弱人文精神的作用。

巴斯科姆反对社会进化论中的这种"唯物质主义"倾向，他拒绝斯宾塞把进化描绘成是由强势的物质力量或放任的物质力量促发进化而成的观点，他站在一个更高的视点上，把进化看作是广阔的宇宙在其各个方面都发生的一次卓有成效的行动。他的观点主要有：

1. 强调物质和精神的统一。在哲学观上，巴斯科姆是一个二元论者，他说："世界不是一个按机械原理组合起来的世界，世界是一个带着精神面貌的鲜活生动的所在。"① 作为一个神学家，他认为这个在上帝计划（Divine Plan）指引下变化的世界，不仅要求所有的事物都有一个物质性征方面的改善和进化，而且这种进化还应该把包括理性、道德、灵智等精神方面的变化及精神力量的增强包含进去。这个世界上，并不是所有的事物都是以物质的标准去衡量的。进化所演示的是生命的协调统一，是万事万物的有机协调。

2. 强调人类精神方面的进化和发展绝不可忽视。他认为人类的进化更是精神世界的提升和进化。他相信，一个社会的革命性进步的标志不在于科学技术如何发达，不在于物质财富如何积累增多，更主要在于人类的精神进步和道德改善。进化更是世界固有的情感力量、精神力量、道德力量和智慧力量的彰显。

3. 强调变化，反对将神启看作是固定不变的观点。作为一个神学家，他相信世界的变化发展源于神的启示（Revelation），但他同时认为，神的启示也绝不是静止的，神启绝不意味着一个完成了的事实或过去事件，而是这个世界上不断扩展着的精神力量的显示。他反对斯宾塞关于社会进化是受固定不变的规律支配的观点，他认为世界的变化、人的精神世界的变化及信仰世界的精神活动的展开都是一个动态的过程。他在《进化与宗教》（*Evolution and Religion*）一文中写道："我们称作进化的运动也是一个理性的运动，这个世界因此是一个以开放的姿态向我们展现的生气勃勃的活力十足的精神成果。"②

---

① Veysey, L. R. The Emergence of The American University. Chicago: The University of Chicago Press, 1965, p. 218.

② Hoeveler, Js. J. David. The University and the Social Gospel: The intellectual Origins of the "Wiconsin Idea". Wisconsin Magazine of History, 1976, Vol. 59: 287.

基于这样的世界观，巴斯科姆深深感到提升人们的精神品质和道德水平的重要。同时由于他生长在一个严格的公理会（Congregationalists）牧师家庭，从小受到加尔文教义的熏陶，尽管他后来放弃了对这一正统理论的推崇，而成为一名自由派神学家，但是他自小受到的道德教育却早已深深植根于他的意识深处，并使他成长为一个既有清教徒的热烈的道德理想，又有极强的社会责任感的学者，使得他一生主要关注的就是较高层次的公众道德发展。在他看来，这种公众道德发展是以不断发展壮大起来的个人信念和社会良知为基础的，为此，他批评以往那种基于极端个人主义的人生哲学，提出了基于社会关系最高原则、基于人与人之间关系的新的人生哲学，即以社会的视角、以与他人之间的关系的视角来理解世界，反对以往的自由主义基础上的极端个人主义，强调每一个社会机构和社会中的每一个人对于社会幸福所具有的道德责任。

在这里需要特别指出的是，巴斯科姆与传统宗教信仰者的不同在于，他不是一味地将这种道德提升和社会改造的手段放在宗教组织推动的个人救赎上，不是放在教会上，而是寄托于社会的政府、大学等公共组织上。巴斯科姆在《社会学》（*Sociology*）中写道，"州必须创建社会力量，这是孤立的个体无法办到的"①。他希望州政府、州大学等这些公共机构的影响不断扩大，希望通过它们的努力来起到提升整个社会道德水平的作用。事实上，巴斯科姆对宗教形式做出了重要修订：国家要取代教堂和一些自愿的慈善团体，现代的美国社会不能再依赖这些团体来完善，而必须着眼于国家的道德领导和道德行为来取代它们。他主张宗教与社会的相互融合，这是他与传统宗教原则的最大的不同。

因而，当巴斯科姆寻求用州的增大着的影响去获取现代社会的精神和道德力量的提升的时候，他把这样一个期望比寄托在任何其他公共机构身上还更多地寄托在了州大学的身上，他坚信大学教育能够促进智慧的成长和思想的形成。人首要的特点是能够思想，能够进行长远而全面的思想，并把思想作为行动的中心，在思想的基础上行动。能够思想是人的精神的

---

① Hoeveler, Js. J. David. The University and the Social Gospel: The intellectual Origins of the "Wiconsin Idea". Wisconsin Magazine of History, 1976, Vol. 59: 289.

体现，人因为思想而伟大。他认为，"作为公共教育的最高表现形式的大学，对于这种努力特别重要，它必须要加强社会的'精神进步的资源'"①，他认为州大学是道德教育的手段和工具，因为它的工作能够最为成功地将精神和社会法则整合在一起，并且能将它们应用于一些特殊问题的解决上："通过这一手段和工具，使社会所有的力量都服从于社会的整体利益。"②他承认科学方式手段的效率性，但他也坚持认为仅靠物质主义原则去绘制人生的事业蓝图或发现个人的发展空间是不够的，这些东西应该由一个人的最高品质——精神品质去体现，而这些精神品质是不能用科学去解释和涵育的。尽管超越了科学所能理解的范围，巴斯科姆仍然大力主张把这些精神品质普及到教育中去，并且认为教育的主要目的之一就是发展学生个体的这些品质。精神成长对人类进步的必要性就是巴斯科姆校庆演讲的精髓，即"成长中的智慧，智慧中的成长"。他坚持认为，只有人类的精神的成长，才是推动世界进步的不可缺少的力量。生命形式越高级，就越依赖精神的成长。

1887年6月，他在麦迪逊发表的最后一次演讲中明确阐明了他的愿望：无论是在推动州内人们物质进步方面，还是在引导人们的社会政治、经济生活和精神文化方面，威斯康星大学都将成为一股至关重要的力量。

在1904年的校庆庆典仪式上，在那次隆重的纪念活动中，法官西伯克（Judge Siebecker）高度赞赏巴斯科姆对于教育的作用的认识，他重申了巴斯科姆始终坚持的那条原则，即我们背负着这样一个责任：把学校作为增进这个世界幸福的手段来使用，每一个真正的教育原则都应该同那些不甚合理的教育制度去争论，学校就应该在高度社会化的经济中，作为一个建设性的机构，在州内确立它的地位。事实正是如此，巴斯科姆始终认为：在人类的成长中，在人类幸福的获取中，大学应该被作为一种重要的手段和工具。

应该说，对于大学能够促进人的精神成长和道德进步这一点上，巴斯科姆的态度是乐观而坚定的。他在《大学的精神》(*The Spirit of University*)一文中指出："没有一个地方自然地会比大学更能成为刺激和支撑起

---

① Hoeveler, Js. J. David. The University and the Social Gospel: The intellectual Origins of the "Wiconsin Idea". Wisconsin Magazine of History, 1976, Vol. 59: 292.

② Ibid., p. 293.

人的精神的家园,在这里,人们的热情不会被误导或浪费。多样的知识呈现形态,就像阳光映照在不同的景物上,它们让这世界变成了一个开放的、宏大的、精彩的地方。"①

因此,州立大学承担道德提升和精神进步的责任是理所当然。他在著名的《基督之州》(A Christian State)的演讲中强调威斯康星大学必须永远站在一个伟大的高度上,在这个高度上,它懂得在怎样的一个条件下人民才会有繁荣与和平,而且它要帮助去把这样的条件提供给人民;在这样的一个高度上,它坚持对真理的揭示,对正义法则和人民的热爱。他坚持认为大学拥有一个神圣的职责,将所有的人集合起来,去帮助州实现成为"基督之州"的理想,这是一个合作的、神圣的州,一个每个人都兄弟般相爱的共同体。

为了深刻阐明这一观点,巴斯科姆对州立大学和旧时教派学院(Sectarian School)两者进行了对比和分析。在他看来,各个教派学院也都在致力于人们的宗教信仰的完善和社会的进步,但是,由于各个学院有自己的教派背景,有自己的主张的侧重点,是遵循着"自愿原则"建立起来的,因而,这些学院各怀目的,势必造成各自为政,将州的事务建立在无政府的宗教"自愿原则"(The Volunteer Principle)的基础上,从而造成对州的统一的、公共目的的干扰和剥夺。巴斯科姆认为这是最不可取的。在一个新兴的州,宗教的自愿原则必须要让步于州的主导权原则,所以,新的州立大学必须要承担起比那些教派学院更大的重要性。他说:"州立大学不仅在对民众的智力和道德提升方面要成为州的关键机构,而且州大学本身也必须成为这样一种力量的具体化样板。"②

(二) 州大学要对州提供帮助

巴斯科姆强调州大学要对州提供帮助,坚持认为从事教育活动的人要成为州的服务员。应该说,巴斯科姆是19世纪中后期大学校长中比较早地意识到州与州大学之间的相互依存关系,并大力呼吁州大学要帮助州的

---

① Bascom, John. The Spirit of a University. The wisconsin Alumni Magazine, 1907, Vol. 8, No. 6: 263.

② Hoeveler, Js. J. David. The University and the Social Gospel: The intellectual Origins of the "Wiconsin Idea". Wisconsin Magazine of History, 1976, Vol. 59: 292.

校长之一。他以一个时代教育家特有的战略眼光分析着大学与州的现状,并预示着大学的未来,他说:"现在,所有教育机构的命运都与它们所属的社区的命运紧密相连,难分难解,而这种断言对于州大学似乎更为真实。威斯康星大学要寻求州的繁荣与持久,假如这两者之间的联系是人为的,或是无甚结果的,那么,大学真的就会衰弱下去。大学对于州的依存不是它衰弱的源泉,而应是它强大的源泉。州对于未来有着期待,而且更为清晰地开始了奔向未来的航程。在这个航程中,州对大学在给予它帮助上的期待是州的安全的一个来源。"① 为此,他明确指出教育体制应该是和谐的和有效运转的,它的每一个部分对于其他每一个人都是一种援助和支持。他主张让大学试着去履行它对州的职责,而且这样的氛围会是一个持久的精神召唤和安全保障。

巴斯科姆不仅对大学要帮助州大声呼吁和充满期待,而且对大学能够帮助州也充满信心,他指出关于大学帮助州这一点就是意味着州大学要与州的教育工作系统发生联系。州拥有数量很大的、积极的、富有影响力的教师群体,这样,教育工作就是可持续发展的和能够到达每一个家庭的,从而应该能让人们感觉得到大学对其每一个方面的影响。大学应该让它自己倾心于做那些能够使各种各样的人群受到完全有效社会训练的工作上。这条原则早已植根于他的心中,并且通过他在威斯康星大学的工作得以加强。

在主张大学为州服务这一点上,巴斯科姆对当时威斯康星大学农学教授亨利带头开展的对农民进行实际生产知识技能训练的活动予以关注并大力宣传,他指出农民要求亨利教授给他们实际地做出来,而不是在黑板上演示。农民们聚集在他们自己的社区里,在大学教授的指导下,集中解决他们当下的问题。教授们的教学和指导是以学术的或非学术的方式提供给农民的。农民或农民的家庭被吸引过来,他们在实用知识的学习中乐此不疲。亨利和他的那些精干的同事们,经过数年的努力,证明了这件事情,让那些有道理或无道理的批评都离他们远去了。他进而对这种做法表现出

---

① Bascom, John. The Future of the University. The Wisconsin Alumni Magazine, 1907, Vol. 9, No. 3: 82.

极大的肯定和赞赏,他认为威斯康星大学的农学教学遵循的不是口头上的教育学原则,而是适应社区的原则,它成了满足民众求知愿望的特许之地。大学的尊贵是因为它提供服务,而绝不是因为保存那些不能为人所接受的知识。大学真正成了与学术中心一样的农学教育中心。他希望不仅在农学领域,而且期待大学在制造业、市政服务业、化学、文学等领域里也能提供结合实际的教学,他希望这些活动能成为"大学工作的矩阵",为此,他充满自信地表示:"假如这些都能很恰当地去做,它们不会成为大学的羞耻和败笔,而是大学的得意和精彩之处;它们不是花样广告,而是切实的成就;人们不是找到了进入天堂的途径,而是脚踏实地立足于现实的土地之上。"① 基于服务的基本原则,巴斯科姆认为,对于一个教育制度的最好的检验就是看它对州的服务的程度和特点。这个教育制度必须兼顾到州的各种利益,必须加强州的各种自由因素,必须提高州给人民带来善和幸福的权力。这个教育制度必须能够将所有人都能包括进来,并且能提供给他们一种帮助,这个帮助能使个人不仅是为个人生存,而且也为社会的善而发展自己的能力。最终的检验必须是以这样一个高度:在这个高度上,教育能把人们团结和黏合在一个共同的道德共同体中。

作为一个具有社会责任感的教育家,巴斯科姆坚信时代会不断发展,社会的文明程度会不断提升,而且这样的时代和社会对教育的依赖也会越来越紧密,他说:"这个时代即将到来,教育要不断加速它的发展,在这样的历史进程中,每一个从事教育活动的教育人都要积聚起他们自己领域中的影响力,都要成为州的服务员,去对社会提出你的好的建议,并且去实施它。"②

(三) 建立以州大学为核心的公共教育体系

基于为全州人民服务的理想,巴斯科姆主张建立覆盖全州的公共教育体系,寻求公共教育延伸进州的每一个角落,他相信这样的一个教育体制是能够为全州人民提供服务和帮助的最好的制度保障。大学是联系学者个

---

① Bascom, John. Adaptationin University Work to The popular want, The Wisconsin Alumni Magazine, 1907, Vol. 8, No. 9—10: 384.
② Hoeveler, Js. J. David. The University and the Social Gospel: The intellectual Origins of the "Wiconsin Idea". Wisconsin Magazine of History, 1976, Vol. 59: 294.

人与州的政治、经济领域里的进步运动的纽带。

　　巴斯科姆关于公共教育的主张是与他对美国民主制度的坚定信念联系在一起的,因而,这是一个非常具有民主色彩的教育理念。他站在建立民主制度的高度,强烈呼吁民主的公共教育体制的确立,他说:"假如民主能够实现,那么,所有的财富之门、知识之门和美德之门都应该向所有的公民打开。"① 他认为"穷人只能永远靠资助生活在它的贫穷里"的观点是美国式的偏见,而仅仅靠对公立学校的赞美却在它需要经费支持时的无动于衷是不足以消除这一偏见的,所以,他呼吁必须对公立学校给予实质性的支持,这样才能使"每一所公立学校成为民主、道德训练和智力成长的摇篮,这样,公立学校才会足够好,足够让那些富人们没有理由再把他们的孩子送到私立学校去"②。很显然,巴斯科姆的观点此时已经表现出很强的共产主义的色彩,他也确实承认:"我们这个时代的共产主义也不完全是一个错误。富裕和贫困绝不是水火不兼容,现在它们应该是比以往任何时候都更相互接近的两个词汇,而公共教育就是弥合这两者之间沟隙的桥梁。公立学校的教师必须负起这个责任,他们应该被认为是公共社区中的重要人物。"③ 在如何建构一个合理的公立教育体系的问题上,巴斯科姆认为威斯康星州应该采用密歇根州的做法,拥有一个较大规模的州大学和一些相对来说几乎没有教派的学校,在这里,州大学是绝对的中枢和核心,它能够带动和统帅州的其他公立学校,而且它有着特有的优势。为此,他对比说明俄亥俄州与密歇根州的情况,他说:"与密歇根州相反,俄亥俄州有许多小的教派学院(Sectarian School),很浪费,而且没有一所学校是组织得好的。威斯康星州与后者有很多相似之处,其结果造成州内公共资源和力量的损失。"④ 为了让州大学在公立学校系统中发挥更大的作用,为了让民众更好地受到教育,为了让州的公共教育体制更加完备,巴斯科姆坚持大学一定要处理好与州内中小学之间关系。

---

　　① Curti, M. & Carstensen, V., The University of Wisconsin: A History, 1848—1925, Vol. I. Madison: The University of Wisconsin Press. 1949, p.292.

　　② Ibid..

　　③ Ibid..

　　④ Hoeveler, Js. J. David. The University and the Social Gospel: The intellectual Origins of the "Wiconsin Idea". Wisconsin Magazine of History, 1976, Vol. 59: 292.

巴斯科姆对于州立大学的捍卫，还基于他的这样的几个概念：州大学不仅要为那些中小学程度的人提供教学，还要为那些寻求最高的心灵和精神成长的人提供教学。而这样的教育，那些教派学院是无法提供的，因为它们没有足够的图书馆、实验设备，它们浪费、虚弱、教学内容不足，局限性很大。州大学在西部比在东部还更急需，这是因为西部还没有奠定起文化传统，而只有州大学才能缓冲这里人们一味地为挣钱而忙碌的激情。而且在这块新的土地上，每天都在出现新的事情、新的问题，都需要借助大学之力来解决。

基于神学家的学术背景，巴斯科姆对于州立大学的捍卫还缘于他对教会组织与学校教育之间的比较。较之于宗教，他更坚信学校教育能够坚定信仰，因为在宗教里，每一种信条都通过排斥异己来使人相信其他信条是错误的，每一个信徒都盲目笃信自己的信仰而对世界上纷繁复杂的其他信仰表现出敌意。而学校教育则是开放的、包容的和普遍的，它努力促进探究，把人类引向知识的方方面面，拒绝任何一种被少数人视为最终真理的信念。承认不同，并从多样性中获得提高和增长才是信仰的真正秘密和真谛，坚持任何单一信仰会妨碍所有的信仰。

他就这样教学着，就这样讲述着哲理，他给这个州和这所州立大学留下了深深的印象。伯吉（Dean E. A. Birge）说："我很质疑，是不是任何一个州的历史都能把支配它的社会发展的力量，与从一个老师的讲桌上讲述来的原理之间的这样亲密的一个关系能够给展示出来，就像存在于威斯康星州和巴斯科姆的课堂之间的情形那样。"①

巴斯科姆对于"威斯康星理念"的贡献已经得到普遍的认可，人们把对"威斯康星理念"开始时间的认定就是从他担任校长的1874年算起。"他那改革的精神和作为教师的优异能力，他那显而易见的诚实，再加上那有吸引力的性格，使他成为威斯康星这所新兴的年轻的大学的伟大传统的缔造者。"②

范海斯校长在他1904年的就职演讲中这样说道："对于他的许多学生

---

① McCarthy, C. The Wisconsin Idea. New York: The Macmillan Campany. 1912, p. 24.
② Vance, Maurice. Charles Richard Van Hise: Scientist Progressive. Mi; waukee: The North America Press. 1960, p. 79.

来说，从大学里带走的最宝贵的记忆和最有效的影响力就是巴斯科姆那最具有普遍意义的主导性的道德力量。在他任职期间，他的人格特征影响了每一位毕业生。他们都相信并分享他那高深的思想，都被他那火一般的热情所鼓舞。并且他们都被引导得能够坚定不移地站在正确的那一方。"①

时任威斯康星州州长的拉夫莱特（Robert M. La Follette）赞颂巴斯科姆为"威斯康星理念的真正创始人"。② 拉夫莱特在《自传》中写道："巴斯科姆在周日下午对学生的演讲，对我学生时代思想的成熟是一种最重要的影响力量。他反复强调的州的大学和州大学的学生对于他们的州具有责任的教诲，已经创生了教育中的'威斯康星理念'。他总是教育我们，州正在为我们提供教育，并且要求我们回报给州以责任，要为州服务，而不是仅仅把教育的益处用在个人的私利上。"③

二　钱伯林的教育思想

托马斯·钱伯林（Thomas C. Chamberlin）是威斯康星大学的第六任校长（1887—1892）。他的任期尽管只有短短的5年，但他却以他的远见卓识和大胆的改革行动为威斯康星大学由规模较小的传统学院向现代化大学的转变奠定了基础。

1843年，钱伯林（T. C. Chamberlin）生于伊利诺伊州的麦顿，三岁时举家迁往威斯康星。1866年，他毕业于比略特学院，1868年进入密歇根大学攻读研究生学位，1873年重返比略特学院担任地质学教授。1873—1882年间，他被任命为威斯康星州地质调查局地质学家。由于他在威斯康星州地质调查局的出色工作，1882年受聘负责美国国家地质调查局冰河期研究分部的工作。1887年担任威斯康星大学校长。

钱伯林也是一位坚定的服务理念的倡导者，他强调教育的公共性，主张为州共同体的幸福来训练个人；主张教育不能仅仅局限在学校内部，应

---

① Vance, Maurice. Charles Richard Van Hise: Scientist Progressive. Mi; waukee: The North America Press. 1960, p. 82.
② Hoeveler, Js. J. David. The University and the Social Gospel: The intellectual Origins of the "Wiconsin Idea". Wisconsin Magazine of History, 1976, Vol. 59: 285.
③ Witte, John F. The Wisconsin Ideas: The Continuing Role of the University in the State and Beyond. Jossey - Bass. 2000, p. 9.

该寻求一种超越校园范围的普遍的影响；他特别强调进行系统的科学研究，使科学研究制度化。他的思想的核心可以概括为这样几个词汇："州共同体的教育"、"大学的普遍的影响"、"发展科学"和"科学研究制度化"。

（一）州大学是州共同体的福祉

钱伯林认为州大学是属于州的全体人民的，州大学是州共同体的福祉（the welfare of the commonwealth），州大学的建立和发展是为了州的全体民众，而非为了个人。他的这一关于州立大学的概念在他1890年为内布拉斯加大学宪章日做的演讲中得到更为正式、更为精确的阐述，他说："成熟的州立大学不是为个人的好处而是为共同体的幸福来训练个人的。它必须使学生看到，并教育学生懂得最真实的和最具有深远意义的集体主义是由在伟大的共同体中，以一个最高和最完美的形式，在实现个人的成就和价值的过程中得以体现。"①

为了更好地说明州教育是属于州的公众，他对教育发展的历史进行了梳理，他说："在教育发展的最早阶段，正规教育似乎全然是个人的事情。逐渐地，它演变成了上流阶层的特权，但是经过了很长时间的发展，它逐渐有了一个面向所有人的可能性，教育概念有所拓宽，一种新观念开始替代原来那种教育仅仅是属于个人的狭隘观念。这种情形正如林肯的那句不朽的格言所揭示：起初的教育是属于个体的，由个体来办理的，且是为了个体的。州的理想就是拥有属于州共同体的教育，拥有由州共同体所创办的教育和为了州共同体的教育。"②

他强调大学任何一项政策的制定，都不是基于个人，而是为了州的公众的利益。在他的大力倡导下，威斯康星大学设立了8个奖学金项目，以鼓励教师和研究生深入开展科学研究。他说："奖学金项目的设立如果仅仅是为了个人利益，那么它只能加剧人的自私的本性；只有为了州的利益而设立，才会使集体主义精神得到升华。"③

---

① Curti, M & Carstensen, V., The University of Wisconsin: A History, 1848—1925. Vol. I. Madison: The University of Wisconsin Press. 1949, p. 542.
② The Wisconsin Jubilee Committee. The Jubilee of The University of Wisconsin. Madison. 1904, p. 178.
③ Curti, M & Carstensen, V., The University of Wisconsin: A History, 1848—1925. Vol. I. Madison: The University of Wisconsin Press. 1949, p. 542.

为了说明州教育属于全体州公民的合理性,他又进一步对州的教育与私立教育之间进行对比,钱伯林认为,所有的州立教育机构的功能旨在促进州的全体民众的福祉,这一点是州立大学与那些私立学校、教派机构和独立大学之间的最大不同。因为私立院校、教派机构和独立大学在选择他们应该致力而为的教育的侧重点上是有特权的,也就是说,在教育目的、教育内容和教育对象等教育基本要素的确定上,这些非公立教育机构都是享有自主决断权的,而且,它们的出发点和立足点都是基于个体和面向个体的,为满足个体的成长和发展需要的,它们是个体指向的教育。但是,一个由公共经费所支持的州立教育系统应该致力的教育目标及所有教育活动,却是由它与州之间的固有的关系所早已决定了的,因而,州的教育是共同体指向的教育。州首要考虑到的不是关乎个人方面的问题,而是关乎它的由公民聚合起来的州共同体。州一定而且也必然要涉及个人,但是,州是把个人作为一个聚合起来的整体中的一员来考虑,而不是作为单个的个体来对待。因此,州立教育,以一个最为严谨的组织原则建构起来的和作为人类最高理想的州立教育,就是面向由无数个体聚合起来的州共同体的教育。其他私立教育机构的教育可能基本上是关乎个人,它仅仅是在第二位上才关乎州共同体;而州立教育则必然是关乎州共同体的。很显然,钱伯林这样说,是在从理论上界定州的大学属于州共同体的合理性,是在强调州大学应该孜孜以求和努力达到的目标和方向。

为了进一步阐明州大学这一共同体指向教育的巨大优越性,他进一步阐述个体指向的教育与共同体指向的教育之间的利与弊,他说:"在个体指向的教育中,教育效果主要依赖教育者个体的个性影响。在共同体指向的教育中,教师个体的个性影响与大批其他教师的个性影响融汇在一起,形成合力,对受教育者产生作用。当数以千计的教育者个体的个性影响的细流相互交汇出共同的轨迹的时候,真正的思想就会汇成一股巨大的力量,朝向促进受教育者发展的良好结局。"[1] 他认为个体指向的教育不能必然地提升共同体的教育,而只有共同体指向的教育才会有这样的优势,

---

[1] The Wisconsin Jubilee Committee. The Jubilee of The University of Wisconsin. Madison. 1904, p. 180.

才会使教育上升到一个更高的层次。

钱伯林坚持认为教育作为一种对人的身心的影响活动，绝不是仅仅局限于学校校园中的，它是弥散在全体人民中间的。为此，他进一步从教育影响形成的范围和教育影响的来源上做深入的阐述，他认为从广义上说，教育是大于"学校"这个概念的，这是无须证明的。在所有的历史阶段，教育影响的大部分是存在于学校外部的，他说："早在学校出现之前，人的思想和个性已经获得发展，而且在学校教育滥觞之时，这种思想和个性的发展还在继续，教育就是与这些思想的发展同时开始的。思想与思想碰撞构成一种心智联系。教育源自于每一个心智联系，它吸收全部的智力环境中的影响，它受无限大的刺激源的激发。在所有的历史阶段，教育影响的大部分存在于学校外部。"① 可见，他认为教育的基本的和广义的来源途径不是在传统的形式化的学校中，而是在它的相反的地方，是在广大的人民中间，即它可以被说成是存在于由人类所拥有的伟大的思想的贮藏中。而学校中的课程仅仅是一个从可能的方式获取来的有限的选择物，在学生身心发展的敏感阶段中，为了一个预期效果而被选择来使用。

他坚持认为，教育的进步存在于人与人之间广泛互动的心智联系中，存在于人们的精神活动的相互影响中，因此，他得出结论：州的理想的努力方向只有一个，那就是州共同体的教育，是由州共同体开办的教育和为了州共同体的教育。

（二）大学要提供一种普遍的影响

钱伯林强调州大学是为了州的全体人民的，是属于州共同体的教育，这是他的基本观点，那么，大学怎样才能做到保证全体人民的福祉呢？他认为大学必须通过它的学生，通过它与州内公立教育系统的合作，通过大学的推广教育活动，通过对既有结论的检验和新的事实的调查，通过将这些能够使所有人受益的调查研究结果进行传播，将大学的影响辐射出去。总之，为了州共同体的利益，他主张大学要为社会提供一种内容广泛的、多渠道的、普遍的影响。

---

① The Wisconsin Jubilee Committee. The Jubilee of The University of Wisconsin. Madison. 1904, p. 179.

在钱伯林就任威斯康星大学校长后不久，他主张大学要为社会提供一种内容广泛的、多渠道的、普遍的影响的思想，很快在他为大学制定的第一份大学工作纲领中得到了体现和具体化。这份文件的主要内容是：

1. 大学要通过多样的学院课程组合为学生提供广泛的心智训练。每一组课程都能通过选修制而使其内部的不合理之处得到修正和弥补；每一组课程设计都要经过深思熟虑，能够为学生随后的专业课程学习打下适应性基础。

2. 提供主要职业领域里的有价值的学术性训练，大学要培养学生具有实用知识与实际技能。

3. 为发展知识做贡献，培养学生认识实地考察的重要性，训练学生掌握从事调查活动的基本技能。

4. 为人民的高等教育做出直接的贡献，将大学的影响辐射向州的各个地区。

很显然，这份文件中既提出了自由教育与职业教育相结合的大学教育内容和课程设置指导思想，又明确表达了向以深化研究、发展知识为特征的研究性大学迈进的大学发展方向，同时，更确立了在此基础上，向大学校园之外的全体人民提供高等教育的大学政策。在这样一个纲领引导之下，大学向社会提供普遍影响才成为可能。

为了实现大学对社会的普遍的影响，钱伯林对施行这种普遍影响的具体方式进行探讨和论证。1888年，钱伯林在州农业协会发表的演讲中宣告："一个新的理想正在得到认可，这个理想就是大学的功能，就是大学要去寻求一种普遍的教育影响，使其作用于它赖以生存的社区。在英国大学的那个被称作'推广教育'的运动中，这种教育影响找到了它最好的表现形式。而我们现在正举办着的农民学校则是一个比英国大学开展的活动还更加有影响力的事例。"[①] 同一年，在钱伯林的建议下，威斯康星大学督导会强烈要求董事会开发一个项目，在这个项目中，州的其他行业里的普通劳动者，也会像农民在农民学校里那样受到教育。

---

① Curti, M & Carstensen, V., The University of Wisconsin: A History, 1848—1925. Vol. I. Madison: The University of Wisconsin Press. 1949, p.715.

在强烈地感受到农民学校对农业生产和农民生活的有利影响后，钱伯林决心让州内其他行业部门的劳动者也都能同样受益，在任期内给董事会的报告中，他多次提议大学要开办机械工艺学校，抑或建立类似英国大学推广教育中的讲座制度，他说："我对于机械工艺学校这一项目及其旨在将大学的帮助投向更多当地机构的、更为内容多样的项目进行了进一步的思考，这些机构都在借助大学的帮助，努力将影响播洒在人民之中。我建议出台一个针对这个项目的涵盖更为广泛的政策，使大学能够提供所有的帮助，大学让自己的职责与那些正致力于以各种各样的方式和途径教育广大人民的地方协会和组织保持一致。我相信，这种自由而多方面的帮助会产生伟大的效果，这是大学所寻求的，而且被证明是人民能够接受的。"[①]为此，"他在很多时候都在反复强调着这一观点"[②]。

1889年，在致力于组织大学推广教育活动的过程中，他指出虽然暗含在"大学的理想"这个词汇中的意思，已经将大学自身与教学内容的层级联系在一起，而不是与教育影响辐射到的范围联系在一起的，它暗示着关于大学功能的传统观念，即大学教给人以高级知识，而不是教给全体人民以知识，但是，一个不断高涨起来的观点正在被承认，那就是：改变大学功能的传统观念，寻求让普遍的大学教育影响到达民众生活的每一个社区分支中。

（三）大学教育要适应人民的需求

应该说，较之于巴斯科姆集中关注社会公众的道德品质、精神品质的提升，钱伯林更强调大学教育适应和满足各个社会生产部门劳动者的多方面教育需求，他是一个视野更为广阔、更为务实的教育家。他坚信如果大学能为州的农民们提供帮助，也就一样能为州的制造商、工艺师们去提供帮助；如果大学能够为实用的目的进行教学工作，也一样能为涵育人的文化品格而实施教育。

为了满足人民日益增长的教育需求，钱伯林首先坚持大学积累、保存

---

① Curti, M & Carstensen, V., The University of Wisconsin: A History, 1848—1925. Vol. I. Madison: The University of Wisconsin Press. 1949, p. 715.

② Stark, Jack. The Wisconsin Idea: The University's Service to The Stat. Madison: The Legislative Reference Bureau. 1995—1996 Wisconsin Blue Book. p. 14.

和发展知识,做人类文明成果的保持者、传播者。为此,他特别强调知识的积累和保护,认为这是文明发展的基础。1892年3月,他在写给北达科他大学校长玛利菲尔德(N. Merrifield)的信中说:"我真的不知道,如果没有对历史上各种文明实体和文明力量的完全的知晓,没有对这些文明在过去和现在所发挥作用的了解,大学不拥有这些方面的科学知识,大学要促进人类最高的文明发展的伟大目标,该如何实现。今天大学的伟大责任之一就是大规模地开始汇集和保存好为研究人类文明各方面因素而必须的资料数据。"[1] 为了使资料的收集和积累更加准确,他强调这种收集和积累不是被动地堆积,而是在科学精神的指引下,去做认真地考察、分辨、校对和分类。在这个过程中,带着那些不尽完善准确的数据和资料,进行仔细的调查是必不可少的。

虽然钱伯林对人类已有文明成果的整理、汇集、保持和保护极为重视,但是,面对日新月异的社会生活,钱伯林也非常强调在此基础上的研究和发现,从而去发展知识,提升文明成果的品质与数量。他不仅认为研究的成果是满足人民的需要所不可缺少的,而且,研究的过程本身就对人民有教育意义,他说:"伟大的真理发现者和伟大的理念提出者都是伟大的教育家。"[2] 因此,他提出大力发展科学,对每一领域都去做认真地研究,他坚信科学研究的意义不仅在于促进科学研究成果的大量积累,它的意义更在于它能够向全体民众、向全社会提供一种文化的大背景。人民大众对科学知识的意义认知,对新知识的接受程度,新的科学的思维方式的形成等等,都会发生改变,而只有使大众的思想、知识和文化的总体水平获得稳固的提升,全社会的科学文化水平才会获得提升,这样做的结果要远比对某一农夫、工程师、外科医生或律师个体进行个别的训练有价值,更能体现大学的作用。"科学是教育实践和社会进步的基石,但绝不是在任何狭隘的技术意义上去理解它。"[3]

---

[1] Curti, M & Carstensen, V., The University of Wisconsin: A History, 1848—1925. Vol. I. Madison: The University of Wisconsin Press. 1949, p. 543.

[2] The Wisconsin Jubilee Committee. The Jubilee of The University of Wisconsin. Madison. 1904, p. 180.

[3] Chamberlin, T. C. Biographical Memoir C. R. Van Hise. National Acedemy of Sciences. 1918, Vol. XVII, 6th: 148.

在钱伯林看来，为了适应人民的需求，大学必须要发展知识，发展系统的科学体系，从而为整个社会提供了一个文明进步的大背景和大平台，他主张通过整个社会和全体民众的科学素养和思想水平的提高，来发展和培育新的文明，他认为这是大学的更具有深刻意义的功能。在1904年6月发表的题为《州大学与研究》（*The State University and Reserch*）的毕业典礼演讲中，他把这一理念表达得非常充分，他说："同威斯康星的大多数人一样，我坚持把无知顽童训练成为农夫作为州大学的合理合法的正统的功能，但是，我相信发展农业科学，增加每一位农夫的心智活动水平，改善每一个农场的农艺，并且通过这种改善的农艺向每一位市民提供更为精良和更为安全的食品，是州大学的更为高层次的和更为正确的功能。"①

他坚信，根据他个人的观察所得，这样的追求绝不是一个虚妄的梦，这样的事实在威斯康星州是不需要被进一步证实的，这方面的成功案例在威斯康星州早已出现，它所带来的实际结果人们都已看到，因为它们是实有其物且确有成效的。他通过比较威斯康星州19世纪80年代与90年代两个农业发展历史时期中，农业研究活动以刻板教条的非科学方式和以因地制宜的科学方式两种不同方式去影响农业生产，从而在农业生产中产生不同效能的例子，来进一步说明这一观点，他说："在前一个时期，农业院系和农业实验站所推广的科学知识和所倡导的科学方法还没有占据主导地位，它还仅仅是一个潜在的影响。在那个时期，在学术方面居于主导地位的是教条主义，各种空谈和摇摆不定的未能达成共识的看法主导着一切。那时，对问题的阐述是松散的，严谨的分析也很少见；而在后一个时期，居于主导地位的指导思想是深入实际、讨论协商的科学态度。空谈被示范、演示和试验所取代。这种转变是通过明确的事实被人们看到并接受的，这种转变是在不辞辛苦的实验和严谨耐心的观察，及其对观察所做的仔细分析和谨慎的阐述过程中发生的。这种研究方式代表了一种科学态度和科学精神。在后一个时期，科学研究带给农民的是整体性的影响，带来的是整个农村社区人民的科学精神和科学素养的提升。这种影响是更具有

---

① The Wisconsin Jubilee Committee. The Jubilee of The University of Wisconsin. Madison. 1904, p. 182.

伦理和道德意义的。这两个时期中学术和道德上形成的对比状态，就是高等教育在处于现实生活中心，为广大民众提供了一个更为广阔的和更为先进的科学文化背景的一个最强有力的表达，这些都是我的目击和见证。"[1]

他还说："随着建筑、交通、环境卫生、电力照明等领域里的新的发明、新的产品的增加，它们也带来一些安全隐患，威胁着公众的安全。假如州去教育工程师个人，工程师个人凭借知识和技能去服务社会，毫无疑问，这是有助于提升公众的安全性的，但是，如果州去发展和传播工程科学知识，那么它就会对民众的整体知识智力水平起到提升作用，为超越于个人智力水平之上的全社会普遍的安全意识和机制的形成奠定基础。州大学工程学院的最高功能是发展工程科学与传播工程科学，而非仅仅对工程师个人进行训练。"[2]

他进一步用卫生保健领域和法律工作领域的事例来强调自己的这一观点，他说："假如州大学教育出一个外科医生，他会通过为当地民众的健康做出贡献的方式为州集体民众带来益处，但是，州大学如果能去调查疾病的原因，提出预防的办法，预见出可能的结果，并研究出防治措施，那么，每一位市民直接或间接地成为受益者，而且全体民众的利益就会得到保护；同样，毫无疑问，训练律师也是州大学的适宜的功能，因为律师们的公共服务在民众的生活中是必不可少、不可或缺的，但是，发展构建和健全科学的法律体系则是州大学的更高层次的功能。"[3]

那么，怎样才能确保稳步高效地发展科学呢？他提出研究活动需在有组织、有系统、有秩序的状态下进行，即科学研究要制度化，要在一个制度化的框架下进行，使研究成为一种计划性行为、可持续性行为、协同性行为，他认为这是确保教育进步和满足人民的每一方面需求的基本要件（Requisite）。

为了深入论述大学科学研究制度化的重要性，钱伯林将那些没有制度保障的、无组织的、偶发的研究活动与有组织、有秩序的系统研究活动之

---

[1] The Wisconsin Jubilee Committee. The Jubilee of The University of Wisconsin. Madison. 1904, p. 182.

[2] Ibid., p. 183.

[3] Ibid..

间进行了比较:"虽然我们不否认有一些科学上的进步可能是在一些富有活力的人群中,通过自愿的研究和通过公众经验的偶然积累而发生的,但是,假如我们将智力和学术财富的增长托付给这样一些个别的、无系统的、非制度化的研究实体,那么,智力和学术的成长将会是一个不确定的东西。即便偶尔有所成长,对于州来说那也是不足以信赖的,人们无法期望它能够对整个州的科学研究活动形成强有力的引导,因为那些个别的、无系统的、非制度化的研究活动会沿着研究者个体各自为政的纷乱的轨迹前行,对真理和知识的探究会随着研究者个体的情绪变化而兴衰起伏,会因为资源的缺乏而受到局限。而在制度化、规范化、系统化的研究体制下,科学发现和科学成果诞生的机会大大增加,会有许多如同在天堂中发现财富一样的好机会。"①

为使科学研究取得更好效果,钱伯林又提出了研究方法上的改进,他对于欧洲学术界一直以来所奉行的演绎推理的思维方式进行了大胆突破,寻求针对美国实际的更为务实的经验的研究方法,为此,他特别强调进行实际调查和进行实证性的研究,因此,在他的学术词典里,除了"演绎"、"推理"等传统概念之外,他更重视"事实"、"归纳"等术语。他在《科学研究的伦理本质》(*The Ethical Nature of True Scientific Study*)一文中指出:"事实和从事实中的严谨的归纳取代了所有先前的观念,取代了所有从一般原理中推出结论的做法,取代了所有个人笃信和偏爱的理论。最珍贵的教义,最令人着迷的假设,最令人珍视的来自推理和想象的结果,都被置于由事实所决定的位置上。在必要的时候,从前的学术活动中钟爱的那些结论、方式和方法,都会被毫不犹豫地、无怨无悔地放置一边。事实取代了从前的推理和思考,尽管这推理和思考看起来似乎是更美丽,更高贵。"②

三 范海斯的教育思想

查尔斯·范海斯(Charles R. Van Hise)是威斯康星大学第八任校长

---

① The Wisconsin Jubilee Committee. The Jubilee of The University of Wisconsin. Madison. 1904, p. 181.

② Veysey, L. R. The Emergence of the American University. Chicago: The University of Chicago Press. 1965, p. 136.

(1904—1918)，是威斯康星大学毕业生中出任校长的第一人。在他执政的14年间，威斯康星大学服务社会的改革活动走向了高潮。关于大学服务社会的思想，范海斯有许多阐述，他是大学服务社会思想的最典型代表。

范海斯1857年5月29日生于威斯康星州的一家农场里，他是土生土长的威斯康星人。他的父母都是在19世纪上半叶汹涌的西进浪潮中，分别随家人从新泽西州和缅因州移民到威斯康星州的，因而范海斯被称为"中西部先驱者的儿子"。

范海斯的童年是在农场里度过的。作为家中的长子，他从懂事起，就懂得了替父母分担家务。在除草、拔苗的田野上，在寻找跑散的耕牛的路边，在挤奶的谷仓里，都留下了他劳动的身影。平时，这个家庭经常喜欢做一些野外活动，像野炊、划船、滑雪或是滑冰。童年劳动实践的记忆和户外活动的欢乐，不仅使他对大自然和日常运动充满感情，更养成了他勤于实践、注重实际效果的思想品质，这是他的家庭生活给他奠定的基础。

1873年，范海斯从威斯康星州伊万斯维尔（Evansville）高中毕业。在家乡一所神学院完成了一年的学习后，他于1874年秋季进入威斯康星大学学习，先在普通科学专业后转入矿业专业，1879年6月18日，他获得冶金工程学士学位。随后返回大学一边继续研究生学业，一边担任著名地质科学家欧文（Irving）教授的助手，从事研究工作。从欧文教授那里他学到了科学的方法，范海斯是欧文教授的学生中用显微镜来观察水晶的第一人。1880年他获得理科学士学位，1892年获得博士学位，他是第一个在威斯康星大学获得博士学位的人，并很快成为母校的地质学教授。这一期间，他致力于威斯康星州北部地区的地质构造的研究，在研究威斯康星峡谷的水晶地质状况、密歇根州与威斯康星州北部地区地质状况，以及明尼苏达州部分地区地质状况等方面，他投入了很高的热情和精力。他在岩石学、矿物学和冶金学等领域都有很深的造诣，担任过美国地质调查局苏必利尔地区分部主任，并且为美国地质调查局提供了他的成果。他很快成为美国地质科学领域的著名科学家。

1903年，范海斯当选为威斯康星大学校长，1904年6月就职典礼后正式就任。出任校长职务后，他将更多思考转向大学的功能和作用等问题的思考上，发表了许多著述和演讲。伴随着他的校长生涯，他的服务思想也日臻成熟。范海斯是一个注重实际的务实的教育家，又是一个极具改革意识的思想家。"威斯康星观念在范海斯任大学校长期间，内涵得到进一步丰富并最终定型，从而对美国高等教育的发展产生了显著的影响。"①由于在科学研究和大学教育改革方面的出色成就，他被威廉姆斯学院、达特茅斯学院、芝加哥大学、耶鲁大学和哈佛大学授予荣誉博士学位。②

范海斯关于大学服务社会思想的核心内涵：一是州的大学必须要服务于州，服务于它的所有儿女；二是大学要发展、扩大和加强创造性工作；三是大学要把知识带给人民。

（一）州的大学必须要服务于州

州的大学要坚定不移地为州服务，这既是范海斯的教育哲学理念，也是他执政威斯康星大学 14 年里一直不曾改变的教育政策。"威斯康星大学纪念为州服务的 50 年"这是 1904 年威斯康星大学在举行建校 50 周年庆典活动时，题刻在一个金属框架上的话语。范海斯认为这一话语集中反映了威斯康星大学走过的以服务为核心特征的 50 年的历程，更代表了州大学几十年来所践行的"为州服务"这一最值得庆祝和彰显的理念。

1. 州的大学必须服务于州，服务于它的所有儿女

范海斯坚持认为，由州建立并由州提供支持的州立大学就是要为州服务的。州的大学必须服务于全州人民，服务于它的所有儿女，在所有的方面帮助州，以所有的方式与州的人民建立起密切的联系，成为州的顾问。

他说："由州所支持的大学要为州的全体人民服务，它追求的应该与人类的尽可能多样的品位、才能相一致，它不能对人类所追求、所努力、所致力的任何方面设立限制，否则大学就是个不可救药的失败者。"③

1905 年 11 月，在华盛顿，范海斯在对州立大学协会发表的讲话中将他的"大学为州服务"的愿望和信念表达得最为充分，他说："我们要讨论的《州立大学怎样才能让它自己的工作和它提供给州的机会为州所知

---

① 王保星：《美国现代高等教育制度的确立》，河北教育出版社 2005 年版，第 126 页。

② Chamberlin, T. C. Biographical Memoir C. R. Van Hise. National Acedemy of Sciences 1918, Vol. XVII, 6th：149.

③ The Wisconsin Jubilee Committee. The Jubilee of The University of Wisconsin. Madison. 1904, p. 124.

晓》这个题目给人的第一感觉是，它不过是个印在纸上的条目，但我很愿意尽可能多地对它发表一些意见。对我来说，在这个建议当中，最基本的一个观点就是州立大学自己的理想。我认为，在最广泛的意义上，我们大家都会坚持认为大学就是州的服务人员、州的公仆，而不是只属于教师员工们的财产。在威斯康星，大学已经为州服务，并且它将继续把在每一个可能的方面为州服务作为我们的目的和宗旨。对于我来说，在我们考虑这个我们如何使大学的机会、资源和服务为州内更多人所知晓这个问题上，这是一个基本的立场。"①

1904年6月4日，在威斯康星大学毕业典礼和学位授予仪式上，范海斯向毕业生们发表了以服务为核心思想的满怀希望的临别赠言，他说："年轻的男同学和女同学们，你们已经在州的大学接受了教育，州为你们付出了代价。你们应该对州心怀一份感激，就像一个人对给予他捐助的人心怀一份感激一样。州不会要求你们，也不会期望你们中每一个人都能将为培养你们而花费的钱财回报给州，但是，它一定要求你们对威斯康星州保持深深的责任意识。至于我本人，我毫无疑问地相信，你们一定能把州花费在你们身上的资费，以不断增长的效率，数倍地回报给州。"② 在范海斯眼里，今天的威斯康星州已经比以往都要富有，而谈到这些财富的来源时，他认为这是大学为州服务的结果。他认为这些财富是由于实用知识在人民中间的传播和扩散，是由于那些业已为人民所利用的、业已在生活中转化了的新的发现和发明，这个范围不仅在州内，更在全国乃至世界。

在1905年对州立大学协会的演讲中，范海斯明确表示大学正在计划大规模地扩展威斯康星大学的常规性推广教育工作的范围，旨在使大学与人民建立起更加密切的联系，以更好地帮助州和州的人民。他表示愿意以所有的方式让大学与州的人民建立起密切的联系。同时，也是在这次演讲中，他还表达了探索更多、更好的帮助州的途径的决心，他说："虽然我确信州出台的诸多支持大学的立法措施，很大程度上是由于州已经看到大学没有把工作

---

① Van Hise, Charles, R. Address to The Association of State University Delivered in Washington, 1905, Nov. p. 1.

② The Wisconsin Jubilee Committee. The Jubilee of The University of Wisconsin. Madison. 1904, p. 231.

仅仅局限在校园内的教学上，但大学不会就此停歇，大学会以所有的时间去尝试找到更多的能够帮助州的方式，因此，我们应该继续走出校园，走到州里去帮助人民，不论以何种帮助方式：可能是通过建立下一级的农业推广站，可能是实施社会学调查，可能是给予农民如何建筑谷仓方面的建议，可能是协助改善农村学校的教育教学，可能是组织各种各样的学术组织的活动，或者是以任何一种形式帮助任何一个可能帮助到的居民。"①

范海斯除了强调大学要与州的人民建立起直接联系，他还主张大学直接参与到州的行政事务的管理中，成为州的顾问。他的这一服务思想源自于德国大学的启示，他对德国大学教师服务于政府及其他社会组织的做法推崇备至。早在1904年就任校长的就职演说中他就说："在德国，大学学者是公共事务人物，人们会在所有重要的行政管理部门中看到他们的身影，几乎所有杰出的德国和奥地利大学教授都是政府的官方顾问。"② 与此同时，他对美国社会开始采纳德国做法的行为甚为赞赏："迄今，在美国，我们已经看到这种动向的开始，大学教授被要求服务于税收委员会，对铁路进行评估和对其他的各种经济实体的纳税情况进行研究。在接下来的半个世纪里，在同样的或相似的位置上工作的大学教授的数量会数倍增长。这些接受过学院教育的人，尤其那些接受过大学教育的人，直接地或间接地控制着我们这个民族的命运。"③

也是在1905年州立大学协会的演讲中，范海斯直抒胸臆地表达了威斯康星大学教授要为州政府工作的改进方面提供帮助的决心，他说："我们的目的是在每一个方面都能成为州的科学顾问，从州的立法完善中大学专家提供意见，到教授们参与州内各种复杂的行政管理问题。"④ 他列举了许多教授成为州的顾问的事例：文理学院的院长兼做州地质调查局的主任，同时也是州渔业和森林委员会委员；农学院院长是州森林委员会委员，他要

---

① Van Hise, Charles, R. Address to The Association of State University Delivered in Washington, 1905, Nov. p. 13.

② The Wisconsin Jubilee Committee. The Jubilee of The University of Wisconsin. Madison. 1904, p. 119.

③ Ibid., p. 120.

④ Van Hise, Charles, R. Address to The Association of State University Delivered in Washington, 1905, Nov. p. 8.

带领农学教授在州的北部地区建立三个示范农场,重点对这一地区独特的气候条件和沿苏必利尔湖延岸地区的独特的土壤状况进行调查研究,同时也要开展对州的中部地区沙化土壤的改良的研究;大学校长同时也是州森林和免费图书馆的委员;大学的卫生学实验室是州的健康委员会的顾问,负责对州的饮水供应、流行病的防止和公共卫生问题提供咨询。在这一方面,密尔沃基市是重点,那里最严重的问题就是肺结核病的传染问题。除此之外,那里还有一些独有的地方病,大学的卫生学实验室将对这些疾病进行调查和研究;大学的乳品与食品实验室也对州的乳品生产与加工等提供咨询。

2. 大学要为人类努力的多方面提供培训机会

因为范海斯主政时期的威斯康星大学以几项具体的服务社会的改革措施为世人所知晓,因而人们常常以为范海斯是一个功利的实用主义者,毫无疑问,从哲学观上说,范海斯是一个务实主义者,但他绝不是狭隘的实用主义者(Utilitist),事实上,范海斯是非常反对将大学理解和演变成"服务站"的做法的,在他眼里,威斯康星大学所采用的专家资政、推广教育等都是服务的具体形式和承载手段,服务是有更为深刻的意蕴和更为高远的着眼点的,体现着更为崇高的理想,即"把光明和机会带给本州所有地方的每一个人"。基于这样的崇高理想,范海斯主张州的大学要成为人类精神的最高能力的培育中心,要为人类努力的多方面提供培训机会,促进人的多方面素质的成长,同时,他认为对于当时美国落后于欧洲文化的状况,大学是能够提供解决方法的重要机构,他说:"假如大学不能成为人类精神的最高能力的培育中心,那么,在我们的国家,这样的事情又能在哪里完成呢?在美国,没有其他可资利用的机构,这份工作必须由大学来做,否则就无人来做。如果美国人要免于沦为只会挣钱的金钱攫取者,如果他们不只是追求物质进步,如果他们要获得协调发展,那么,我们的州立大学就要成为最佳选择,大学一定要给他们机会获得所需知识,大学必须给人类所有努力的方面提供培训的机会。大学的工作要和人类努力奋斗的范围一样宽广,与人类的理想追求一样高远。"[①]

---

① Vance, M. M. Charles Richard Van Hise: scientist Progressive. Milwaukee: The North America Press. 1960, p. 90.

  作为一名自然科学家,范海斯深知自然科学的重要,强调实用知识技能的重要,但他绝不忽视人类的文化品格的修养和塑造,他认为大学要成为人类最高思想能力教育的中心。"范海斯致力于'威斯康星理念'绝不是出于科学的实用的考虑"①,在他看来,大学绝不仅仅是一个教会人们某一个技能,然后让你马上见到效能的地方,它更是一个能够给人以最高层次的心灵指引和精神提升的地方。而精神内涵丰满的人总是富有创造力的人,所以,他认为对一个大学之成就高度的最后的检验,就是看它对创造性人才的产出和提供上,这种产出和提供,不单单是在科学方面,而且还要在艺术、文学、政治及宗教等诸多方面。他认为美国文学、音乐、艺术中的创造性之小就是美国人经常遭到欧洲人诟病的地方,就是欧洲人指斥美国人为未进化人的原因。为此,他鼓励人民在一个广阔的知识领域中去学习,大学中各学科要有平等的地位,他说:"作为州的儿女的选择,语言、文学、历史、政治经济学、农业、工程建筑、素描、绘画、音乐,都是他们应该认真学习和研究的科目,他们应该成为这些领域里的创造者,大学要提供给他们学习和研究这些科目的公平机遇,因为每个人都有平等权利在州的大学里寻求对自己需要的满足。在这个问题上,任何狭隘的观点都难以立足,大学应该扩展它的领域,从农业科学到自由艺术。"②

  基于这样的服务理念,他将大学的基本任务具体化为:把学生培养成有知识、能工作的公民;进行科学研究,发展创造新知识、新文化;把知识传播给广大的人民,使他们能够运用这些知识解决经济生产、社会政治生活等方面的问题。这几项任务,在范海斯眼中,没有孰轻孰重之别,它们都是指向服务这一最终使命的。因此,他希望把大学打造成既有文化内核,又有研究能力的不断创新的大学,而只有这样的大学才能承担得起服务社会的重任。

  在范海斯看来,能够实现服务理想的大学是将英国住宿制学院与德国研究生教育很好结合起来的,并在此基础上有所发展的大学。他指出理想

---

① Veysey, L. R. The Emergence of the American University. Chicago: The University of Chicago Press. 1965, p. 105.

② The Wisconsin Jubilee Committee. The Jubilee of The University of Wisconsin. Madison. 1904, p. 124.

的美国大学是：它拥有英国住宿制学院的最好特征，带有集体宿舍、公共活动室和学生社团；此外，还提供自由学科和应用科学教育；它还拥有德国的研究生院，并在研究的内容上有所突破。

尽管当时对由英国住宿制大学复制而来的美国旧式学院进行的改革之声音甚为强烈，但范海斯对英国住宿制大学并不是全盘否定，他认为英国大学的优势就在于它拥有住宿生寝室、集体活动会馆和各类社团，他对英国住宿制大学的优点大加肯定："在宿舍、公共活动室里，人们每天相见，在这样的环境中，在一个大的人群单元中，学生可以通过彼此间的磨合，学会对他的同伴的适应和对他的同伴的欣赏；在学生社团里，他们参加有益于身心健康的社会交往。学生社团所在地应该是一座漂亮舒适的大楼，学生们在这里举行游戏、进行阅读，就一些社会话题进行交谈。相比之下，寄宿在小镇上就没有这样的有利条件。"① 他对于当时的美国大学渐渐放弃住宿制度甚为遗憾。

在对英国住宿制大学的优点大力肯定的同时，范海斯对德国大学的研究精神也甚为推崇，对德国大学主要致力于研究生院教育的做法甚为欣赏，他认为德国式的研究生院教育应作为大学组织结构中必不可少的部分。在德国，大学毫无例外地都是由政府所支持的，德国的政治家们把大学看作是这样一项事业：从事调查研究和进行学术活动都是国家之必需。

范海斯心目中理想的美国大学就是英国住宿制学院与德国研究生院的有机结合体，并在此基础上有所发展的产物。他认为这样的大学才能为人类努力的多方面提供培训机会，才能成为人类最高思想能力的教育中心，才能成为为州服务的最好依托，他说："在这样的大学，自由和艺术学院的学生有机会选择应用学科的学习，因此能拓宽视野；在应用知识领域学习的学生不仅仅专注于与他的未来职业有关的专业科目上，他还有机会学习人文和艺术学科，从而获得自由教育的滋养。他同样也能感受得到研究生院的刺激作用，感觉到学术奖励机制和调查研究活动的启发性影响，他会致力于通过把新的科学应用到生活中而改善人类的命运，在这样的过程

---

① The Wisconsin Jubilee Committee. The Jubilee of The University of Wisconsin. Madison. 1904, p. 113.

中，他会获得从事基础工作的热情，因为这热情引领了方向。因此，自由艺术学院、应用知识学院、创新性奖学金项目，这几者相互结合，互为补充，共同对学生的成长发生作用。这样的一个复合性大学就是美国未来的大学。威斯康星大学一定成为这样的一个伟大的大学。"① 这段话充分表达了范海斯的大学理想，以及他对大学的信心，他对州大学的服务能力没有任何怀疑，他确信创造性的努力可被应用到从农业到自由艺术的大学教育的各个领域。美国学者认为，"范海斯希望把科学研究和实用教育目标有机'焊接'在他的大学政策里。"②

3. 大学服务工作的制度保障

范海斯认为威斯康星州大学作为当时的新建之州的大学拥有制度保障上的优势，从而它能成为最适宜开展全方位服务工作的最佳机构。其他许多州由于州内除州立大学外，还有许多分立的自由艺术学校、农业学校、医学及矿学等各种专科院校，因而使得联邦的赠地款项不能很好地集中于州立大学。相对而言，威斯康星则不存在这种情况，因此，他为威斯康星大学而感到幸运和骄傲，他说："威斯康星大学幸运地挫败和避免了将大学肢解为若干独立实体的致命的错误。威斯康星大学因此而成为那些拥有广泛的、开放的机会的大学之一。"③ 在威斯康星州，只有一个机构准备承担大学工作，那就是州的大学，这使得无论公有资金还是私人资金，都能够顺利地进入并资助大学。

他对威斯康星州内其他学院的工作给予肯定的同时，也指出了他们的不足，从而进一步论证州大学是最适宜开展全方位服务工作的最佳机构，他说"这种陈述并不暗示我们对威斯康星州内其他学院工作的不欣赏，我们祝愿他们繁荣发展，祝愿他们继续获得州内民众的支持，因为接下来的半个世纪州内继续深造愿望的成千上万的学生不可能都被分配到州立大学这一个机构中去学习，州内其他学院也要承担这样的高等教育工作。但

---

① The Wisconsin Jubilee Committee. The Jubilee of The University of Wisconsin. Madison. 1904, p. 126.

② Veysey, L. R. The Emergence of the American University. Chicago: The University of Chicago Press. 1965, p. 104.

③ The Wisconsin Jubilee Committee. The Jubilee of The University of Wisconsin. Madison. 1904, p. 127.

是，担负着自由教育任务和专业训练任务的大学集中了州内最充裕的人力、物力、财力，大学内部不同的学院之间能够形成如此紧密的联系，多学科交叉互补，多方面力量得以相互支持和协作，这样一来，最好的高层次学习机遇可以在大学的各个学科领域内被培育和发展起来。具有广泛学科覆盖面和一流教学水平的大学，在提供给学生多样的学习机遇上，要比只从事一种领域教育的学院好得多。我们没有理由认为威斯康星大学做不好为州服务的工作，就像我们能做好其他任何领域里的难度很大的工作一样。我带着对未来的憧憬，坚信我们的这所由很小的机构发展到今天的大学，将继续引导州的方向"[1]。

除了威斯康星州大学作为新建之州拥有制度保障上的优势之外，基于美国的民主体制，范海斯更认为美国的民主制度是大学服务社会的最重要保障，他因此对大学中创造性工作的开展和服务职能的实现更加充满信心，他说："至于我，我有信心地渴望州大学的充分支持，因为大学的主要功能就是增加人类的成就的总量，我不愿意承认民主体制下的州立大学会比君主制（指德国）下的州立大学逊色一筹，我相信由全体人民选举出来的立法机关与那个代表贵族利益的立法机关（指德国立法机关）一样的高瞻远瞩。"[2]

（二）大学要加强创造性工作

范海斯认为大学要发展、扩大和加强创造性工作，唯有如此，大学才有可能以最高的水准服务于州，他说："假如威斯康星大学要为州做州有权利对它所期待的那些事情，它就必须发展、扩大、加强创造性工作，无论以何代价。只有这样，它才有可能以最高的水准服务于州。"[3] 这句话既道出了范海斯对创造性工作重要性的认识，又指明了创造性工作与大学服务州之间的关系。

"创造性工作"是范海斯整个服务理念中的一个核心概念。他所说的

---

[1] The Wisconsin Jubilee Committee. The Jubilee of The University of Wisconsin. Madison. 1904, p. 126.

[2] Bogue, A. G. The University of Wisconsin: One Hundred and wenty_ five Years. Madison: The University of Wisconsin Press. 1975, p. 26.

[3] The Wisconsin Jubilee Committee. The Jubilee of The University of Wisconsin. Madison. 1904, p. 125.

创造性工作，从广义上说是指一切有利于增加人类成就总量的工作，一切有利于人类幸福的服务方式。在办学指导思想和大学运行模式问题上，范海斯反对固守既定模式，而是特别强调服务方式上的创新和突破。而创造性工作的核心要义是发展知识、发现真理，反映时代精神。而只有进行创造性工作，以发现和积累更多知识，增强智力优势，才能切实保障将更多、更新、更适宜人民生产生活的知识技能传递给人民，从而做到以更高的水准服务于州，才能使服务州的工作产生最好的效果和最大的效能，可见，发展、扩大和加强创造性工作是服务州的前提和基础，是大学总体工作方针，更是大学服务社会之理想能够实现的根本保障。

因此，范海斯主张公立大学，这个服务于州的大学，它必须要开展创造性工作，必须不断有新的发现、新的成果贡献给社会，贡献给世界，因此，他特别强调："教授要在校外履行重要的服务，与此同时，教授们最大的服务就是自己所从事的各种创造性工作和在实验室及研讨班上所产出的新的学术成果，进而使其在明天显现出不可估量的实用价值，这被我们州内很多不同的事例所证明。很明显，威斯康星大学每年奉献给州的新知识、新发明，与州每年投入于大学的费用相比，给州带来的财富更多。"①

1. 发展知识、发现真理，这是大学的责任

范海斯认为所有的知识都是不完备的，大学的责任就是推动它朝着完备的方向发展。大学要不断发展知识，发现真理。

范海斯关于大学责任的认识是基于他的发展的知识观。众所周知，大学是传授知识的场所，这是一个早已达成的共识。然而，什么样的知识才是真正的知识，在这个问题上，自由教育的倡导者们强调的是古典语言文学，神学家们强调的是圣经知识，是关于上帝的知识，这两者在西方社会漫长的发展历程中被有机融合，成为以"真理统一性"（Unity of Truth）为核心特征的知识体系，这是一个几百年来被恪守着的不变的知识体系，直到19世纪中叶仍旧是占据主流的知识观。范海斯赞同大学是一个传授真知的地方的观点，同时，他更强调用发展的视角去看待知识，他明确提

---

① The Wisconsin Jubilee Committee. The Jubilee of The University of Wisconsin. Madison. 1904, p. 121.

出:"大学的责任是教给学生你看到的事实真相,而且仅仅这样还不够,大学的责任还在于发展知识。对于所有国家的大学来说,这已不是什么新鲜的话题,然而,并不是所有的传授知识的机构都能充分地欣赏和赞同这一观点。我们必须看到知识在哪里都不是固定不变的,所有的事情都是动态的。我们今天坚持的观点,到了明天不一定会被原样不动地坚持。我们的下一代将会以一个有别于我们的方式接受它。我们这样说不意味着我们今天的观点不会永远保持其正确性了,但这确实意味着我们对于知识、对于某一个事情的知晓绝非尽善尽美,即便对于一个最为简单的事情,也会有人对它的情况不能全部知晓。例如,一粒沙子的构造和组成要远远超出我们现在的知识,它也超出任何人即将拥有的知识。"①

在对知识的本质是发展变化的观点做了深入阐述后,他据此进一步强调大学的责任:"所有的知识都是不完备的,大学的责任就是推动它朝着完备的方向发展。"②

他还主张要把这些原则应用到数学及其他科学领域,应用到社会学、道德、政治、宗教及人与人之间的关系中。

2. 追随真理,反映时代精神,这是大学不屈的灵魂

范海斯认为,在发展知识的过程中,时刻会有真理与谬误的冲突相伴。而大学要追随真理,不管这种追随将会被引向哪里。探求真理的自由与教授真理的自由是一所大学不可屈服的和不可妥协的灵魂,而这使大学往往成为冲突的中心。

在20世纪初的某一大学校长的就职典礼上,有一位发言者说他的格言是"和平与进步"。范海斯认为如果一所大学拥有和平,它可能就不会有太大的进步,因为,和平与进步是处于不可调和的冲突中的,和平意味着息事宁人,而进步总是在矛盾冲突中发生的。这不是什么新发现,基督早已说过没有冲突就没有生命。在久远的过去,人与人之间的冲突主要由通过身体接触的体力斗争方式来解决;体力斗争已经随着文明的进步减少了,但智力斗争一直延续到现在,而且智力斗争会越来越

---

① Curti, M & Carstensen, V., The University of Wisconsin: A History, 1848—1925. Vol. II. Madison: The University of Wisconsin Press. 1949, p. 611.

② Ibid., p. 612.

尖锐，会持续到将来，因为只有通过智力斗争和思想的交锋，才会产生进步。现在的这种战争是思想与观念上的斗争，而不是人与人之间的身体接触的体力斗争。

肩负发展知识之责的大学随时处在真理与谬误的冲突中，而对真理的追随总会引发改革的需求，总会带来意见的分歧，大学里，改革者与那些不愿改革变化的反动保守的分子之间便会有一种不可避免的纷乱和冲突。但这种冲突也并不可怕，其结果便是有新的进步产生，因而大学就成了推动进步和促进文明发展的地方。

追随真理的大学应反映时代精神。范海斯认为，时代精神有很多，就教育领域而言，大学必须要看到社会生产的迅速发展，以及经济发展对教育的新要求，他说："我们这个国家的古典大学有一门课程为人们提供自由教育。当然，这一传统课程是为那些特定的须受教育的职业做准备的，自由教育为之服务的主要有三个职业：律师、医生和政府官员。渐渐地，随着西部州立大学的出现和技术学校的建立，人们认为科学及实用科学也应该像传统自由学科一样在大学里开设和讲授，享有与传统学科一样的特权。现在，这些特定实用学科被扩展到包括工程、农业、畜牧业、商业和其他一些实用学科。开设和讲授这样的实用学科，以使受教育者能够为其未来的职业做些知识和技能的准备，就是一种时代精神的反映。"[①] 人们经常会认为某一个科目或某一组科目是业已选定的科目，而且应该获得人们的偏爱，但是，范海斯坚定地认为大学里不应该存在某些科目拥有排除其他一些科目的优先权。希腊语可以在大学里被教授，农业学、昆虫学、细菌学也都一样可以在大学里被教授。

他认为西部州立大学拒绝对大学所学习和研究的知识领域做出限制的做法值得赞赏，这样，很多从前被排除在外的学科现在已经被广泛地引进到大学课程设置中，这些新学科的引进有助于知识的进步和人类精神的提升。

3. 大学要促进调查研究，强调调查研究的潜在价值

正是基于发展的知识观，范海斯对大学里的研究活动极为推崇，并把

---

① Curti, M & Carstensen, V., The University of Wisconsin: A History, 1848—1925. Vol. II. Madison: The University of Wisconsin Press. 1949, p.613.

它视为大学教师职业生涯中无法分割的部分，研究活动是学者之必须，就如同图书馆对于一个律师或历史学家之不可或缺一样。范海斯一生中做过大量的田野调查和科学考察，威斯康星州北部那蕴藏着丰富矿物的山川荒野他都烂熟于心。他深知实证调查的重要性，并乐此不疲，他进而对古典语言学家们对难以生成原创性研究成果的抱怨大为不解。

范海斯所强调的研究绝不是单纯的研究，而是立足于实际、立足于调查的研究。他认为，服务于州的大学必须要保证所有的研究工作和所有种类的调查。进行实际的田野调查和实地研究是创造性工作的最切实的一个内容。

范海斯反对旧式文理学院只进行固定教材、固定教学内容的教学，主张州立大学要突破这样的局限，要进行以研究、调查为主要内容的创造性工作。他说："为了更有效地使用自然资源，我们要深入到宇宙世界的内部，去探究它的内部秩序。当看到通过大学进行实用知识的传播给州带来巨大的物质利益时，人们就有可能对自然资源进行进一步的探索和利用，这种程度会比预想和期冀的还要大。"[①]

范海斯还主张研究和调查工作必须有持续性，他将大学从事调查和研究工作确定为大学的基本政策，同时他认为这种研究和调查绝不是一时一事，指出要把它当作长久的工作来做。同时，他更强调人们对于所从事的调查和研究活动，不应该只看中它的当前价值和现实意义，而应该更加看到调查研究对人类生活具有的潜在价值和长远意义，因此，他强调一项调查和研究活动，不管它是否有一个可能的实际价值，它都应得到重视，调查和研究必须具有持续性。这一点也是范海斯有别于那些只注重当下意义的功利主义者的地方。

为了说明调查研究的巨大的潜在价值意义，他列举法拉第（M. Faraday）研究并发现电的过程："大概从一个多世纪以来就有人开始研究闪电的天然属性，后来法拉第花费很多时间和精力来对电能特点进行调查和研究。假如当他在进行这些研究时有人问：'法拉第发明的实际价值是什么

[①] The Wisconsin Jubilee Committee. The Jubilee of The University of Wisconsin. Madison. 1904, p. 231.

呢？'，我想肯定没有人能够回答得出。但是法拉第的发明，以及在他之后人们关于电能研究所获得的诸多成果，今天已经成为世界周知的伟大物质进步与科学发明之一。电成为能源中最温顺的形式，它能将光明传送到很远的地方，电波已将全世界连成一体，让全世界各个角落发生的都能传送到我们身边，能把几公里远的朋友们说话声音的振动传送到我们的耳边。"[1]

范海斯认为这个例子足以说明没有什么物质性的力量或知识是如此的遥远或微不足道，即便它眼下似乎明显地离明天的现实还很遥远，但是明天它必将会变成不可缺少的需要而造福于人类。

他坚持认为所有从事实际工作的人都须直面真理，无论这种发现活动将把自己带到哪里去，这样的人是真正对他赖以生存的宇宙的秩序有独到见解的人，是不畏艰险地探求真知的人。虽然某一发现在当时无法确定其价值，在当时的探索活动它的现实意义似乎还未显现出来，但范海斯坚信今天的发现和发明在不久的未来必定会被人们所利用。

当然，范海斯也绝不忽视对人民生产生活产生直接效能的应用科学的研究和实用知识教育。范海斯大学服务社会的思想，从本质上来说，是强调大学教育与社会的密切联系，强调大学在确立它的目标、课程及教育方法和手段时，应更多地立足社会，回应社会诉求，强调的是大学教育的社会本位性。作为一个社会机体中的智力机构的大学，它若要发挥它对社会的良性作用，必须注重应用科学知识的教育和研究。

在这一点上，他一方面推崇德国大学的研究，另一方面又力求克服美国东部大学中排斥科学教育的情形，他说："虽然我们已经概略地阐述了英国大学对美国大学产生的一些影响，但是还有其他一些影响要被考虑到的。起初的美国大学基本上是英国大学的对手，刚进入19世纪时情形的确就是这样。但是在19世纪的后半世纪，美国社会发生的重要的改变，要求建立一个能更好适应我们的需求的学院，这时，也许最重要的事情就是纯科学的发展和通过实施自由教育使这些纯科学被学生所吸收。而在很

---

[1] The Wisconsin Jubilee Committee. The Jubilee of The University of Wisconsin. Madison. 1904, p. 121.

长一段时间内,在东部,科学是被认为一种入侵者,仅仅缓慢地及部分地被老式学院的课程内容所承认和接纳。即便是被一些知名大学承认时,科学也仅仅是在大学的附录中。"① 与此同时,这种剧变在当时美国的西部比东部更受到欢迎。范海斯对西部大学勇敢地把应用科学和实用知识教育引进大学课程体系中的做法甚为赞赏:"但是西部人并不对纯粹知识的扩展产生兴趣和满意,他们要求应用性知识。这个需求很早就在我们这所大学和其他大学通过组建法学院的方式而被认识到了,这所学院所提供的课程与每一个人的生活紧密相关。法学如此重要,以至于这样的应用知识的学院很早就被建立了,而且这之后专业学院的发展也没受到阻碍和打断。追求大学的实用性已成为这一地区的集中呐喊。"②

（三）大学要把知识带给人民

威斯康星大学实施了相当规模的推广教育工作,其目的就是把知识带给人民,这是大学服务社会的具体方式,对此,范海斯有深刻论述。

1. 人民需要终生教育

范海斯强调人民需要终生教育,因为在这个时代知识积累非常之多之快,而人民对知识的接受和掌握的数量与速度,还远远滞后于知识积累的数量与速度,同时,知识的利用也远远小于知识本身。他说:"在过去六十年里,知识的进步要比之前两千年里还要巨大。但是在很大程度上,这些知识还未能为人所用。我们对农业方面知晓很多,如果我们把这些知识应用上,我们国家的农业产量将增加两倍;我们关于疾病的知识也已经积累很多,如果这些知识都能在对于这些疾病的治疗中得以切实的应用,那么,不久的将来,传染病在美国将基本绝迹;我们对优生学也已知晓很多,如果这些知识都能被应用上,在我们的下一代中那些有缺陷的幼儿也会不复存在。在其他领域也是如此,我们的知识积累已经远远超出了对它的应用。"③

---

① The Wisconsin Jubilee Committee. The Jubilee of The University of Wisconsin. Madison. 1904, p. 115.
② Ibid., p. 117.
③ Curti, M & Carstensen, V., The University of Wisconsin: A History, 1848—1925. Vol. II. Madison: The University of Wisconsin Press. 1949, p. 616.

范海斯认为，通过将这些新知识引进学校课堂，这个问题就可以得到解决，但是，对于当下的人来说，他们已经在过去的15或20年里完成了学校教育，离开了学校，他们仍处在生命的旺盛时期，他们还要有25—50年的生活时间，可是这时他们在学校所接受的知识已然是过时的了。假如新知识的传授总是局限在新生代人群中，那么，学校之外的人就会永远被排斥在新知识之外，因此，他强烈呼吁："假如，我们希望新知识能被及时应用于实际，假如我们希望知识的积累与知识的吸收保持同步，那么，知识就要被带给更为广阔的人群，成人必须终生接受教育。"①

因为在传统意义上，大学不必承担为成人进行推广教育的这样的工作，但是，范海斯宣告威斯康星大学已经确立了最基本的原则，那就是大学愿意承担任何对全体人民实施的教育工作，对于这项工作来说大学是最适宜的场所，在做这项工作的时候，它不必考虑任何人的想法，不必考虑在任何地点，不必考虑有关大学的工作范畴是什么等问题。大学的责任就是通过多样的活动和途径将知识带给人民，人民学习吸收和内化了这些知识，他们就会在各个方面生活得更为美好。

2. 为人民寻求平等民主的教育机会

范海斯大力倡导把知识带给人民的推广教育是为人民寻求平等民主的教育机会，他强烈呼吁："州大学要为它的所有的人民，为它的男孩女孩，不应该在他们努力的任何方向上设置障碍。"② 他指出威斯康星大学从事推广教育的一个基本的想法就是要为所有的男孩女孩寻找到发展之路，不论他们出生在怎样的家庭，拥有怎样的背景。他认为这充分体现了机会平等这一教育民主化的理念和时代的要求，这是开展大学推广教育运动的最深层次目的。

财富向来不是平等地分配在人们中间的。在对财富的期待和获取中，总有一些人要比另一些人要幸运。很多人提议将财富做平等的重新分配，并且生活有个新的开始。然而，这样的想法并没有获得大多数人的同意。

---

① Curti, M & Carstensen, V., The University of Wisconsin: A History, 1848—1925. Vol. II. Madison: The University of Wisconsin Press. 1949, p. 616.

② Bogue, A. G. The University of Wisconsin: One Hundred and wenty five Years. Madison: The University of Wisconsin Press. 1975, p. 31.

范海斯认为真正的平等和民主不是物质财富均等分配，而是机会的平等给予和拥有，他说："在我看来，我们所拥有的是非物质的东西。最富有的人并不总是最幸福的。民主不依赖于财富平均的分配，但它却依赖机遇，所以机会对于人非常的重要。如果在20世纪的这个时代在进步，可是来自各个不同社会层面的孩子们却找不到出路，那么，我们就将失去民主。那么，这就是我们开展大学推广教育运动的最深层次目的，即在这个州里，保持和保存住民主的根基。这样做，就能为孩子们提供他们所需要获得的广泛而完全的教育的机会，这种机会是符合当今这个时代要求的。青少年必须获得保证在自己的家园不应该依赖于他的财产而应依赖于他的能力、道德和智力接受高等教育的权利的观点已经是一个被接受的教义，世人尽知。实现高等教育的民主化，把所有的知识设备向州内的所有人打开，这是州立高等教育的目的。果能如此，它将是这个世界上的一个新事物。"①

范海斯又阐述了美国教育民主化的发展过程。他认为在世纪之交的时候，美国基础教育已经缓慢地实现了民主化，这是美国独领风骚的地方。的确，在许多其他国家，这在当时都是不可能的，即使在英国，公学的发展程度也没有美国这么高，普通群众的免费教育也很不完善。但在美国，公共资金支持基础教育被视为天经地义，已经被人们完全认同。渐渐地，在中西部地区兴起了一种观念：接受中等教育也是每一个人应有之义务。于是，高中出现了，它已经从密西西比河谷两岸向大西洋和太平洋延伸。

一直到这个时候，人们也许还认为不可能去要求州政府支持高等教育。那些反对州立高等教育的人指责拥护州立高等教育的那些人是想把手伸进公共财富中获利。尽管当时出现了很多对州立高等教育反对的声音，但是，随着人们民主意识的增强，在西部和南部州，已经悄悄地发展起了公共基础上的大学教育。渐渐地，对高等教育应予以公共支持的原则现在已经被除几个东部州以外的整个国家所认可。

范海斯把实现教育机会的平等和教育的民主化视为大学的理想，并愿

---

① The Wisconsin Jubilee Committee. The Jubilee of The University of Wisconsin. Madison. 1904, p. 617.

意为之奋斗不息。他说:"过去的50年的成就是足以值得庆贺的,然而公立大学的理想是更值得庆贺的。在为了州的利益而存在的公立大学,不分性别等级是可能的,只有当一所公立大学对所有拥有足够智能的学生全面开放,只有当勤奋的学生可能很容易找到财政支持的方式,只有当学生们都意识到大家一律平等的时候,这个学校才能立得住脚。这是公立大学的理想,这是世界上的新事物。"①

3. 阻止人民天赋才能的最大损失

范海斯把人的天资看作是与自然环境一样不可多得的资源,从而把大学的服务活动与资源问题联系起来,从资源的角度来看待大学将知识带给人民的活动,这是他前瞻性视野的又一体现,他不止一次地表示威斯康星大学愿意去阻止州的经济资源的最大损失,愿意去阻止州的人民的天赋才能的最大损失。为阻止这种损失,州的大学必须不仅要为那些来到麦迪逊(威斯康星大学所在地)的校园里的人们提供优质的教学,而且必须要走出校园,走进那些渴望和需要知识的人民中间。大学应该提供给人民它能够给予的服务,不管它能提供什么样的服务,也不必在意其他人会怎么认为什么是大学工作的适宜的范围的问题。

范海斯认为,我们这个国家最大的浪费就是对人的天赋资源的浪费。如果我们能完全利用和发挥好我们的天赋,那么,我们的进步将不会受到任何局限和制约,进步的速度也是无法预知和估量的。州对大学物质方面的提升,较之于对于州的人民的精神性的提升和智力上的提升要小得多。"通过大学服务开启民智之后,它会使生活在社区内的人都充满崇高的理想,日常工作中训练有素,效率提升,并且还会去帮助其他人生活得更好,从而将整个州的社会发展水平提高到一个较高的境界。"②

弥尔顿是17世纪英国的一位天资聪颖又卓有成就的诗人。美国人在形容天资受到埋没的人才时会说在我们这里有一个默默无闻、暗淡无光的弥尔顿。基于向全州人民服务的理想,范海斯对每一个人聪明才智都得到发掘和培养充满信心。1915年,在第一届全美大学推广教育大会上,他向

---

① The Wisconsin Jubilee Committee. The Jubilee of The University of Wisconsin. Madison. 1904, p. 109.

② Ibid., p. 231.

与会者庄严宣告,他希望在威斯康星州营造出一种将教育施向每一个人的氛围和情境,在这种氛围和情境中他要在威斯康星没有才华被淹没的、暗淡无光的弥而顿,意即人们的天才天赋不会被埋没。他强调,"大学推广教育的目的就是让这种情形变成不可能。大学推广教育的一视同仁的平等原则,帮助普通人,就像帮助天资优异者一样,也应该是大学推广教育工作的目的。如果社会是完美的有组织的,每个人都应该有机会将自然给予他们的天赋发挥到极致,不管这一天赋是大是小,当然,这不可能完全得以实现,但是推广教育工作的目标就是帮助每一个人朝着这个方向发展。""这就是大学推广教育的目的:把光明和机会带给本州所有地方的每一个人。对于大学而言,这就是它的关于服务的唯一正确的理想。"① 范海斯经常一遍遍的重复这些话。

本章小结

"威斯康星理念"虽然集中表达在 20 世纪初期,但是,作为一种教育哲学思想,它的来源和发展确实具有一个历史过程,应该说,"威斯康星理念"之思想内涵的孕育、发展和最终成熟定型,是由前后接力的几代人共同努力完成的。概括起来说,"威斯康星理念"思想内涵回答了关乎大学性质的三个基本问题。一是大学的归属问题,"威斯康星理念"的回答是:大学是属于人民的,属于州的所有儿女,而不是只属于少数特权阶层,大学影响的界域和受众的范围要超越校园的围墙,这体现了大学身份的公共性;二是大学的责任问题,"威斯康星理念"的回答是:大学被赋予适应和满足社会需求的责任,为社会服务是它的使命,大学绝不是仅仅为了满足个体自我完善的需要,这反映着大学与大学校园学术生活之外生活世界之间的互动关系,体现了大学职能的社会性;三是大学的任务,"威斯康星理念"的回答是:大学是人类最高精神境界的培育中心,大学的存在是为了在人类所有的努力方向上提供训练的机会,而不是仅仅将自身局限在某一特定知识领域的学习上,这体现了大学目标的全面性。

---

① Curti, M & Carstensen, V., The University of Wisconsin: A History, 1848—1925. Vol. II. Madison: The University of Wisconsin Press. 1949, p. 563.

威斯康星大学第五任校长巴斯科姆被称为"威斯康星理念的真正创始人"。他是将视人类社会道德提升为最高理想的新英格兰清教精神与现代大学的社会责任有机结合的哲学家、神学家和教育家。作为哲学家，他在认识世界的方法论上是二元论的，他坚信社会的物质进步和精神进步是一个共同的过程，他对工业文明带来的极度物质化倾向甚为焦虑；作为神学家，他是新英格兰清教精神的优秀代表。新英格兰清教精神，作为奠定美国文化根基的一种精神，它通过标榜和强调"克制"、"自律"等精神品质的提升，来与极度膨胀的美国19世纪中期的商业物质文化相抗衡。但是，传统的清教精神的出发点是个人，主张通过个人基于自身的完善和救赎来实现整个社会的道德的提升，而并不关注个人之于集体的意义，更不关心政府、大学等社会组织之于社会的意义，因而，它在弘扬个人独立性、自主性的同时，也造成极端个人主义的合理化。作为清教自由改革派的巴斯科姆对此做出巨大修正和突破。他强调个人品质的完善和社会道德的提升，仅靠个人的努力无法实现，而必须借助政府、大学这样的社会机构，这样，他就自然把作为社会最高智力中心的大学推到了社会的前沿，赋予了大学在社会道德提升和人类精神进步中的不可推卸的责任；作为一个大学校长，他将大学的使命与社会现实结合起来进行思考，强调大学要加强社会"精神进步的资源"，强调政府和大学对公众的责任，对社会的责任，正是基于此，他的思想成为"威斯康星理念"的最初始的思想来源，被誉为"威斯康星理念的学术起源"。

钱伯林关于大学功能及教育思想中的核心概念可以概括为这样几个词汇："州共同体的教育"、"大学的普遍影响"、"科学研究"和"科学研究的制度化"。他强调州立大学是以集体的、公众的幸福作为它的出发点的，而不是基于个人，他坚信成熟的州立大学不是为个人的好处而是为共同体的幸福来训练个人的。他认为州立大学必须使学生看到，并教育学生懂得最真实的和最具有深远意义的爱国主义是由在伟大的共同体中，以一个最高和最完美的形式，去实现个人的那一部分所汇集构成的。因此，在教育目的观上，他突破了西方社会一直以来以个人需求、个人训练为价值取向的个体本位的教育定位，实现了基于公共体的、以社会为本的教育目的定位。与巴斯科姆主要关注人的道德水平的提升不同，他强调实用知识教育与文化知识教育两者都不可或缺，他强调大学要寻求一种普遍的影响，要适应人民的各个方面的需求，对农民、制造商、工艺师等各个行业部门的普通劳动者都要施与教育。他鼓励研究，认为只有研究才能更好地适应和满足人民的需求，并且他鼓励研究成果的大面积传播。他坚信科学的力量和作用，但绝不是以狭隘的技术性的角度去看待科学知识的价值，他坚持大学要在一个制度化的框架下向全体民众、全社会提供一种科学知识文化的背景，从而使大众的思想知识文化得到稳固的整体的提升，要远比对某一农夫、工程师、外科医生或律师个体进行单个的、个别的训练有价值，更能体现大学的作用。应该说，他的思想是在巴斯科姆思想基础上的进一步拓展。

在巴斯科姆和钱伯林思想的基础上，范海斯直接提出了州的大学要为州服务这样一个主题。围绕着这样一个主题，他从大学的功能、大学的责任、大学的理想等几个方面进行阐述，其立意和着眼点更为深邃、高远。他的中心思想是：由州建立并由州提供支持的州立大学就是要为州服务，服务于它的儿女，成为最高思想能力的教育中心。他坚持由州所支持的大学应该与人类的尽可能多样的品位、才能相一致，大学不能对人类所追求、所努力、所致力的各个方面设立限制，否则大学就是个不可救药的失败者。他把将光明和机会带给本州所有地方的每一个人视为大学的理想；同时，基于"所有的知识都是不完备的"这样一个知识观，他坚持大学的责任就是推动知识朝着完备的方向发展，发展知识，发现真理，鼓励研究。他提出把知识带给人民，热情洋溢地提出将州的大学开放给州的所有的儿女，在他们的努力的所有方面提供训练的机会，但同时他认为这绝不是只关乎他们个人的事情。他把向人民传播知识上升到资源的高度来认识，与州的发展联系起来，认为人民的天赋才能的损失是州的最大的损失，实际上，范海斯这样来看待把知识带给人民，以实施校园外的推广教育，他已经具有了人力资源的意识，应该说，这在当时是非常超前的。范海斯的教育思想是对巴斯科姆和钱伯林思想的扩展和深化。

第二章

"威斯康星理念"的实践模式

1848年夏季,根据州宪法中关于建立大学的要求,威斯康星建州后的第一个立法机关举行会议,对建立大学的有关事宜进行研究,通过了一个基本法律。根据这项法律,大学的行政管理实体由12名董事和1名校长组成。董事会被授权为大学制定章程,选择校长和教师员工,确定他们的薪水。此次会议同时对构成大学的四个系科做了规定和说明,这四个系分别是:科学、文学和艺术系;法律系;医学系;小学教学理论与实践系。

1850年1月16日,对拥有1500名居民的首府麦迪逊市(Madison)来说,是个不寻常的日子。今天,市民们都要去参加威斯康星大学第一任校长约翰·拉斯罗普(John Lathrop)的就职典礼。新校长拉斯罗普进行了为时两个小时的就职演说。在他的就职演说中,"他把大学定义为'时代的智力珍宝的储蓄所和救济站',是一个只能不断上升却不能退步的真正的民主所在。它所保障和传递的知识对于人类的进步至关重要"[1]。应该说,在拉斯罗普时代,威斯康星大学已经有了服务社会的声音,但没有具体的行动。

从1874年巴斯科姆(J. Bascom)就任大学校长起,大学开始有了新的变化,开始注意加强与社会的联系。威提(John E. Witte)说:"'威斯康星理念'的时间确定是在1874—1887年间巴斯科姆担任校长的年代。'威斯康星理念'这个名称的出现滞后于它早已开展了的实践活动。伴随

---

[1] Bogue, Allan. G. The University of Wisconsin: One Hundred and Twenty-Five Years. Madison: The University of Wisconsin Press, 1975, p. 3.

着 1912 年麦卡锡的《威斯康星理念》一书的出版问世，这个词语才成为标志和象征一个重要目标和责任的用语。"① 从 19 世纪 80 年代巴斯科姆担任校长开始，经过其后钱伯林校长的传承，再到 20 世纪初范海斯担任校长，直至其 1918 年卸任，这 30 年就是"威斯康星理念"的孕育和形成时期，也是它的经典时期。在这一时期里，威斯康星大学服务社会的实践活动逐渐全面铺开，如火如荼。"大学成了州的神经中枢，推动着它的几乎每一个领域里的活动：它直接激发了州的很多进步法律，它的教学针对州的实际问题，它将学校的设备场馆用于人民，它鼓励教授们进入到州的公共服务领域。"②

具体说来，大学服务社会的实践活动主要沿着三条路径展开，这三条路径早已被公众所知晓：第一是大学推广教育部的社会服务活动；第二是大学农业院系的社会服务活动；第三是大学教授帮助制定州的各项重要法律法规和在州的委员会中行使管理职能，即大学的专家资政活动。

一 大学推广教育部的社会服务活动

大学推广教育部建立于 1908 年，是威斯康星大学专门进行校外扩展教育的机构，它的教育对象是非校内本科住宿生。对于威斯康星人来说，大学推广教育并不是新鲜事，因为从最广泛的意义上说，威斯康星大学以校外服务为主要内涵的推广教学活动（Extension Teaching）早在 19 世纪 80 年代就已经开始。但是，作为与大学内其他院系同等层级的一个部门，作为一个从事推广教育的专门组织机构，大学推广教育部的创立，却经历了一个过程。

（一）大学推广教育部的创立

大学推广教育部（University Extension）的创立，是在 19 世纪 80 年代就已在威斯康星大学出现的推广教育活动的基础上，由许多人共同努力的结果。

---

① Witte, John E. Wisconsin Ideas: The Continuing Role of the University in The State and Beyond. Jossey–Bass. 2000, p. 1.

② Howe, F. C. Wiconsin: An Experiment in Democracy, New York: Charles Scribner'Sons. 1912, p. 40.

1. 赫钦斯和麦卡锡等人的促动

威斯康星大学的推广教育活动早在19世纪80年代就已出现，但那时大学还未成立专门的部门来负责这项工作。进入20世纪以后，推动大学推广教育工作的复兴以及大学推广教育部的创建，与几个重要人物有直接的关系，第一个人就是赫钦斯（Frank A. Hutchins）。赫钦斯是威斯康星图书馆的创始人，他性格内向，安静少语，不大被人注意，但他极富想象力和创造力，他是大学推广教育工作的最初的推动者。他最初是作为公立教育督导团（Superintendent of public Instruction）中的一员来到了威斯康星州首府麦迪逊的，到来之后，他很快就在1895年威斯康星州免费图书馆委员会的成立过程中发挥了极大的作用。这一委员会由威斯康星大学校长、州历史学会会长和州公立教育督导团负责人及其他一些成员组成，赫钦斯担任了委员会的首任秘书，负责免费图书馆的日常工作。在他的大力奔走和辛勤工作下，图书馆的功能迅速发展，除向读者提供免费的图书借阅等服务外，又陆续增加了"包裹图书馆"、"对小型图书馆的援助"等项服务内容，对知识、信息的传播起到了很大的作用。

或许免费图书馆服务项目扩展中最有价值的扩展当属"立法咨询图书馆"的建立。随着州的经济发展，州立法机关的立法活动变得愈发频繁，要求也在不断提高。1901年，面对州内不断上升的立法需求，为了向立法者提供关于立法研究的更多信息资料，州内免费图书馆委员会的一个最重要的服务分支——"立法咨询图书馆"（the Legislative Reference Library）得以创立。查尔斯·麦卡锡（Charls McCathy），就是后来的《威斯康星理念》这一重要著作的作者，受聘担任"立法咨询图书馆"的第一任秘书。"立法咨询图书馆"除了向立法者提供关于立法研究的信息资料，还发展了议案起草部门。它甫一成立，来自州内立法者和各阶层人们的知识信息求助纷至沓来，人们不仅询问有关法律方面的问题，更多的人则是向图书馆及赫钦斯和麦卡锡本人咨询、请教和求助生产生活中遇到的各种各样的问题，也就是说，人们的知识信息需求早已超出了立法范畴，而是有更多方面的问题和困惑等待解答。"而正是这一情形使赫钦斯和麦卡锡看到了民众对知识信息的巨大需求，看到了传送知识到民众中间去的必要性和迫切性"①,也就催生了他们复兴大学推广教育活动的强烈动意,他们开始说服范海斯马上着手大学推广教育部的创建工作。

2. 当局支持复兴推广教育工作

在赫钦斯和麦卡锡等人的不断说服下,同时也是由于芝加哥大学校长哈珀的鼓励,从 1905 年 11 月开始,范海斯开始关注复兴推广教育工作的重要价值。范海斯虽然是大学服务理念的坚定倡导者,但之前他一直认为推广教育的实施途径是建立大学与报业的联盟。当年范海斯作为访问教授在芝加哥大学工作时,就已熟识芝加哥大学校长哈珀(W. R. Haper)。哈珀是早年的肖脱夸讲座运动中(Qautuaqua Movement)的积极分子,他因此而深信那种发生在教室之外的为非学位学生所提供的教育的价值。哈珀在范海斯就任校长的典礼仪式上发表了热情洋溢的演讲,希望范海斯能把大学的教育工作直接延伸到它的围墙之外,希望"能把这个杰出的州的人民直接带进同大学的联系中去"②。之后他又数次写信给范海斯表达这一愿望。应该说,这样的情况下,范海斯充分理解并接受了推广教育这一重要的公众教育形式。

1905 年 11 月,在州立大学协会的一次演讲中,范海斯极力维护和捍卫为农民和家庭主妇举办的短期课程。他说:"在我看来,州的大学不应该游离于对于人民的愿望的满足之上,它的基本的教学必须实现对于人民的愿望的满足。"③ 就在这次演讲中,范海斯告诉他的姐妹大学校长们,威斯康星州正计划扩大常规性的大学推广教育的范围。这些想法在他后来 1906 年提交给董事会的报告中反复出现,他说:"大学的很多系正在制订函授课程教学计划,因此我们大学所提供的函授课程将会拥有广泛的范围,包括语言和文学、政治经济学、政治科学、历史、社会学、数学等纯科学和应用科学。"④ 这些话语都强烈地回应着钱伯林校长 15 年前所宣称

---

① Curti, M. & Carstensen, V. The University of Wisconsin: A History, 1848—1925. Vol. II. Madison: The University of Wisconsin Press. 1949, p. 554.

② Stark, Jack. The Wisconsin Idea: The University's Service to The Stat. Madison: The Legislative Reference Bureau. 1995—1996 Wisconsin Blue Book. p. 42.

③ Van Hise C.: Address by President Van Hise to the Association of State University Dilivered in Washington. November, 1905, p. 5.

④ Curti, M. & Carstensen, V. The University of Wisconsin: A History, 1848—1925. Vol. II. Madison: The University of Wisconsin Press. 1949, p. 44.

的大学要寻求一种普遍影响的思想。范海斯的这一演讲标志了他对推广教育工作的第一次公开的支持。

为了获得更大范围的支持，为了让公众获知这个对他们的发展来说具有意义的新机会，也是为了让那些关注大学的人士了解到大学里正在发生的变化，范海斯开始了对推广教育计划的宣传工作。他在多次演说和讲话中提起推广教育课程，他还从教育对于促进经济的作用和教育对于人的智力的启迪等多个方面，去深入阐述它的重要意义，他承诺威斯康星大学愿意去阻止州在经济方面正在发生的最大的损失，愿意去阻止州的人民在开发智力天资方面正在发生的损失。为阻止这种损失，威斯康星大学不仅一定要向那些为求学而来到麦迪逊的人提供教育，而且一定要走出校园，带着人民所渴望和急需的知识，走到州的人民中间去。针对有些人对大学是否能够竞争得过那些已经先期开展了推广教育活动的私立教育机构的担忧，他坚定地表示："虽然贸易学校、私立函授学校等已经提供了一些推广教育，但有一个事实是：没有一个其他机构能充分提供给州内人民想要和急需的东西，而我们的大学就是一个最好的发展这种项目的机构。"[①]

在范海斯的大力呼吁下，大学董事会及州政府也充分认可了推广教育工作的价值，并及时给予了大力的支持。1905年12月，大学董事会的一次高级行政会议批准了一项250美元的拨款，用于大学推广教育工作的重新启动。1906年4月，应范海斯的请求，董事会又拨款2500美元用于函授教育系的授课活动。1907年，州立法机关被要求为这项工作做一笔特殊的拨款，同时还出台了两项法令：第一项法令决定每年提供40000美元的拨款用于推广教育工作，其中的20000美元用于农业推广教育；另一项法令要求大学董事会继续开展函授教学等多种形式的推广教育，州每年将会为此项工作拨款20000美元。这些都表明了大学行政当局及州政府对大学推广教育工作的认可和支持，也标志着大学推广教育工作正式启动。

---

① Vance，M. M. Charles Richard Van Hise：Scientist Progressive. Miliwaukee：The North Amwrica Press. 1960，p. 111.

3. 社会人士支持大学推广部的建立

1906年，为了获得更广泛的社会支持，麦卡锡（McCarthy）等人从威斯康星州上层居民那里征求大学扩展工作的意见，所获得的反馈是：几乎所有人都一致同意这项工作的开展。在州内很有影响的一位居民斯科特（James H Scout）明确表示推广教育将会使威斯康星大学成为美国最民主的学校。密尔沃基一家著名银行的皮切尔（J. H. Puelicher）对这一提议也给予了真诚的支持。铁路委员会的巴涅斯（John Barnes）宣称这样的学校能将大学与许多无法上大学的人直接联系起来，会让这些人获得实际的利益，会让学校与人离得更近。除了这些知名人士，密尔沃基的一些著名企业家和商人也都认为这一推广活动能将大学带向人民，还会给予大学的贵族化倾向以无声的批判。尽管在反馈回来的意见中，也有些是对大学的指责，但对大学推广教育的赞同和支持是主流的声音。麦卡锡把所有的信件的副本寄给了范海斯，范海斯很快就要求莱提（Lighty）来到麦迪逊组织先期的函授课程工作。

就这样，在赫钦斯和麦卡锡等人的大力促动下，在范海斯的积极呼吁下，在州政府的支持下，1907年12月，来自宾夕法尼亚工程学院的路易斯·雷伯（Louis Reber）被聘为部门主任，大学教育推广部正式成立。

（二）大学推广教育部的运行

1907年年底，雷伯（Louis Reber）应聘来到威斯康星大学，主持大学推广部的工作。

1858年2月27日，雷伯出生于宾夕法尼亚州的尼坦尼（Nittany），20岁时进入宾夕法尼亚学院读书，4年后满载各种荣誉毕业，并成为学院的数学教师。1883年，他进入麻省理工学院，一年后又回到宾州学院组建了工艺系，1897年成为该学院院长。10年后的1907年12月，49岁的他来到威斯康星大学担任推广教育部负责人，在这一位置上他一直工作到1926年退休。雷伯坚信威斯康星大学推广教育工作负责人这一职位将会为州立大学的发展开辟出一条新路。他在任期的十几年中，恪守着这一条信仰，把大学的推广教育工作推向了高潮。

1908年，雷伯在他的第一个工作报告中指出：推广教育要基于"方便、高效和扎实原则开展工作"①。在这一原则指引下，威斯康星大学推广教育部划分为四个系开展工作：函授教育系、辩论和公共讨论系、综合信息与福利系、讲座教学系这样四个系。其中，前三个系的工作影响最为广泛。

为了使这四个系的服务迅速地为全州所利用，雷伯提议以学区作为推广教育的基层组织，将全州划分为 11 个推广教育学区，每一个学区设立总部，任命学区代表，根据需要聘用其他人员。第一个学区于 1908 年 7 月在密尔沃基（Milwaukee）建立；第二个学区于 1909 年 6 月在奥什科什（Oshkosh）建立，它将服务周边的十个县；第三个学区于 1911 年 8 月在拉格罗斯（La Gross）建立，到 1912 年年底时，苏必利尔（Superior）学区和瓦萨（Wausau）学区也分别建立起来了。最后一个学区是建立于 1913 年的伊科莱尔（Eau Claire）学区。虽然这些学区在第一次世界大战期间有所间断，但一直到 1926 年雷伯退休，这种学区模式没有改变。

1. 函授教育系的工作

函授教育系（Correspondence Study）的建立是"为了向广大学生提供种类最为广泛的学习内容"②，函授教育系提供的课程内容基本涵盖 5 个大的方面：第一方面是提供常规的大学课程内容；第二方面是提供比现有大学学习内容更高层次的特殊的学习内容；第三方面是提供与高中和大学预科教育有关的课程内容；第四方面是提供与基础教育阶段有关的学习内容；第五方面是提供特定的职业教育内容。实施这五大方面的教育，其教学活动要涉及大学的 35 个系部，这些系部为此准备了超过 200 门课程。自组建后，函授教育系的工作进展很快。

(1) 函授教育系注册人数快速增长

函授教育刚开始时发展缓慢，1906 年 12 月，"仅有 26 名学生"③，但注册人数很快获得快速增长，到 1910 年 7 月时，注册函授课程的学生总数

---

① Curti, M. & Carstensen, V. The University of Wisconsin: A History, 1848—1925. Vol. II. Madison: The University of Wisconsin Press. 1949, p. 568.

② Ibid..

③ Howe, F. C. Wisconsin: An Experiment in Democracy, New York: Charles Scribner's Sons. 1912, p. 144.

达到 4246 人。1910 年，美国陆军和海军的教育部门（Y. M. C. A）与推广教育部商定，允许这些驻外武装服役人员也注册此函授课程。新的注册数持续增加到第一次世界大战之后。在 1914—1915 年间的新注册人数将近 4000，在 1916—1917 年间超过 6000，在 1920—1921 年则迅速上升到 10000。"十年后新注册数已超过 17000。"① 而从注册总人数来看，1912 年注册总人数超过一万。在 1914 年年底这一数字增加到 1.5 万，而在 1916 年 7 月 1 日增加到将近 2.5 万，在 1926 年雷伯主任退休前这一数字已超过 10 万。

　　这种快速扩展的原因可部分解释为大学对此项工作的宣传力度，学区代表们在其中付出的努力功不可没，同时也是由于函授教育提供的切实的实用性课程产生的吸引力。参加函授学习的人很大程度是为了获得对他们的生产和生活有实际用处的知识技能，"参加学习是用来自我完善和提高，而不是为了大学学位"②，因而函授教育系提供的大量实用课程会更吸引他们，"这代表了推广教育的新理念"③，这一点从在不同学习课程选择中的人数分配上可见一斑：截至 1908 年 9 月，函授教育系宣称已经有几乎 1200 人注册在籍，其中超过一半的人在选择了特定职业教育的内容，只有 330 人志在获得学分，其他一小部分人则分散在另外的几个学习领域中；到 1922 年 7 月 1 日，在注册学习的 79868 人中，25771 人选择商业课程，超过 23000 人选择各种各样的工程课程，也就是说，几乎 2/3 的注册学生选择的学习内容都是属于商业和工程方面的。同一时期，有 6542 人注册了英语，1000 多人注册了德语、历史、政治科学和教育，2500 多人选择了罗曼语，3000 人注册经济，5700 人注册数学，2700 人注册家政学。只有 7 个人注册了天文学课程，16 个人注册了细菌学课程，这是显示出的最小的注册数。随着函授教育系工作的开展，媒体也开始予以热情的报道，关于推广部开展大规模函授教育的事实描述也开始出现在州和国家的各类印刷品中，函授课程的务实、实用这一特点得到越来越

---

① Curti, M. & Carstensen, V. The University of Wisconsin: A History, 1848—1925. Vol. II. Madison: The University of Wisconsin Press. 1949，p. 572.
② Ibid.，p. 573.
③ Howe, F. C. Wisconsin: An Experiment in Democracy, New York: Charles Scribner's Sons. 1912，p. 148.

多的人们的承认，函授教育系的课程设置模式也被州内其他一些商业学校的函授工作所模仿。

另外，提供巡回讲师是函授教育系工作的重要特色，也是它吸引人的地方。因为学生在完成一些课程之后有放弃该课程的趋势，推广部提供巡回的讲师，讲师们会在劳动休息间隔时与函授班级的同学见面，并给他们提供帮助，这一方式的优势在密尔沃基工业教育项目中得以显现。

（2）函授课程教材建设

推广部的另一个显著特点就是函授课程教材的建设。雷伯主任在他第一篇报告中指出，函授教育系不仅应该有其自己的成员，而且必须具有准备教材的员工。因为工作的特殊性，他觉得大多数函授学习科目拥有自己的专门的教材是很必要的。雷伯认为，这些书应该由从事推广教育工作的、有专业知识的工作人员来编写，由熟悉推广教育教学方法的教师修改和审阅。他强调指出，商业管理、国内经济、高速公路修建、农业和自然研究等课程的教材建设尤为重要。

在接下来几年内，他的这一提议得以实现。1913年函授教育系与著名出版商麦克赫尔图书公司（McGraw‐Hill Book）签订协议，出版商业和工程教材；一年后雷伯报告说已经有三本教材出版，另外两本正在印刷中，而另外四本即将完稿。到1914年时，函授教育系已经委托出版商出版了12本教材，其中11本是由麦克赫尔图书公司出版，1本是由爱珀顿（Appleton）公司出版。这些教材质优价廉，因而不仅大学推广部自己在使用，而且其中一本或多本正在被至少36家其他教育机构在使用，这为大学推广教育工作赢来极好的声誉。1922年，在大学推广教育部开始出版函授课程教材10年后，推广部已经累计出版了31本教材，还有其他若干教材正在准备中。在1925—1926年间，大学推广教育部总共编写出版了40多本教材，版税超过10万元。

（3）学分授予

在大学推广部的四个系中，只有函授教育系的课程涉及大学学分的授予问题。尽管承认大学授予学术学分课程的标准不能降低，大学还是坚持函授教育系的学生一样可以获得学分。1905年11月，在州立大学协会上做的演讲中，范海斯谈到函授教育工作时强调，有人认为提到的这种工作其尊贵程度在大学的尊严之下，这是一种错误的观念。就参加函授学习的男人和女人的名字没有被列成目录的问题，他坚信："这样学员的名单是不会被遗漏的，大学的标准也没有被降低。"①

函授课程由40课时组成，分5个学期共计5学分。其中，讲座课程一学年一周一小时课，占学位总学分的2/5，仅仅依靠函授工作是无法获得任何学位的，其他函授课程的限定数量的学分会转换化成威斯康星大学的学分。

2. 辩论和公共讨论系的工作

辩论和公共讨论系（debating and public discussion）主要是由赫钦斯（Frank A. Hutchins）先期创立的，这一部门的宗旨和目标，就是通过提出重要的社会和政治议题，以激发和激励州内各个阶层的人们进行积极活跃的思考和分析活动，产生对社会时政问题的关注和兴趣。

辩论和公共讨论系派出指导教师奔赴州的每一个地方，组织辩论协会和辩论俱乐部；它训练辩论能手和演讲高人，为州居民的社区生活中注入活力；它收集各种杂志期刊上的文章和信息简报，并对此进行分类，以备讨论和辩论之需。其结果是一个收集并保存着有关当今时代最重要、最热门事件资料的借阅图书馆逐渐得以建立起来，收存在里面的书籍和期刊种类很多。这些资料对居民的文学活动也提供了极大帮助。辩论和公共讨论系为州内居民及时提供了大量的时代议题。辩论和公共讨论系成了许多改革者的心爱之物，他们把它看成是改革的喉舌和代言机构。

"麦卡锡在《威斯康星理念》一书中对辩论和公共讨论系为州内居民提供的讨论提纲进行了列举"②，所讨论题目之新，涉及内容范围之广，在居民中引起极大反响。这些题目包括：

①论效率原则；
②辩论的协会、组织和议程；
③怎样对辩论做评判；

---

① Van Hise, C. R. Address by President Van Hise to the Association of State University Dilivered in Washington. November, 1905, p. 5.

② McCathy, Charles. The Wiscinsin Idea. New York：The Macmillan Campony. 1912, p. 137.

④辩论协会的宪章；

⑤市民俱乐部的组织与计划；

⑥农民俱乐部的组织与计划；

⑦古巴的合并与菲律宾的独立；

⑧自闭的我们与开放的市场；

⑨论城市政府委员会方案；

⑩论农村学校的统一与免费课本；

⑪论州际商务活动的联邦宪章；

⑫论银行储蓄担保；

⑬论收入税；

⑭论海军军费开支的增加和船运的补贴；

⑮论包裹邮件；

⑯联邦议员的民选；

⑰邮政储蓄银行的出现；

⑱论移民限制；

⑲论简化语言；

⑳论妇女选举权。

人们说，威斯康星州正在通过这个辩论和公共讨论系来复兴古老的新英格兰城镇会议模式。通过这种活动，"威斯康星州的居民得以了解当地和州内发生的与他们的切身利益相关联的问题，并在问题的准备、讨论、争辩中获得启发和教育"①。例如，威斯康星州的公民将会为州宪法的一项修正案投票。这是州居民政治生活中的大事，居民须对关于这件事情的有关内容都有所了解，才会做出正确的投票。辩论和公共讨论系及时将这一事件作为议题，组织全体居民讨论，使得全体选民熟悉了公投的相关基本问题，为投票活动做好了充分的准备。一名《波士顿预报》(*Boston Herald*)杂志的作者，在对辩论和公共讨论系组织就投票问题进行讨论的过

---

① Howe, F. C. Wisconsin: An Experiment in Democracy, New York: Charles Scribner's Sons. 1912, p. 156.

程进行了一番精心考察以后,以极其欣赏和赞美的口吻写道:"十一月初威斯康星州的公民将会为州宪法的一项修正案进行投票,该项修正案将允许立法机关把州的资金用于高速公路的建设和维修上。就这个问题,辩论和公共讨论系组织州的居民展开讨论,具体内容是:威斯康星州足以承担一项大规模的经济高效的道路建设系统吗?那个住在遥远小村庄的约翰·德(John Doe),或是住在密尔沃基的理查德·罗(Rechard Roe)能够为了这项修正案的投票,而搜集各种有关信息、做出精心准备吗?难道这样的事情只是与记者、政治家及当地议员有关吗?不,在威斯康星州是不会的。人们拥有一所大学,它把这件事视为它的责任和权力,进而来搜集和汇总各种信息,向全州的所有公民展示每一个公共事件的意义,调动起全州公民参与公共事件中的热情,尽可能做到不偏不倚,不带党派的偏见,不倾向任何一方。人民把它亲切地称为'我们的大学'。该大学的教授为议案献计献策。他们知道他们的调查研究已经为威斯康星州增加了数百万的财富;他们知道他们的专家已经促进了立法进程和立法完善,正在战胜目前为止仍在威斯康星州州首府居于强势地位的保守派。"①

这名记者继续他的描述和赞赏:"很有可能的是,一名威斯康星州的选民对公民投票究竟采用现代民主方法还是其他方法拿不定主意的时候,他会写信给威斯康星大学求教,得到答案的过程只要花费他两美分。很快,威斯康星大学教授的回信就来了。在信中,教授们就咨询的问题给予解答,并附有可供参考的内容,诸如其他的赞成的和反对的观点、评论家和倡导者的争论、相关的法律材料,以及一些参阅书目的具体页数和章节等。可见,辩论和公共讨论系这样的一个系统是把大学与人们实际的政治性的需求联系起来,指导他们如何向相关专家寻求信息来源和问题答案。从教育学的观点来看,这是最具有实际效果的,是很真实的民主。这种制度因此是全体公民的理想。"②

辩论和公共讨论系还通过将图书打包送达的形式,将资料信息传播到

---

① Howe, F. C. Wisconsin: An Experiment in Democracy. New York: Charles Scribner's Sons. 1912, p. 155.
② Ibid., p. 156.

州的各个遥远的地方，使大学的图书资料向全州开放。"在 1910—1911 年，他们分发了将近两千包的图书资料包裹，五年后这个数字达到五千，而 1919—1920 年该数字达到一万。"[①] "在 1910 年发送的 1928 包图书资料中，包含了 550 种不同的主题和 120000 条议题条目，被分别发送进了州的 259 所社区中，还有 12790 份小型简报被散发了出去。"[②] 这些包裹图书包含了银行业、市政、移民、劳动力、倡导与公民投票、铁路、信托、农业、生物、儿童福利、公民运动、旅行、历史、音乐、绘画、乡村生活、社会主义和妇女等多个领域的问题。用这种方法，威斯康星大学向乡村和城市的隔离宣战，将城市和农村连接在一起；向工业化社会中的腐败政治、人们的无知及其他一些社会的落后面和阴暗面宣战，启发人们的觉悟和智慧。"大学是重要的神经中枢，其影响会发散到州里的每个小镇。在威斯康星州，没有一个地方会偏僻到不被这种力量所影响，也没有一个公民会贫穷到无法让他自己利用它所提供的帮助。"[③]

大学还通过将大学场所向社会开放的形式，融合人群，更融合思想。大学，这个很久以来被人们视为最为封闭的机构，在威斯康星州，人们却已经把它转变为一个人民的俱乐部，一个公共论坛，一个社会活动中心。

大学成为社会中心的想法并不新鲜。在纽约的罗切斯特（Rochester），这种思想最先被发展，而且发展得最为成功。而芝加哥早已斥巨资建造社会娱乐中心，提供给社会底层居民常年不间断运行的俱乐部活动室。在 20 世纪初，美国有一百多座城市也以各自的方式把学校的房间用于了社会和教育目的。

威斯康星通过建立辩论和公共讨论系这样一个大学部门，将这种思想发展到一个新阶段。威斯康星州意识到了大学的设备一年只使用 9 个月和一天只使用 7 小时，这对于学校的投资而言，委实浪费；它认为学校应该是进行诸如政治会议、讲座、跳舞、戏剧表演等各种活动的天然中心。在

[①] Curti, M. & Carstensen, U. The University of Wisconsin: A History, 1848—1925. Vol. II. Madison: The University of Wisconsin Press. 1949, p. 575.

[②] Howe, F. C. Wisconsin: An Experiment in Democracy. New York: Charles Scribner's Sons. 1912, p. 159.

[③] Ibid..

这里，小型的公民投票可以举行，公共问题的论坛也可以举行。于是，大学呼吁全州的男女老少都来麦迪逊参加会议，讨论这项议题。他们规划了一个项目，使其学校的房间能够最大程度地应用和服务于教育、娱乐和政治目的。随后大学发布了公告，告知人们如何能够使用学校的房间，如何与学校的后勤管理部门相联系，来参加活动的人如何能够获得讲解人员及各种设备。大学成为社会中心，一个人民俱乐部，一个民主城镇的会议室。

这样，无论何时，只要有一定数量的公民要求，大学董事会便要开放学校房间为社区使用。学校的行政部门已被授权维持夜校和假期学校，大学的阅读室、图书馆、辩论俱乐部、体育馆、浴室、体育场等设施，日夜开放为儿童和成人参观及使用。在这里，可以进行农业示范，可以发放纯正的种子，纯净的牛奶能够被运送到各个城市。在冬季的月份里，还可以举行辩论、跳舞和邻居的聚会。

如果学校领导拒绝提供这些，学校所在地区10%的选民就可以要求对此进行公投。范海斯校长所描述的理想的大学正在变成现实。他认为每个个人本应该有机会去发展到自然赋予他的最大的发展程度，不论他们是高大还是渺小。这是大学扩展的目的，把光明和机遇带给在州的各个地区的每一个人；这是对大学而言，唯一正确的服务理想。

3. 综合信息与福利系的工作

综合信息与福利系（general information and welfare）是州一级的问题提出与问题解答部门，是给公众带来有用信息并在问题的解决上提供一定建议的部门。在威斯康星大学的主楼里，有几个房间和一所地下室就是综合信息与福利部所在地。

首先，综合信息与福利系的功能是收集和汇总信息。它可以准确地获得任何个人、城市俱乐部和城市商贸组织的信息，汇集来自州内从专家到出版社的各个渠道的信息材料。为了高效快捷地汇集到信息，并将这些汇集到的信息及时提供给市政官员和市民，1909年，综合信息与福利系建立了一个下属的"市政咨询局"、"民事和社会发展中心局"等，它们在信息的收集中发挥了切实的作用。它把目光投向了其他的城市，把纽约、柏林或波士顿的资讯提供给威斯康星州的其他城市。它收集各个种类的市政活动的数据和信息，它汇集了城市的章程、条例法令以及其他的文件，并把它们及时提供给城市管理部门，使得城市管理部门能够根据信息材料，对城市保险、街道建设、煤气燃油、污水处理、公园设施、体育场馆、树木保护、学校机构、慈善团体及城市运作成本核算等城市管理事务，做专业研究和处理，这是在城市建设和管理方面的专业需求。在综合信息与福利系成立的 9 个月内，市政及其他部门的官员就收到了综合信息与福利系提供的 900 份建议，同时还有关于政府职责的 3000 多份建议材料已经由出版社出版发布。综合信息与福利系在美国的各大城市都设有联络员，并派遣市政管理方面的专业宣讲员，凭借专业知识方面的帮助来解决城市问题，并且在密尔沃基（Milwaukee）建立了市政的和社会的服务机构。综合信息与福利系还组建了一个视觉指导局，为人体血液循环收集了教育幻灯片和移动图片式电影，举办了牛奶展览，召开了刑法会议。1913 年，威斯康星大学出版社也被归属到综合信息与福利系的管理之下。

其次，综合信息与福利系的工作的终极目的在于解惑答疑。它被设计成了一条纽带，连接着州的人民和与他们的生活密切相关的科研结果。它旨在以联邦部门和国家部门提案的形式，把有价值的信息转变成通俗的形式，进而把它散发给渴望了解信息的大众。它把科学家的语言翻译成通俗的形式，以公众利益为主题的公告、专著和传单被打印并散发开来，新的发现、发明，新的知识探索，新获得的数据，都以公众能理解的语言和能接受的形式到达人们中间。

再次，综合信息与福利系的工作还包括对信息和解决方案的督促落实。综合信息与福利系要根据获得的信息做出决策，并进行督促落实。例如，该部门派遣健康理事会帮助社区进行卫生清洁，或让建设部与当地政府机构合作改进饮用水的供应情况，保障牛奶质量，或帮助解决其他一些当地问题。"它进行抗结核病展览，辅以图标和图片说明，使 112000 人受到教育。"[①] 当地的检验员配合综合信息与福利系的工作，展示这种疾病带给人的痛苦与折磨，进而唤起全国公众对于结核病预防工作的重

[①] McCathy, Charles. The Wiscinsin Idea. New York: The Macmillan Campony. 1912, p. 134.

视。各地也成立一些相应的协会来配合工作,如密尔沃基成立了面包师协会,有 125 名面包师参与活动,请食品专家来演示如何进行食品洁净度和卫生设施的检验,如何检测原料的质量,以及教授食品制作的相关技能。

综合信息和福利系还致力于一种严肃主题或者通俗内容的讲座课程。它向外派遣政治学、社会学、历史、艺术、和科学等学科领域里的讲课教师;它提供莎士比亚的戏剧,苏格兰、爱尔兰和英格兰的民歌,用最为大众喜闻乐见的方式。"威斯康星大学愉悦着、娱乐着并且教导者整个国家。"[①]

第一次世界大战期间,像推广教育部中的其他分支一样,综合信息和福利系很快转向战地工作。它与红十字会合作,发展了家庭服务学院,实施各种培训项目。这期间市政咨询局的工作和市清洁工程服务也取得发展。战后,推广教育部在综合信息和福利系中建立了商业和工业关系的分支,并且在 1920 年年末进行了大众信息和福利系的重组,将其转变为团体和社区服务系,它将原来的市政咨询局、社区音乐局、戏剧活动局、经济学和社会学局,以及商业信息局等分支机构都整合在一起。

总之,推广教育部工作一经开始,很快获得蓬勃发展,在场地设施、团队人员、课程内容和课程数量,以及包裹图书发送和综合信息手册的分发数量等方面都出现迅速而稳定的增长。1907 年开始,推广教育工作获得每年 2 万美元专项资金,1909 年增加到 5 万美元,一年后增加到 7.5 万美元。在此后的几年间,州的拨款超过了 20 万美元。这样,在 1926 年雷伯主任委员退休之前,用于推广教育工作的资金总额达到将近 50 万美元。这样一个数目不菲的资金不仅反映出立法机关对这项事业的支持态度,并且也折射出威斯康星大学在这项工作上的声望和影响。

二 大学农业院系的社会服务活动

威斯康星大学农业院系的社会服务活动主要是结合州的居民的生产生

[①] Howe, F. C. Wisconsin: An Experiment in Democracy. New York: Charles Scribner's Sons. 1912, p. 156.

活实际进行农业科学研究（具体说来是乳业应用科学研究）和实施农业实用知识推广教育。19 世纪 80 年代，与生产生活密切相关的应用科学研究和实用知识教育在美国还是个新事物，处在刚刚开始阶段。应用科学研究和实用知识教育究竟应当如何开展，应该研究什么，怎么研究，教些什么，怎么教，对人们来说都是新的课题。

然而，社会上对这一问题重要性的认识程度和开展这些活动的热情在不断提升。威斯康星州当时作为一个农业大州（起初是种植业，后来转为乳业），对农业研究和农业实用知识教育的问题也越来越关注。各方的争论和斗争在 19 世纪 80 年代达到高潮。人称"19 世纪 80 年代在威斯康星是农业教育和农业研究方面的一个疾风暴雨般的年代"[①]。当时的州里有两派意见，一部分人支持建立独立自主的示范农场，以进行示范性教学和研究；另一部分人主张建立一个立足于基础科学领域里实际的田野调查和实证研究基础上的机构，争论最终还是达成了共识：1889 年，原来隶属于文理学院中的农业系演变成了农业学院。于是，农业院系的社会服务活动主要针对州内的乳业生产实际问题进行研究，即乳业科学研究和开展农业实用知识推广教育。

（一）乳业科学研究

19 世纪 50 年代以前，威斯康星还是一个主要从事农作物种植的州，小麦一直是这里主要的农作物。东部新英格兰地区小麦种植上的急剧滑坡，日益发展起来的水路和铁路交通运输提供的便利，都大大促进了这个地区的小麦生产。但是，1855 年以后，问题开始出现：连年小麦种植对土壤养分的消耗，病虫害的侵袭，都使得粮食产量受到影响，从而造成粮食价格波动不稳，严重挫伤了农民的生产热情。尤其是"1857 年的大恐慌"（the Panic of 1857）更加剧了这种情形。与此同时，人们对乳制品的需求却在不断增长。面对这样的情况，一些具有胆识和远见的农民萌生多种经营理念，着手进行奶牛饲养，其规模不断得以扩大，并且他们带动起越来越多的农民转向奶牛业生产，全州的奶牛头数和奶牛农场的数目不断增

---

① Curti, M. & Carstensen, V. The University of Wisconsin: A History, 1848—1925. Vol. II. Madison: The University of Wisconsin Press. 1949，p. 374.

加。事实上,威斯康星州转向乳业生产,很大程度上也是受纽约州奶农的影响。到19世纪50年代时,纽约上州及俄亥俄州北部的几个主要郡县已经完成了从种植业生产到乳业生产的过渡,而且,大批纽约州奶农从那时起陆续涌进威斯康星州,他们不仅带来了奶牛生产知识和技术,加强了威斯康星州乳业生产传统的奠基,而且他们在建立乳品工厂、建立奶农协会等活动中表现出的热情和干劲,更极大地感染和带动了后来的移民,就这样,威斯康星州乳业生产就逐渐发展起来,实现了农业产业结构由小麦种植业向乳业生产的转变。

在乳业尚未成为州的主导性产业的19世纪60年代,农业科学研究已经在威斯康星大学中开展起来,那时,教授们更多的是依托校园的示范农场进行直观的教学和研究。通过对作物的浸种方式、播种方式、土壤条件等的观察和比较,形成对作物栽培技术的新的科学的认识。马铃薯栽植研究就是当时一个重要的教学内容,也是一项重要的研究实验。

随着乳业在威斯康星州农村产业中比重的逐年增加,进而成为州的主导性农村产业后,对乳业问题的研究提到了大学的议事日程,农业院系的科学研究活动就主要集中在了州内的乳业问题上。1880年,威廉·亨利(William A. Henry)完成了在康奈尔大学的学业来到威斯康星大学。这个生长在农场、热爱农民和农业教育的年轻人的到来,使这里的农业科学研究得到巨大推动。他成为后来的奶农协会的第一任会长、农业试验站的第一任站长和农业学院的第一任院长。1888年,亨利认为,他们已经对州内农业生产进行了各个方面的调查,这些调查似乎是最重要的和能够提供给他们有益的前景和努力的方向。为了这个目的,家畜的饲养问题的研究和奶业问题的研究已经占据了他们的大多数时间。

1. 饲料贮存筒仓的发明

一直以来,有一个问题困扰着威斯康星的奶农:奶牛的过冬饲料问题。如果奶牛过冬没有足够的饲料保障,不仅伤害冬季里奶牛的健康,也直接影响春季里的鲜奶产量和质量。亨利深知,在一个乳业大州,鲜奶的产量和质量,尤其是质量,是决定乳业发展的关键问题,而质量的提高则取决于饲养方式和饲料中的营养价值。于是,亨利到来后首先着手解决这个问题。他成功地说服立法机关为大学的研究活动拨了一笔款:4000美元的数目虽不太大，但在威斯康星大学，专为研究活动拨款，这是第一次。他将这笔款项主要用于饲料过冬问题的研究。通过青贮饲料让奶牛有充足的饲料过冬，使农民受益匪浅。饲料的贮存器最初是方形的，但是方形的贮存器有一个弊端，饲草容易被填塞在四个角落里，从而埋下易燃易爆的安全隐患。后来，金（F. H. King）教授对它们进行了改造，将方形贮存器改造为圆形的筒仓（Soil for Fodder），使原来的弊端得以消除。奶农们争相建起这种圆形的饲料筒仓。尤其是在看到一些奶农由于家里拥有这种饲料筒仓，从而成功度过了1886年的干旱的威胁之后，奶农们对这种贮存饲料过冬的筒仓设计更是欣然接受，这样，一时间，威斯康星的乡野田间耸立起一座座饲料贮存筒仓，比其他任何州都多，构成本州的一大景观。

2. 乳脂检测法的发明

鲜奶的收购标准和收购方式也是一直困扰奶农及乳品厂的问题。在威斯康星州，很长时间以来，霍尔德（William D. Hoard）和其他一些富有远见的奶农对当时盛行的奶站只以牛奶重量作为收购标准的做法甚为不满。牛奶收购商们在收购牛奶时，对于同样重量的牛奶，不管奶脂的高低，都付给一样的价钱。这种收购方法不是在鼓励奶农通过科学饲养、合理调配饲料去提高牛奶中的脂肪的含量，反而是鼓励了那些保守的奶农固守低效陈旧的饲养方法。而且，更具危害的是，这种收购方法向牛奶生产中的造假和欺骗行为敞开了大门，有些利欲熏心的奶农在售奶之前竟然撇刮牛奶中的油脂或往牛奶中掺水，极大地降低了奶源的质量。见此情况，那些正直诚信的奶农则坚决拒绝向奶站售奶。因此，州内的乳业发展受到冲击和威胁。人们纷纷担忧威斯康星州的乳业发展正在走向毁灭。在这样的情况下，发明一种卓有成效的检测牛奶质量的方法以扭转乳业发展日渐滑坡的局面势在必行。

这个难题是通过发明"乳脂检测法"（Milk–Fat Test）解决的，人们称该方法是更为精彩的、更具有商业价值的发明。它是亨利、沃尔（Woll）、法灵顿（Farrington）、卢索尔（H. Russel）和巴布克（S. M. Babcock）等教授共同合作的结果，尤其巴布克教授在其中起到了举足轻重的作用。

巴布克（S. M. Babcock）1866年在塔夫特大学获得他的第一个学位，

然后，他在康奈尔大学研究生毕业，并在那里教书。1879 年，他在德国哥廷根大学获得有机化学博士学位。作为纽约州农业试验站的化学家，他从 1882 年到 1887 年在日内瓦工作，其间他观察到一种现象，就是这个现象导致他对从前使用的确定食品的营养价值的那个方法的可靠性产生质疑。巴布克天性乐观快活，热诚坦率，喜爱运动。巴布克凭着他的质疑精神很快在威斯康星州大学谋得一个教授职位，他于 1887 年从纽约州农业试验站来到威斯康星大学。

巴布克发现，在牛奶中加入适量的硫酸会分解出一种叫做"酪素"的蛋白质，这种蛋白质会因此释放乳脂。根据这样一个原理，他发明了一种乳脂检测器：将装有牛奶的容器放置到分离机上，加入适量的硫酸后使其旋转，在旋转中，酪素释放的乳脂就会上升进入容器的瓶颈中。在瓶颈处做一个适宜的标志，检测员就会读出牛奶中的乳脂的含量。

巴布克没有为他的这项发现申请和取得专利，他在试验站简报中诚挚地写道："带着得以避免改善牛奶质量和使奶场中先前施行的牛奶收购体制的邪恶的愿望，我将发明的这种检测方法赠送给公众。"[①]

这种检测方法具有巨大的重要性。最明显的就是它提供了一种确定乳脂含量，也就是检测用来出售的牛奶的质量状况的最佳途径，同时，它也成为检验人的诚实品质的试金石。一位乳品厂的检测员非常直率地称这种效果是："巴布克检测方法在使人变得诚实方面能够超过《圣经》。"[②] 这种简便的价值检测方法的可利用性极大地稳定了乳业生产秩序，并且使牛奶市场走向理性化和规范化。后来，亨利院长也指出了这一检测方法的又一个优点：这种方法能够让奶油制造商更有效地使用他们的搅乳器，使牛奶在为了脱脂而与其他牛奶相混合之前就能够被确定出脂肪含量；它也有助于奶农区分出好的奶牛与差的奶牛，从而有助于奶牛饲养业的

---

① Curti, M. & Carstensen, V. The University of Wisconsin: A History, 1848—1925. Vol. II. Madison: The University of Wisconsin Press. 1949, p. 389.

② Ibid., p. 390.

良性发展。

这种检测方法在经济价值方面也显示出巨大优势，能够为州带来巨大的经济效益。由于新的检测方法允许乳品厂检测员检测乳脂分离过程中的牛奶乳脂含量上的变化，他就可以据此对机器做很好的调整，取代原来的依靠猜测对正在被分离出去的乳脂的量的判断，这样一来，就可以节省下来许多乳脂，用来去做黄油。这种对乳脂量的浪费上的控制每年可以使州内乳品厂出售的黄油产量增加 1/5，价值 80 万美元。

3. 凝乳检测法的发明

1896 年，巴布克和卢索尔共同发明了"凝乳检测法"（Curd Test）。卢索尔（H. L. Russell）在威斯康星大学取得他的本科学士学位和硕士学位后，去欧洲与当时著名的生物学家卡赤（R. Koch）一同工作，而后去那不勒斯的动物站从事调研工作。1893 年，卢索尔来到威斯康星大学担任细菌学助理教授，成为农业学院里最年轻的成员。"凝乳检测法"的发明对巴布克来说，是仅次于他的"乳脂检测法"的一项发明，而对于卢索尔来说，则是他的多方面研究能力的又一次展示。

奶酪制造商在制造奶酪时，偶尔会制造出一些残次品，他们怀疑是他们使用的牛奶的问题，但是奶酪厂购买的牛奶并非来自一家农场，况且在制作奶酪前，来自多家农场的牛奶已经被混合在一起，因而没有一个办法确定出哪些是已经变质了的牛奶，自然，也就无法阻止残次品奶酪的出现。这时，对于奶酪制造商们来说，唯一的解决办法就是把这些残次品奶酪扔掉，当然，这样也就是损失掉了经济利益。

巴布克和卢索尔决心解决这个问题，他们开始了试验。

他们对所选取的牛奶样本进行加热，添加一些化学物质使其凝结，然后将凝结的样本切割成若干小块，倒掉所有凝结后溢出的水再加热。这时候，牛奶会发酵得像在奶酪制作中一样的多。待发酵完成后，凝结好的乳块被再一次切割。这时，一些乳块上出现的一些小的洞清晰可见，这些小洞就表明制作这些奶酪所用的牛奶是坏的。

这个"凝乳检测法"被认为是仅次于巴布克发明"乳脂检测法"的又一项重大发现，它极大地增强了州内的奶农和农业生产领导人对大学的信心，也极大地增强了公众对威斯康星乳产品的信心，同时，它还具有极大的经济意义，人们初步估计它每年将为州内的奶酪制造商赢得近10万美元的利润，这个数字基本等于州对农业学院的财政预算所做的拨款。

除此之外，巴布克和卢索尔还通力合作了另一个项目：1897年的"半乳糖"的发现。在对牛奶做传统的化学分析时，他们发现了一种叫做"半乳糖"的酶，后来，他们发现这个化学物质与人类具有的一些助消化剂功能相似，于是，带着大胆的科学的推测，他们推断这个化学物质因此可能与奶酪的成熟有某种关系。他们试着以此为案例，进行深入研究，终于证实了他们自己想法的正确，因此推翻了以前的细菌引起奶酪成熟的概念。这样，如果不是细菌造成奶酪的成熟，奶酪的制造过程就可以在一个很凉爽的、接近冰点的温度状态下进行。这一项发明改变了奶酪制造业多少年来都是奶酪制造商在自己的工厂里自主加工的历史，从此以后，奶酪制造商们纷纷把自己的产品装运发送到专门的冷藏库车间，而不是在自己的工厂车间里加工处理。这项研究发明的最终效果是促成了高质量的奶酪的诞生，并且使州内乳业相关企业间的合作得到加强，促进了州的乳业向更高、更为现代化的水平迈进。亨利主任称这一项发明是"一项对奶农最具有价值的纯粹科学发现的快乐案例"①。

4. 奶牛结核病的发现及防治

卢索尔（H. L. Russell）教授对试验站奶牛结核病的发现及防治（Discovery of Tuberculosis in the Dairy Herd）也是大学里的细菌学家进行实际性研究，以帮助奶农促进乳业发展的最具有轰动效应的例子。卢索尔刚刚来到威斯康星大学的时候，州的奶牛饲养业正在受到奶牛结核病的威胁。看到从茫茫草原上优选出来的畜群被告知患上了这种疾病的时候，奶农们都十分恐慌。面对奶农们进行仔细的研究和拿出妥善应对措施的要求，卢索尔着手开始研究。令他颇为惊奇的是，当他为患病的奶牛注射淋巴疫苗的时

---

① Stark, Jack. The Wisconsin Idea: The University's Service to The Stat. Madison: The Legislative Reference Bureau. 1995—1996 Wisconsin Blue Book. p. 39.

候，奶牛身上出现了反应。当把它们宰杀之后进行检查时，两头奶牛身上都显现出结核病的征象，后来，他又抽取了患病奶牛的奶汁及哺乳后的小牛犊的血样进行检验，终于揭示出是由于奶牛母体感染了特定的结核病菌导致疾病发生，从而帮助奶农们及时规避了发生大规模奶牛感染的危险。

（二）农业推广教育

从起点上说，农学院的推广教育活动的开展，是受传播农业科学研究成果的急切需要所促动的。

在19世纪70年代，教授们更多的是依托校园的实验农场进行直观的教学和研究，而这些研究极大地丰富了作物栽培方面的知识，但是这些重要的发现，这些新知识向外界、向更多的人传播还很成问题，它们还仅仅是在一年一度出版的《董事会报告》中被提到，远未被广大农民所知晓和掌握，更没有使农民受益。可见，新知识还只是停留在实验农场这样一个研究园地里，还远远没有扩展和传播到民众中间。这样的局面不是创办者和教授们所期待的，他们认识到：知识的传播和扩展不应该仅仅通过出版物的宣传来解决，必须依靠教授们带着知识走向民众。

威廉·亨利（William A. Henry）从1880年到达威斯康星大学起，大力推动农业教育活动，使农业学院的服务农民的推广教育工作有了一个崭新且强劲的开端，他也从此成为农业推广教育工作的卓越的带头人。

亨利到来的时候，正是奶农生产积极性十分高涨但生产效率却很低下的时期，究其原因，是由于农民们缺乏科学知识、科学理念所致，所以问题的关键是让科学农业的理念和先进的知识到达农民中间。亨利带领教授们亲自走到农民中间，宣讲示范。尽管他受过严谨的学院教育，有学院教育的背景，且年仅30岁，但是却一点也没有书生的清高和年轻人的好高骛远，他一出现在农民那里，就马上能够同农民建立起联系。他从未错过一个他遇到的与农民交朋友的机会。他穿着靴子、工装夹克下农场，在那里，人们看见他向别人介绍有效率的管理知识。而且，人们还会看到在跟越来越多聚集起来的牲畜饲养者、奶农、园艺家们说话时，他也是同一种装束。他的农村出身背景，在与贫困作斗争中历练出来的机智勇敢，铸就了他不畏艰险的刚毅气质和坚忍不拔的意志品格。在一个又一个寒冷的冬日里，他顶着威斯康星冬季刺骨的寒风，走进一个个奶农家里。奶农的认识在提升,他们在生产过程中自发形成了一些互助组织,他们中涌现出许多优秀分子,亨利与这些人建立起良好的关系,他的科学农业理念首先为他们所理解和接受。这些人中后来有的成为大学董事会成员,有的担任州长,成为亨利强有力的支持者,并直接影响了州立法机关的多种决策。

早在 19 世纪 80 年代,威斯康星大学率先开展起了农业教育方面的校外服务活动,具体有:建立工艺学校,举办通识教育讲座和函授课程,遗憾的是这些推广教育形式都未能延续太久:工艺学校在仅仅建立一个季节后夭折,函授课程维持了两年,通识讲座课程到 1903 年时也难以为继。当时持续时间较长且又受到农民群众欢迎的就是农业院系组织的活动。这些活动为 20 世纪初期大学校外服务活动的复兴打下了良好基础。

1. 农民学校

应该说,对农民进行集中授课不是威斯康星州的首创,早在 1870 年,堪萨斯州和马萨诸塞州就已发明了这种集中讲课的形式,并且向其他州传播。但是,在这种集中授课形式上发展起来的"农民学校"(Farmer's Institute)则在威斯康星州进行得最为扎实。"农民学校是'威斯康星理念'的最好的例子。"①

许多刺激大学推广教育部工作的动因也同样刺激着农业学院的工作。1885 年,州立法机关的一项授权大学在冬季里举办农民学校的政策得以出台:指示州的农业协会创办农民学校,这个农民学校将是学院所发展起来的第一个可以将学院的影响送达到大多数农民那里的机构。该协会负责人包括来自农业学院的和当地成功的农民,第一任监管人是莫里森(William H. Morrison)。在他的领导下,农民学校的机构基本固定下来了:工作重点主要放置在农场问题研究。在此后的 30 年里这个模式变化甚微。1895 年,农民学校的种类中增加了一个炊事学校以吸引农民的妻子。

在农民学校里,教授们向农民展示在农业理论和农业实践方面的最

---

① Stark, Jack. The Wisconsin Idea: The University's Service to The Stat. Madison: The Legislative Reference Bureau. 1995—1996 Wisconsin Blue Book. p. 34.

近的调查研究的结果，它尤其关注的是农民们生产生活中遇到的实际问题。1886—1887年的冬季里，威斯康星大学创办了57所农民学校，将近5万农民参加学校的学习。这个让人印象深刻的数字表明威斯康星州农民起初怀有的那种大学恐怕不能快速地对他们提供帮助的疑虑消失了，并且，大学也愿意拿出更大的努力和更为实际的资源来帮助农民。到1895年时，农民学校的数量达到106所，参加学习的人数达到5万人。在这个学校里，在共同学习的过程中，农民不仅能学习知识，还可以彼此之间交换对事物的看法和信息。直到1883年，亨利一直在说服奶农在筒仓内贮存饲料以过冬。起初，奶农们拒绝相信那些秸秆能够在筒仓内被保存住。但是，参加1886—1887年农民学校的奶农们，在听到他们中有几位农民曾经尝试建了饲料贮存筒仓，而正是这些饲料贮存筒仓帮助他们度过了1886年冬季的干旱时，其他农民也都开始相信了这种饲料贮存方法的好处。由于学校的教学内容紧密结合生产实际，加之这么多的农民聚集在一起，思想的交换和信息的传递自然展开，参加农民学校优势得到显示，因此，农民参加学校学习的积极性高涨起来，到1895年时，农民学校的数量达到106所，参加学习的人数达到5万人，除此之外，还有11所专为家庭主妇开办的烹饪学校，在同一年，夏季学校也开办了，从此农民学校的开课不只局限于冬季。这一年夏天，大学出版了6万份农民学校的简报。这样一来，先进的做法和科学的知识也就得以大面积地传播开来。

在农民学校成功运行15年后，在1902年的董事会报告中，视导委员会描述了这些农民参加学校的情形："参加这些农民学校的群众，虽然他们受到学校场地的限制，但他们参加学校学习的兴趣却是非常高涨的。他们做的笔记，他们提出的问题，都是对农民学校受欢迎状况的最好证明。假如事实不是这样的，那就看看那些已经建起来的饲料贮存筒仓，看看那些已经建立起来的乳品厂，看看那些正在使用着的更为科学的奶牛饲养方法，看看对于肥料的更为科学的使用，不断增加着的规模和更加好的成果，看看那些变得越来越少的浪费现象，更为健康的和更为优质的饲养着的牲畜……。通过农民学校的学习，农民们掌握了这些生产生活的知识信息，真的乐于将资金、力量投入到其中去，同时收益也是无以计数的。"① 农学院推广教育工作，不是完全局限在农民学校的课堂教学上，对农民的知识信息的传授方式还包括农业试验站的公告出版，通过这种方式，很多新的研究成果和新的信息已经传达到众多的农民那里，并且在相关协会的要求下，教授指导农民进行不同的实验。

1910 年，农学院的十日制农民学校与 59 个县区的 1125 人签订了合同。此外，还有 400 名妇女代表 32 个县区，也在大学参加学习。一些类似的一周制农民学校也与县区进行合作。学院将这些课程计划通过州的所有报纸和农业杂志进行宣传、推广。

1912 年以后，农学院寻求在县里委托代理人的方式来管理农民学校即，遴选卓有知识经验的农民，代行大学教授职责。1912 年 2 月 12 日，第一个县级农民教授代理人在丹茨达（Dncida）县被任命。卢索尔院长解释了这种做法的意义："一个新的和最重要的推广方式在去年被建立，就是县级农民教育代理人制度的建立，这样一来，农学院就可以在夏天委托他们对成年人给予直接的指导，在冬天给年轻人讲解课程。他们还可以培训农村老师。在农作物生长的季节，直接在田地里帮助解决实际实验工作并帮助解决农民的日常问题。"到 7 月时，这一制度在 3 个县被实行，并且很快得到认可，还有几十个县要求学院委托这样的代理人。

2. 短期课程

1885 年建立了"短期课程"（Short Course）培训班，这是一种把推广教育的课程直接办在大学校园内的课程模式。

在 19 世纪 80 年代早期，鉴于大学里的农业教育过于学术化而脱离农民的实际，一些农场组织游说州的立法机关把农业学院从大学里分离出来，这样的提案递交到州立法机关后没有被通过。大学保住了它的农业学院，但是通过这件事，大学也感受到了压力，于是，大学尝试改进它的农业教育和农业训练的方式。大学董事会任命了一个委员会来研究这个问题。从 1886 年开始，大学在每一个冬季的农闲时期向农民提供为期 2 个 12 周的短期课程，这是美国国内大学首次开设这类课程，威斯康星州是

---

① Stark, Jack. The Wisconsin Idea: The University's Service to The Stat. Madison: The Legislative Reference Bureau. 1995—1996 Wisconsin Blue Book. p. 34.

真正的先驱者。短期课程向任何一个具有小学文化程度的年轻农民开放，采用实用的教学方式。开课之初，困难很多，情况并不乐观，诸如如何让教师们的学术背景与实用教学工作进行很好的衔接，如何让这些渴求实用知识的农民既能获得理论知识，又能提高其实际技能，都是需要认真研究的问题，但是，这些农学院的教授们还是很诚挚地承认他们已经为建立一个真正有特色的实用农业教育计划找到了一定的方法和途径。因为这个课程班不像先前的农民学校开设在州内各地，它是开设在大学校园内的，所以，它可以使大学的资源得到更好的利用。"开设这样一个课程的目的是让那些来自州内各地区的农民能来到大学里听教授们讲课，更好地利用大学的设施。人们相信，课程班上开设的一系列讲座、演讲、演示会覆盖农民最感兴趣的领域的问题，而这些问题对他们的生产生活是有帮助的和有益处的。"[1]

尽管在能否取得预期效果上亨利有所疑虑和担忧，但是他凭着他这么多年与农民的接触，深知农民需要什么，所以，他还是研制出了一个十分理智的和切实的课程计划。第一年的课程包括饲料和饲养、筒仓的修建、乳业知识、植物栽培、农业化学和簿记。第二年的课程主要由一些更为实用性的课程所组成。开设课程班的决定做出后，亨利走出校园到州内各地去招收学生，第一年只有19人入学，但后来人数在不断增加，到1903年时又增加了一个为期2周的课程，这个班的入学者更为踊跃：1903年的冬季，入学175人，学习者的年龄从25岁到70岁不等；第二年人数增加至225人，第三年人数急剧增至400人。

3. 指导农业试验协会

1901年，在农学院的指导下，威斯康星农业试验协会成立。农学院的穆夫（Moove）教授担任了协会的秘书长，并且一干就是三十多年，对该协会产生了决定性的影响。创办协会的最初目的在于鼓励其成员做各种实验，针对不同种类的种子，控制植物疾病，检验新型种子和庄稼，也列出了牲畜、土壤、乳制品记录和园艺学工程概要。随着时间的推移，协会

---

[1] Van Hise, C. R. Address by President Van Hise to the Association of State University Dilivered in Washington. November, 1905, p. 4.

逐渐承担起传播关于新的农场立法和实际操作信息的责任。而且它的成员们很快变成了优良作物品种的研究者和生产者，在州的作物种子生产者中赢得了举足轻重的地位。1921年，协会已向州内所有农民开放。并且同时将州内55个县组织起来，参与到协会的工作中。到1910年注册该协会人员数已超过了1000人，并且为农民的妻子们也组织了另一个协会。1903年，州为该项目拨款增加到2000美元，1911年增加到3000美元，1928年增加到5000美元。

农学院还鼓励协会发展与农民及农场小组的其他交流方式，鼓励乳制品测试协会，支持卫生学实验室，参加了如奶牛肺结核病的控制工作。农学院的卢索尔（Russell）院长在这项工作中发明了有农民在场的情况下屠杀感染牛的绝妙策略，他现场剖开牛的尸体，向农民展示牛患病的证据。

农业院校的社会服务活动极大地推动了州的乳业生产发展，给州带来了巨大财富。到1910年威斯康星州已经成为继纽约州后的美国第二大乳业州。1900—1910年的10年间，在美国另外两个主要的乳业州纽约州和爱俄华州的奶牛头数处于停滞不前的时候，威斯康星州的奶牛头数达到1,471,000头，比1900年的90多万头增长了将近50%；在全美3846家奶酪工厂中，威斯康星州占有1928个；在全美6235家冰淇淋工厂中，威斯康星州占有1000个。1909年时，威斯康星州的奶油产量为105,307,000磅，比1899年时增长70.4%，奶酪的产量为145,171,000磅，比1899年时增长86.7%。全州乳业产品总价值达79,000,000美元。"威斯康星奶牛生产出了比来自科罗拉多、加州和阿拉斯加的矿山出产的金和银加起来还要多的财富。"①

三 大学的专家资政活动

大学的专家资政活动（Expert Consultancy）是指威斯康星大学的教授学者凭借自己的知识优势和学术专长，以技术专家的形式，对州的立法完善和行政管理工作提供帮助和服务的活动。这种专家资政活动是以带补助

---

① Howe, F. C. Wisconsin: An Experiment in Democracy, . New York: Charles Scribner's Sons. 1912, p.174.

或不带补助的形式进行。

校长范海斯在他的 1904 年就职演说中要求大学教授们要本着强烈的责任意识去做服务工作。他认为教授们拥有丰富的知识和专业技能，这些知识技能在帮助解决州的各种各样的问题中大有用武之地。时任州长拉夫莱特也坚持要将聘用教授来为州的立法和行政管理部门工作成为他的一个久远的政策。这一政策对 1933 年罗斯福总统首次倡议在政府事务中使用专家学者的"头脑智能信托"理念产生了很大的启发作用。

威斯康星大学的专家资政活动，主要包括教授帮助制定和完善州的立法和教授们参与州的行政管理工作两种方式。

（一）帮助制定和完善州的立法

美国从殖民地时代以来，经济活动领域畅行的是放任的自由资本主义（laissez–faire）。放任的自由资本主义，其理论基础是古典经济学理论，是由 18 世纪英国经济学家亚当·斯密（Adam Smith）总结和确立的一套指导生产及经济活动的哲学思想，它随着英国开辟新大陆而被一同带入美国。这一理论主张生产者作为生产过程中的责任个体，对于经济活动对象、生产规模、价格高低等享有完全的自主权。政府对这些事情不要干预，政府只需维持好宏观秩序，扮演好"守夜人"的角色即可。

在放任的自由资本主义思想的指引下，19 世纪末 20 世纪初的美国资本主义经济高度发展，同时资本的高度集中和生产的高度垄断也迅速出现，财富也越来越聚敛于少数经济寡头的手中，贫富差距急剧拉大。如果说这种差距仅仅是财富数目上的差距还不是最可怕的，最可怕的是生产和流通过程中，资本家和劳动者（雇主和雇员）双方地位、权利的不平等。一方面，根据自由主义的理论，资本家和劳动者（雇主和雇员），作为经济活动过程中平等的契约双方，本来都是具有相同的谈判、交涉、讨价还价的自由和维护自身利益的权利的，可是由于资方（雇主）是具有了高度垄断能力的一方，因而，在经济活动中他就不知不觉地掌握了居高临下的话语权，价格的高低，费率的多少，给付金额的比例等，全由他来决定。"这就像有人在你脖子上架着一把枪逼着你买他的货物。"[①]

---

① McCathy, Charles. The Wisconsin Idea. New York: The Macmillan Company. 1912, p. 2.

另一方面，大垄断企业的这种垄断经营手段也对其他中小企业构成伤害，遏制了它们的发展空间。总之，在这种不平等的竞争机制下，大垄断企业的财富在不断增长，而那些最广大的劳动者和中小企业主的生活保障和发展机遇却在不断受到削弱和侵害。少数富人的利益和最广大民众的利益之间产生了巨大的矛盾。自然，这种情形在威斯康星州也是一样的。

很显然，资本主义高度发展中垄断组织与公众之间发生了巨大冲突，少数富人的利益和最广大民众的利益之间产生了巨大的矛盾。在这样的情况下，主张政府不得干预经济事务的放任自由主义理念遇到强烈挑战，如果任由放任的自由资本主义的发展，广大民众的利益将受到进一步的伤害，社会的经济秩序，乃至政治秩序将更加混乱。时代呼唤政府的干预，政府的干预势在必行。

威斯康星走在了全国的前列，它出台了许多有效遏制自由资本主义发展的立法，有效地规范了经济活动的秩序。而在各种法案的研究和制定中，威斯康星大学教授们起到了关键作用，他们是州立法活动的主力军，他们协助制定了州铁路委员会法（the Railroad Commission Law）、税收法（the Tax Law）、公务员法（the Civic Service Law）、公共事业法（the Public Utility Law）和工业委员会法（the Industrial Commission Law）等多项重要法案。

在威斯康星大学教授们协助州制定的若干法案中，最有影响的莫过于康蒙斯教授（John R. Commons）主持制定的公共事业法、工业委员会法和安全用工条例。

康蒙斯（John R. Commons），1862年10月生于美国俄亥俄州的一个小镇。他的父亲是一位思想活跃的报刊编辑和浪漫的诗人，他的母亲则是一位勤劳的并受过良好教育的加尔文派新教徒，这样的家庭背景从童年时代就孕育了他喜欢独立思考的性格。1883年，康蒙斯进入他母亲的母校奥伯林学院（Oberlin College）学习，这是一所很有开放视野的学院，早在19世纪50年代就已经实现了男女同校教育。1888年，康蒙斯进入约翰·霍普金斯大学攻读研究生，在那里，他遇到了当时著名的经济学教授埃利（R. L. Ely），"埃利的许多有别于传统经济学理论的观点，主张社会对经济予以干预的理论,以及他的实证性的教学方法,都给了康蒙斯很大的影响"①。也正是在埃利的影响下,在埃利来到威斯康星大学后不久,康蒙斯也于1904年来到威斯康星大学经济系任教。

康蒙斯的研究专业方向是劳工问题和工业问题,侧重从制度经济学角度研究劳工问题,即研究如何对劳工的权益予以制度性的保障问题,主张政府要对经济发展进行干预。他的研究成果集中体现在1918年以后出版的他的四卷本的《美国劳工史》之中,从此"康蒙斯成为美国研究工人运动史的权威"②,成为"康蒙斯——威斯康星学派"的优秀代表,威斯康星大学也成为美国工人运动史研究的中心。也正是这样的专业功底和学术地位,使得康蒙斯成为威斯康星州多项进步主义立法的主要发起者和承担者,成为大学专家资政的主要代表。

1. 制定《公共事业法》(The Public Utility Law)

19世纪末期,伴随着社会经济的飞速发展,与民众生活密切相关的铁路运输、公共交通、供热系统、照明系统、煤气供应等公共服务事业也迅速发展起来。然而,这些企业部门在价格、服务质量等方面存在着严重问题,它们成为立法规范的首要对象,鉴于此,康蒙斯首先主持制定了旨在对这些部门的恣意的经营行为进行遏制,以保护广大民众利益的公共事业法。

公共事业法于1907年制定,它是在此前1905年制定的威斯康星铁路费率委员会法案(The Wisconsin Railroad Rate Commission Law)的基础上制定出来的,可以看作是它的延伸:它使这一法案的适用范围不仅仅是铁路企业,更延伸到所有公共服务提供者,即所有从事与民众生活息息相关的公共品经营的企业,诸如燃气、电力、供水、电话、供热等企业。

在19世纪下半叶的美国,由于美国政府施行的铁路赠与政策,铁路获得长足的发展,联合太平洋铁路、中央太平洋铁路、北太平洋铁路、南太平洋铁路、大北铁路、圣菲铁路等陆续筑成,尤其在南北战争后,西部开发,移民大举西进,西部农产品向东部地区的运送,都更加刺激了铁路

---

① Harter, Jr, L. G. John R. Commons: His Assault on Laissez-Faire. Corvalli: Oregon State University Press. 1962, p. 18.

② 余志森:《美国通史:崛起和扩张的年代》(第四卷),人民出版社2003年版,第35页。

的发展,到 1900 年,营运的铁路线已在 19 万英里以上,几乎相当于全世界铁路里程的一半,铁路已经取代运河等水利交通而成为最重要的运输方式。民众的生产、生活极大程度地依赖铁路运输,铁路成为与民众生活最为息息相关的一个公共事业部门。

然而,由于得到国家铁路建设土地赠与政策的惠顾,由于受自由主义经济原则下利益的驱动,铁路公司制定了高额的运价,获取着高额的利润,而广大的民众,尤其是依靠铁路运送农产品的广大西部农民的利益却因为高额的运输费用而受到巨大伤害,那时从西部大平原地区运输粮食到东部,其运价几乎就是所运粮食的一半。在 19 世纪 20 世纪之交的时候,垄断的经济形态形成,全国的铁路为四大集团所控制,具有了高度专营霸权的铁路公司更是成为一个无所制约的"铁路王国"。

1905 年之前,无论是国家层面还是州层面都还没有形成一种对日益庞大起来的铁路公司实行有效控制的机制。1905 年,康蒙斯(John R. Commons)协助其他专家共同制定了威斯康星铁路费率委员会法案。根据该法案,威斯康星州成立了铁路费率委员会,并赋予费率委员会以高于当时存在的州际商业委员会的权力。根据法律,威斯康星州立法机关要求每一家铁路公司为州内各站点间乘客和货物的运输制定一个合理的费率,任何一个认为费率不合理的人都可以上诉至履行这项法案的实体机构——铁路费率委员会。假如该委员会发现某一项费率的制定是不合理的,它就能够依据"合理收费是应该被确立的"这样一条理论去用合理费率取代这一不合理费率。该委员会还被赋予职权去做大量的调查研究,以核定清楚铁路公司所投入的财力情况。为确保公正,该委员会在判明铁路公司的费率是否合理之前要召开听证会,铁路公司可以在听证会上出示足以能证明自己费率合理的证据,委员会综合各方面情况后做出相应的决定。如果铁路公司不认同委员会的决定,它可以上诉至法院,但是,若最后证明它们的运营是不合理的,那么诉讼费用均由铁路公司自己承担,而且它在法院所出示的证据也必须都是之前在听证会上所出示的。因此,在听证会上被核准的证据材料是第一有效力的。由此可见,威斯康星创造了美国历史上第一个真正的带有执行力的现代形态的规范的行政管理委员会。

铁路费率委员会成立并卓有成效地运行后不久,人们的关注重心就转向了供水、燃气、电力等公共服务公司上。当初这些企业获得经营特许时，其收费标准、服务质量，以及它的责任和特权都是阐述得很清楚的，然而，这些企业运营之后在费率及服务质量上的表现却是不令人满意的。威斯康星大学教授兰赫博士（Victor Lenher）在《威斯康星州刊》上撰文指出由麦迪逊燃气公司输送的燃气中不能充分燃烧的量过高，其气体的质量也低于正常标准。燃气公司甚至阻止市政管理部门去查阅它们的经营账目，这更加重了人们对它们服务诚信的怀疑。在密尔沃基市，当城市尝试挪用自来水的资金去建设市政照明系统时，也引发了市民对当地电力公司的极度反感。

作为全州最大的两个城市的麦迪逊和密尔沃基的居民率先表达了他们的抱怨和不满。为了得到合理的费率和优质的服务，麦迪逊起诉了麦迪逊天然气和电力公司，然而，当他们向州最高法院控告时却遭到法院的驳回，其理由是法院没有权威确定费率，确定费率的权威在州立法机关。

在威斯康星州的另一座城市水城的共和党会议上，该市市长在他发表的演讲中，也对公共事业公司进行了强烈的批评。他说威斯康星州城市的供热和照明费率要比美国其他16个主要城市的费率都要高。他说，由于水价股票的滥用，结果造成水的费率也非常高，市民的利益受到极大伤害，他强烈要求州必须要通过一个管理公共事业的法律。

到1906年时，威斯康星州的居民都意识到，无序竞争的管理方式是不会让人们满意的。公共事业管理的自然性使其复制了令人讨厌的工厂操作方式，这些都表明，对这些公司进行公共控制是势在必行的。"对于1907年的立法机关来说，摆在它们面前的首要问题就是尽快实施对公共事业服务公司的立法约制。"① 鉴于这样的情况，州长拉夫莱特（Robert M. La-Follette）和其他一些议员，都强烈要求康蒙斯尽快起草一项法律，扩大铁路委员会的司法权，使之管理权限涵盖威斯康星州所有的公共事业。

在法案起草之前，康蒙斯展开了一项调查，这项调查覆盖了美国和英

---

① Harter, Jr, L.G. John R. Commons: His Assault on Laissez-Faire. Corvalli: Oregon State University Press. 1962, p.93.

国的公共事业公司的管理事项。法案的起草工作开始后,康蒙斯在州内向立法机关成员、著名的议员及企业合法代理人等各界人士寻求建议,同时他还跨州去寻求建议。他把草案发送给全美国的知名人士,获取他们的建议和批评,很快收到很多来信,包括克利夫兰的知名法律专家,纽约商人协会的统计师,克利夫兰、辛辛那提、芝加哥和圣路易斯铁路公司董事会主席,芝加哥大学的知名教授等,都对康蒙斯的想法提出了很好的建议,这些建议对草案的完善都起到了很好的作用。但康蒙斯谦虚地说,他在别人那里得到了所有东西,他只是把这些东西又整理了一下。

公共事业法的具体作用是:

(1) 将1905年创立的铁路三人委员会的管理权限延伸至公共事业公司,委员会的管理职能范围得以扩大,它包括对电力、电话、天然气、供热、供水和能源等公共服务公司进行管理。

(2) 要求所有公共事业公司的费率设定必须是合理的,如果委员会认为公司费率不合理,他们可以调查并重新制定出合理的费率。为了确定合理的费率,委员会要对公共事业公司的财产进行估价,以此来保证公共事业公司的投资应该收取回报的适当性。不合理的费率设定要受到委员会的调查,除非它首先举行正式的公众听证会,各方能提供相关证据。

(3) 要求公共事业公司公布费率表、收费规则和与之有关的管理细则。任何公司在提高它的费率之前需要获得委员会的批准。委员会不仅能规定费率,而且能规定服务标准和决定服务检测标准。如果一个公司没有提供合适的服务,委员会有权要求它按照标准进行质量提升。

(4) 委员会被赋予规定统一账户制度的权力,以便对它所管理的每个公共事业公司的经营情况做到及时的掌握。每个公司不仅被要求在委员会的统一系统下工作,而且它们被禁止保存未经委员会同意的文件和记录。

(5) 委员会被赋予调查记录、账目、文件和任何有关公司运营管理情况记录的文件的权力。它可以要求在任何听证会带证人出席,做公司记录和账目的展示。

这项法律创造了一个现代意义的委员会,创造了一个机构,使专家能够长期地为保护大众的权利服务。这些机构被赋予了很大的权力,被授权可以雇佣需要的工程师、会计、费率专家和其他技术人员来做调查和获得正确的事实,去对这些公共事业公司行使规范和管理职能。它很快成为纽约和其他州效仿的样板,直到今天,每个州还都有一个公共服务委员会。

由康蒙斯起草的威斯康星州公共事业法不仅仅是公用事业管理领域里的一个里程碑,它更展示了一个政府管理私人企业的技术规范和技术模式,这种规范和模式很快被全国采用。

2. 制定威斯康星《工业委员会法》(The Industrial Commission Law)

康蒙斯领导制定的第二项法律是威斯康星"工业委员会法",这个法案的最大成果是,根据它"创造了一个专家委员会,一个具有综合管理职能的委员会,对几乎所有的工业生产领域都进行控制和管理"[①]。康蒙斯是这个委员会里有关劳工问题和工业问题的首席专家。根据"工业委员会法",专家委员会获得了这样一些授权:

(1) 雇佣和控制通常与工厂事务有关的代理人和雇主。

(2) 管理和加强与童工、女工、洗衣店、杂货店、面包店、汗蒸房、许可性职业、就业办公室、消防,以及建筑等行业有关的法律,对其他与雇员的生命、健康、安全和福利有关的法律,也在委员会的管理和加强之列。

(3) 调查和规定企业的安全设备及雇主采取的劳动保护措施情况,依照法律之要求,对雇员的福利予以保护;建立安全和卫生博物馆。

(4) 确立合理的标准,强化安全设备和保护措施方面的规章制度,认真贯彻关系到雇员生命、健康和安全的法律法规。

(5) 促进志愿的仲裁服务,合理解决雇主和雇员之间的纠纷。必要时可以任命临时的仲裁委员会。

(6) 建立和引导自由就业代办所,令其对私人就业机构进行监管,并进行就业宣传;对从事危险工作的弱势群体给予帮助;为无业人员提供工业和农业方面的就业机会,鼓励他们凭借工资生活,以规避失业之虞。

(7) 调查失业范围和失业原因及本州和其他州所采取的补救措施,研

[①] Howe, F. C. Wisconsin: An Experiment in Democracy. New York: Charles Scribner's Sons. 1912, p. 104.

究和提出规避失业风险的办法，积极寻求就业途径，以帮助无业人员摆脱困境。

"工业委员会法"是一个综合的、具有宏观指导意义的法律，它对与工业经济相关的所有生产领域里的活动都进行规定、控制和管理。根据它的精神，可以制定更为具体的法规细则。

3. 制定威斯康星《安全用工章程》（The Safe Employment Statute）

康蒙斯领导制定的第三项法律是威斯康星"安全用工章程"（The Wisconsin Safe Employment Statute），它是根据"工业委员会法"的精神，致力于为伤残工人进行赔偿行动计划的产物，康蒙斯与其他几位经济学家共同发起了这一倡议及行动，而且，他在这一行动中的独特贡献在于，他没有把目光仅仅停留在伤后的补救性赔偿上，而是更考虑到了从安全生产的根本方面防止和减少伤害事件的发生，因此，他将这一赔偿计划扩展成了一项包括伤残赔偿在内的综合性的生产安全立法设想，为此，他制定了威斯康星"安全用工章程"。

从19世纪下半期开始，美国工厂中的生产规模不断扩大，作业强度不断提高，但是，相应的生产作业条件及劳动保护措施却没有得到改善和加强，致使美国工厂中工人的伤亡事故发生率不断上升。"每24小时就有9人遇难，每7分钟就有一人受伤或死亡。"[1] 威斯康星州当时的经济支柱产业为采矿业、面粉加工业、伐木业。根据密尔沃基市在1907年的有关材料中的记载，这些工人有的死于面粉加工厂的谷物输送机操作中，有的在木材运输中被原木撞击失去胳臂，有的则是在矿山开采中遭遇伤亡事故。

"工人的伤亡问题从19世纪90年代开始就引起社会关注"[2]，那些富有社会责任感的经济学家们认为，工业事故的死亡人数已经可以与战争牺牲者相比拟，然而，在大多数情况下，受害者和他们的家属，却无法获得足够的补偿。到1911年，强大的舆论之声兴起，要求结束这种明显的不

---

[1] Howe, F. C. Wisconsin: An Experiment in Democracy. New York: Charles Scribner's Sons. 1912, p. 89.

[2] Harter, Jr, L. G. John R. Commons: His Assault on Laissez-Faire. Corvalli: Oregon State University Press. 1962, p. 107.

公平、不正义。

之前，威斯康星州也曾试图通过州立法强令雇主采取安全措施，但法律有严重的缺陷。在当时的法律概念中，在普通的法律体系下，责任法的基础是劳动合同。在雇员和雇主双方签订的合同中，雇员和雇主只是就某些明确的条件，如工资、工时和工作内容等，达成一种共识，而其他事关工人工作环境的一些条件，诸如雇主应该提供一个合理的安全的工作场所、雇主应提供安全的工具、雇主有责无旁贷的行使对雇员的照顾之责、雇主必须特别提醒和指导年轻或缺乏经验的工人等这样一些重要的内容，在合同中都得不到明确阐述。有的情况下，也有一些简单的安全规则的制定，但由于技术条件的迅速发展变化，安全规则可能总是滞后于这种变化。

不仅这种不健全的合同制度不能有效保护工人权益，而且即便有这样的合同规定，死伤的工人及家庭通常也不会那么容易地得到足够赔付，或因法院工作的拖沓而无法及时得到赔付。

当美国的改革者们尝试修改雇主责任法的时候，许多欧洲国家制定出了为伤残工人提供赔偿的法律。德国于1884年，奥地利于1887年，匈牙利于1891年，挪威于1894年，芬兰于1895年，英国于1897年，俄国于1910年，几乎所有欧洲国家都实行了工人赔偿制度。

在美国，马里兰州于1902年第一个通过了工人赔偿法，但是，两年后它被宣告违宪。其后几年里，有几个州设立了委员会来研究雇主责任问题，但始终也没有什么结果。1906年，由经济学家、法学教授、劳工立法行政管理人员、联邦官员、资方代表和社会工作者组成的美国劳工立法协会成立。在1907年的协会第一次年会上，康蒙斯被选为秘书长。在成立后的几年里，协会的主要研究议题都是围绕工人赔偿方面的问题。1908年，在罗斯福总统的强烈要求下，国会通过了为联邦雇员提供赔偿的一项法律，这是第一个来自美国最高权力机关的关于雇员赔偿的立法事件。

在威斯康星州，对工人伤害赔偿问题的切实关注始自1905年。那一年，威斯康星州劳动联合会和立法机关的一名成员在州的立法会议上提出制定工人生产安全的一份议案。与此同时，康蒙斯与他在美国劳动立法协会中的志同道合者也着力推动威斯康星州和其他州的此项运动。

1909年1月，在密尔沃基的商人和制造者协会的倡导和支持下，康蒙斯列出了一个暂时的计划，同时他强调需要一个特殊的委员会代表所有的组织来制订一个更为周密的计划。很快，康蒙斯制定出了"安全用工章程"。

1910年，根据"安全用工章程"的精神，康蒙斯又制定了工人赔偿保险法和事故干预法，这些章程和法案都是康蒙斯决意把工人赔偿项目与安全立法联系在一起考虑的产物。1911年5月3日，威斯康星州立法机关依法授权根据这些章程和法案制定的对工人的赔偿计划生效。这些章程和法案的主要精神是：

（1）雇主为受伤或死亡工人赔偿是其必须履行的义务。

（2）根据法律，受伤工人有权根据他以前的平均收入的百分比索取赔偿。工人的受伤程度及索赔额度由工业委员会决定。

（3）雇主要确保在任何形式下对雇员的保险责任。

工人赔偿的重要性在于它为福利立法的实行开辟了道路。如果工人因为他们在工作中受伤而得到赔偿，那么他们因为其他原因，如生病或失业时为什么就不能得到赔偿呢？由此，社会开始接受更多的关于福利国家的概念和立法。

威斯康星州的立法对全国产生了重要的影响。1911年美国劳工立法协会会议的主题是关于工业事故规避问题的研究，在这次会议上，康蒙斯通过介绍威斯康星工业委员会和它的若干安全立法将会议带到了高潮。1911年他在美国劳工立法协会发表演讲，两年后，他在一篇调查文章中进一步阐述了自己的改革主张。除此之外，他也出现在俄亥俄、纽约和科罗拉多等州的立法机关和立法委员会中，那里邀请他去解释和宣讲他的立法项目。还有其他的一些州都采用了他的安全规范管理计划。

（二）参与州的行政管理工作

参与州的行政管理工作也是专家资政的重要方式，也是大学教授影响州的行政事务的重要途径。

在拉夫莱特（Robert M. La Follette）还未当选州长的时候，大学的教授们就已经对州的事务产生了影响，那时，拉夫莱特经常就他在社会活动中遇到的问题向教授们请教，但那时教授们对州内事务的影响仅仅局限于帮助拉夫莱特走上其个人的政治权力位置，他们与州的关系更多的是通过与拉夫莱特的私人关系得以显现。但这些交往已使拉夫莱特深深感受到了教授们知识的渊博和教授、专家对于州内政治经济事务的重要。

在拉夫莱特担任州长职务后，他对大学教授们的使用更为广泛和依赖关系更为紧密，并且他将这种使用和依赖上升为州的一项政策，大量任命大学教授们在州内的各种具有行政执法职能的委员会里工作。他在《自传》里谈到这一想法："为了将所有的知识储备和大学的激发作用更充分地带到对人民的服务中，从大学中任命专家到政府部门，不管他们可能要被任命到什么样重要的部门——文官委员会、铁路委员会，等等。这是一种大学一直在鼓励的关系，而且州通过它也极大地受益了。"① 这一政策刚好同范海斯的服务理想极度吻合，于是教授们就纷纷走进州的各种各样委员会里，参与到州的行政工作，对州内事务发挥着管理作用。

"在1910年时，有35名教授和教师在州委员会里效力。"② 在这些众多教授参与行政委员会工作中，范海斯参与的委员会最多，他是州自然资源保护委员会、州公园委员会及州森林和渔业委员会的成员，致力于州内自然环境和自然资源的考察和保护工作。他的主要行政管理活动包括：建议州于1897年建立了地质与自然历史调查项目，范海斯承担该项目的工作，对州内野生动植物的种类、数量、林木种类、森林面积等进行调查、统计，并分析研究造成州内资源的浪费和减少的各种因素，使动植物和森林资源受到的破坏降到最低。作为调查委员会的主席，他从1903年一直工作到1918年逝世；1905年至1915年担任州森林保护委员会主席，在他的领导下，该委员会直接管理州内公共土地的销售及其他土地的买卖与出让。该委员会对帮助州内森林资源的保护和森林事业的发展发挥了很大作用，也招致各方面既得利益者，尤其是州内电力系统既得利益者们的强烈敌意，他们不满范海斯领导的委员会在大学校园内进行的资源保护学术探讨和在全州范围内进行的各种环境和资源保护活动，这些既得利益者们通

---

① Curti, M. & Carstensen, V. The University of Wisconsin: A History, 1848—1925. Vol. II. Madison: The University of Wisconsin Press. 1949, p. 551.

② Howe, F. C. Wisconsin: An Experiment in Democracy. New York: Charles Scribner's Sons. 1912, p. 40.

过他们在大学董事会中的代言人表达他们的怨恨。

除范海斯外，还有很多教授参与州的行政管理工作：亚当斯（T. Adams）教授是州税务委员会的成员，伯吉教授（E. A. Birge）担任州自然历史调查局监理、州渔业委员会委员、州森林委员会委员和州资源保护委员会委员；康蒙斯（J. Commons）教授是州工业委员会的成员，他的工作极大地促进了铁路、工业、劳工等领域的立法工作；交通学教授密尔（H. Meyer）博士担任第一任铁路委员会的主席；森林学教师格来夫斯（E. Griffith）是州的林务官；机械工程学伯吉斯教授（C. F. Burgess）受聘于铁路和税务两个委员会中，负责对于机械设备及企业资产的评估，等等。

这里是 1910—1911 年间威斯康星大学教授服务于州的各种行政委员会的部分人员名单①：

姓 名	职 称	担任州行政工作
范海斯 （C. R. Van Hise）	大学校长 地质学教授	州森林委员会委员，州免费图书馆委员会委员，州地质与自然历史调查局主席，州资源保护委员会主席（Member of forestry commission; Free library commission, President Geological and natural history survey; Chairman Conservation commission）
伯吉 （E. A. Birge）	文理学院院长 历史学教授	自然历史调查局监理，州渔业委员会委员，州森林委员会委员和州资源保护委员会委员（Superintendent of the geological and natural history survey. Also serves as member of Fish commission, Forestry commission, Conservation commission）
瓦格纳 （George Wagner）	动物学副教授	州地质与自然历史调查局委员（work on Geological and natural history survey）
费斯彻 （R. Fischer）	化学教授	州乳业与食品委员会委员（Dairy and food commission）
居戴 （C. Juday）	动物学 讲座教授	生物学家，州地质与自然历史调查局成员（Geological and natural history survey）
彭斯 （W. D. Pence）	铁路工程 专业教授	州铁路委员会的工程师（engineer Railroad and Tax commission）

---

① McCathy, C. The Wisconsin Idea. New York: The Macmillan Company. 1912, p. 313.

续表

姓　名	职　称	担任州行政工作
托瓦斯 (R. G. Thwaites)	历史学 讲座教授	威斯康星历史协会秘书，州免费图书馆委员会委员（Secretary Wisconsin historical society；Wisconsin free library commission）
本肯多夫 (G. H. Benkendorf)	乳品学 副教授	州乳品制造商协会秘书（Secretary Wisconsin buttermakes' association）
伯吉斯教授 (C. F. Burgess)	化学工程学 教授	州铁路与税务委员会的工程师（engineering staff Railroad and Tax commissions）
巴瑞特 (C. G. Bureitt)	铁路工程学 教师	州铁路与税务委员会的工程师（engineering staff Railroad and Tax commissions）
麦克 (J. G. D. Mack)	机械设计 专业教授	州铁路与税务委员会的工程师（engineering staff Railroad and Tax commissions）
科瓦克 (O. L. Kowalke)	化学工程学 教师	州铁路与税务委员会委员（Engineering staff Railroad and Tax commissions）
撒克逊 (H. J. Thrkelson)	蒸汽工程学 副教授	州铁路与税务委员会委员（oengineering staff Railroad and Tax commissions）
卡勒伯吉 (L. Kahlenberg)	化学教授	州地质与自然历史调查局成员（Member of the Geological and natural history survey）
拉文尼尔 (M. P. Ravenel.)	细菌学教授	州卫生保健实验室主任（Director hygienic laboratory）
特尼尔 (F. E. Turneaure)	工程学院院长	州铁路委员会成员，州工业教育委员会委员（Member of the Wisconsin highway commission, and the Wisconsin commission of industrial education）
威特森 (A. R. Whitson)	土壤学 教授	州地质与自然历史调查局下属的土壤分部负责人（in charge of soil survey, for the Wisconsin Geological and natural history survey）
莫尔 (R. A. Moore)	农艺学 教授	州实验协会秘书（Secretary experiment association）
斯科特 (W. A. Scott)	政治经济学 教授	州教师考核员（State teachers' examiner）

本章小结

威斯康星大学的大学推广教育（extension）是最富于特色的大学服务

社会活动方式。在美国，大学推广教育不是威斯康星大学的首创，但是，威斯康星大学却把这一工作推向了一个新的高度。它依托大学推广教育部（the University Extension）对全体民众进行旨在提升其总体文化水平的推广教育，函授教育系、辩论与公共讨论系、综合信息与福利系是大学推广教育部的主要工作机构；威斯康星大学还依托其农学院（agricultural college）对全州的农民进行农业生产科学和技术的实际的教育和训练，创办了农民学校（Farmer's Institute）和短期课程（Short Course）两种推广教育机构向农民进行实用的农业知识和技术教育。在这两条道路上，威斯康星大学都走得非常成功，为大学赢得荣誉。

  威斯康星大学实施社会服务工作的最大特点是紧紧结合威斯康星州的实际，进行富于针对性的调查研究，从而拿出切实有效解决问题的方案、办法和措施，使生产者直接受益。在19世纪后期和20世纪初的时候，威斯康星州是个以乳业为主的农业大州，乳业是它的经济支柱。随着乳业生产的发展，其中反映出的问题十分明显，而且它又关乎整个州的经济生活秩序的健康稳定。在这样的形势下，威斯康星大学就直接把研究解决州内乳业生产中出现的问题作为重点课题，那些农学教授们依托示范农场和农业试验站，深入到一个个农场中进行走访，对州内的乳业生产情况进行大量调查，进而对反映出来的突出的关键问题进行重点研究和解决。自19世纪60年代乳业生产迅速发展以来，牛奶收购的标准问题一直影响着鲜奶的收购质量，进而也影响着奶农们的生产态度和生产积极性。巴布克教授研制出的对牛奶中脂肪含量进行检测的"乳脂检测法"（Milk – Fnt Test）成功实现了以乳脂含量为收购标准而不再是以牛奶的总体重量为收购标准的做法，牛奶收购的科学性和奶农生产的积极性都大为提高，促进了州的乳业生产的健康发展。在一个乳业生产大州，乳畜的健康饲养与疾病防治也是一个至关重要的事情。卢索尔教授对牲畜结核病的治疗措施的成功研究，不仅挽救了一头头牲畜，更是对奶农们的生产信心给予了巨大的鼓励，也为全州乳业生产健康、高效发展扫清了障碍。威斯康星大学这种务实的农业职业教育模式使人们看到了一个真正从生产生活着眼和为生产生活服务的高等教育。

  威斯康星大学的教授专家直接参与州的立法完善工作，及参与州的各类委员会的工作，从而直接行使管理职能，是威斯康星大学服务社会的又一典型模式，也是大学教授专家群体对社会经济生活秩序优化和社会进步做出的重大贡献，是教育促进社会的政治、经济发展的生动案例。19世纪下半叶到20世纪初的美国是工业化迅速发展的时期，处在这样一个背景下的威斯康星州，铁路交通业、工业制造业及城市公共事业等社会的各个部门、各个领域内生产活动、经济活动开展得如火如荼。由于美国秉承了英国工业革命以来盛行的自由资本主义理念，因而其经济在得到迅猛发展的同时，其生产中的垄断性、无序性、以强凌弱性等弊端也一同得以暴露，这对经济发展造成了一种伤害，而且也是对社会公平正义、社会道德良知的一种否定和践踏。在这样的形势下，对社会经济生活的干预成为一种历史的必然呼唤。在这一行动中，威斯康星州走在了前面，最为有力的举措就是政府与大学建立起良好的合作关系，政府对大学教授们的专业素养和专业能力给予了足够的信赖，而大学里的教授们也凭借和依托自己的专业理论知识，积极参与到州内最为迫切的旨在规范各个生产领域的生产秩序的立法活动中和各种具有行政管理职能的委员会的工作中。由教授专家们主持制定的《铁路费率委员会法》、《公共事业法》、《工业委员会法》和《安全用工条例》，是反响最为显著和作用最为巨大的。除此之外，以范海斯校长为首的教授专家参加的若干具有行政职能的委员会的工作："铁路委员会"、"公务员委员会"、"森林委员会"、"渔业委员会"，等等，对规范州的经济秩序，打击生产领域里的无序竞争，维护广大民众的合法利益和保护自然资源，都起到积极作用。在20世纪初期，大学有数十名教授在不同的委员会中任职，为州服务。

第三章

"威斯康星理念"的成因分析

19世纪下半叶到20世纪初,美国社会进入到了一个急剧变化的时期。科技发明层出不穷,工业生产突飞猛进,政治生活领域风云变幻,这些都向大学发出适应社会发展的诉求。而在高等教育内部,变化也在悄然发生:大学校园外火热的生产生活现实,使大学人再也不能对社会生活世界视而不见,于是,"真正生活"概念开始出现,使得人们将目光由以往对校园内信仰生活、理性思辨生活的关注,转向对校园外的现实生活的关注,开始注意到大学与现实生活之间的联系,这也就带来在课程设置上和教学内容上的变化,使得与生产生活实际密切相关的科学知识、专业实用知识得以在选修制的框架内进入大学课堂。与此同时,教育的民主化趋势日益显现,州大学的公共服务指向也渐趋明朗。在威斯康星州内,进步主义的政治改革和农业经济由种植业向乳业的转变,也对大学的智力支持提出了要求,州居民特有的热爱学有所专长的专家学者的文化传统也与大学服务社会的价值观十分相宜。

"威斯康星理念"正是在这样的背景下,在威斯康星州适宜的土壤上得以出现和生长。"威斯康星理念"的出现绝不是偶然的,它是对美国社会生活的急剧变化的诉求呼应和高等教育领域的变革促动,以及与威斯康星州内政治经济等方面因素交汇而成的产物。

一 社会变革的必然诉求

19世纪下半期到20世纪初,美国的工农业生产突飞猛进。无论是生产技术基础、产业门类、生产规模、发展速度，还是经济组织形态都表现出新特点，工业化趋势日渐加强。与此同时，政治领域等其他社会生活领域也发生着巨大变革。这些变革必然对高等教育发出强烈诉求，要求它适应社会生活变化着的新形势，满足社会的新要求。

（一）经济社会生活的巨变

1. 工业生产突飞猛进

19世纪上半叶，以机器制造业为突破口的美国工业开始发展，但它的技术基础还是引进型的，主要还是靠模仿和借鉴欧洲的技术，比如它最早的一台适用于工厂作业的纺织机就是对英国机器的复制而成，这个凭记忆复制出机器的英国移民从而被称为美国"制造业之父"。然而，19世纪下半叶开始，由于科学知识的积累，科学主义的兴起，生产领域中的渴求，加之美国政府实行的积极的技术专利政策环境，美国社会加快了技术创新的步伐，由最初的技术引进国一跃而成为最大的科技原创国。

在这些发明中给世界以最大震撼的莫过于爱迪生（T. A. Edison）对电以及与电相关的一系列发明。1876年，爱迪生在新泽西州的门洛帕克（Menlo Park）创建了那座被称为"发明工厂"的第一间工业研究实验室。1883年，他发现了电流现象，后来又陆续发明了留声机、白炽灯、电影。与他一样具有划时代影响的发明家还有发明电话的贝尔（A. G. Bell）、发明飞行器的莱特兄弟（The Wright Brothers）。这一时期发明创造层出不穷，数以千万计，仅爱迪生一人一生中就被授予1097项科技发明专利。

这些科技发明的意义在于：一方面，它作为一种强大的动力技术为美国工业生产带来技术基础的革命，从而为工业的发展插上了振飞的翅膀；另一方面，对于教育领域而言，科学技术以在工业领域及人民生活中发挥的巨大作用，显示了它在社会进步中的强大威力和重要性，从而强烈地暗示了对远离生产生活、排斥科学知识的古典传统教育进行改革的紧迫与必要。

新的科学技术革命为工业生产领域注入新的活力，催发了第二次工业革命，推动工业生产飞速发展，使得美国经济中的工业门类不断扩展。

1825年，埃利运河（Erie Canal）竣工。在以后的数十年内，又有多条运河修筑完工。依靠不断改善的交通运输方式西进的人们被源源不断地送到五大湖滨,以及更远的中西部地区去创业。由于西进运动不断深入,工业资本的不断注入,加之这个地区丰富的煤铁等矿产资源,使得美国的工业区由传统的东北部地区向开发的西南部地区不断延伸,形成了由东北部向西南延伸的广大的工业化地区,这里包括东北部传统工业区、五大湖重工业区,而且各个新的工业门类在不断扩展。

在这片广大的工业区内,最引人注目的是一条制造业带,它从东北部的波士顿(Boston)直到中西部的圣路易斯(St Louis)。美国最早的制造业是纺织业,它在东北部地区开始,并在这一地区一直保持着持续发展势头。19世纪晚期,由于冶炼技术的不断更新,采用新的炼钢法,钢的产量大幅度提高,同时也是受机械化农业发展的影响,引起制造业内部结构也发生变化,轻工业比重逐年下降,重工业上升。在中西部地区,机器制造业迅速发展起来,形成了匹兹堡(Pittsburgh)、芝加哥(Chicago)等钢铁业中心和农机制造业中心。这一地区由于矿藏丰富,便于取材,加之位居大陆腹地,交通发达,故在发展速度上更快于东北部。食品加工业也逐渐发展成为这里的重要产业。这些都使得美国"迅速成为一个工业强国,1890年其工业产值首次超过了农业产值。1894年,美国的工业已打破英国的垄断地位,跃居世界首位。而到了1900年其工业产值则达到农业产值的2倍"[①]。

工业生产迅速发展的同时,企业的经营组织形式也发生着变化,表现为企业的兼并和生产的垄断的出现。企业的兼并和生产的垄断是以专业生产性城市及城市群的出现为前提条件的。特定的地理位置、交通条件、原料来源等方面的有利因素都促成了特定产业生产的城市及城市群的成长,19世纪后30年里,美国的城市化进程极为迅速。而在这些城市内往往聚集着更多的同类企业,使得它们之间更容易形成竞争态势,具有生产优势的少数大企业便容易占据垄断地位。另外,在流通领域中,以往直接出售农产品和手工业品的现象逐渐减少,专业化、系统化的销售方式开始形成。直接与大企业挂钩的大百货商场及其所属的零售企业构建成的流通网络,完成对商品的仓储、批发、结算和装运。由于这些专业化的批发商渗

---

① 顾明远:《世界教育大系:高等教育》,吉林教育出版社2000年版,第17页。

透进生产领域，促进了商品的流通，使资本能更多更快地回置于生产领域，又大大地支持了大企业生产，其强势地位得到巩固。

垄断是从企业的兼并开始的。竞争中的企业大打价格战，以铁路运输业为例，据说，从芝加哥到纽约当时的每车皮标准运费为110美元，各企业竞相压价的结果使运费最低时居然达到1美元。一些企业不堪如此倾轧，纷纷破产，或被兼并，或就此把经营空间让与大企业，这样就出现了主要工业部门的产量增长但企业数目反倒减少的情形。例如，1870—1905年间，钢铁工业的产量增加9倍，而企业数量却减少了2/3。

兼并中的纵向合并是指将产品的原料来源、加工制作及市场分配等经营环节上涉及的企业都予以控制的兼并方式，如钢铁大王卡耐基（D. Carnegie）在19世纪80年代，成功地掌握中西部地区铁矿石的供应，又控制了煤炭和焦炭等原材料，在生产过程中又不断引进新技术降低成本，谋求更为广大的市场，并组建了自主运营的运输队和运输专线，确保原料及产品输送的低耗高效，他在钢铁工业中以纵向兼并形式最早实现了垄断的规模经营机制，使匹兹堡成为钢铁工业的中心。

垄断的经济组织的出现使社会化大生产腐败滋生。垄断企业以它在生产和流通领域中的强势地位，为追求高额利润而在经济贸易活动中采取的不公正的政策严重伤害了其他企业、消费者及广大民众的利益，同时，它利用自身巨大的财力物力对社会政治生活进行操纵和控制，进行权钱交易，导致腐败滋生。这些也正是促使进步主义运动兴起的原因，也是威斯康星大学教授们凭借他们的专业知识和学术资源去进行立法规范的主要领域。

2. 政治生活中的党魁制

政治生活中的党魁制在州和市一级政府中表现尤为明显。19世纪后期，州内各项事业迅速发展，尤其是随着工业化而来的城市化，使得大量人口聚集于城市，也使得州内政治生活中的党魁制问题在城市管理中得到集中凸显。美国联邦政府自成立之日起，由于奉行自由放任主义，对城市行政事务的管理控制上都是很松散和很宏观的，既不对市政机构人员职责权限做出严格界定，又不施以定期的督察，而且从杰克逊（A. Jackson）时代起，联邦政府出于对集权的担忧，有意将权力分散给市长、议会，以及各种独立职能的委员会等。在这种权力十分分散的体制下，行政运作随意性非常大，既没有对市政工作的整体规划，对各种建设项目也几乎没有严格的法定审批程序，这样做的结果，就是使得强有力的核心政府难以形成，出现权力和执政上的真空地带。在这样的情况下，一些混入大的党派中的职业政客趁机积极活动起来。他们或操纵行政机关，或不择手段地掌握了一些行政支配权力，如道路交通、通信管线铺设等城市建设项目的承包权等，把它们出售给大企业，换得他们的利润回报，又进而用这些非法收入去拉拢选民，扩大影响，渐渐地，这些人势力日增，成为政党中握有实权的核心小集团，首脑人物被称为"头儿"（Boss），即党魁。核心小集团的指令畅行无阻，是真正在城市事务中说了算的无所不能的无形政府。他们是集政党势力、市政权力和大企业利益于一体的城市的恶瘤。政治生活中的这些腐败与黑暗成为改革家的千夫所指。在威斯康星州，州大学运用智力力量去进行州内的立法完善，其中一个很重要的目的就是要打碎这种政治生活中的党魁制，阻止州内工商业利益集团与政治的利益勾结。

3. 急速增长的移民浪潮

美国建国后日益扩大的疆土，蓬勃发展的生产建设，形成了对劳动力的巨大渴求，也凸显出人力资源的短缺问题。联邦政府适时颁布的《土地条例》，宽松开放的土地政策向国内外谋生创业者敞开了大门，于是，急于在西部开发中求得生存发展的无数外国人便不断涌向这片广袤的土地。

19世纪30年代到20世纪20年代美国移民出现两大高峰期。第一次高峰出现于19世纪中期的60年间，移民主要来自爱尔兰、德国及斯堪的纳维亚国家。第二次高峰出现于1880—1920年间，移民多来自东欧和南欧。建国后出现的这两次移民浪潮显示出这样几个特点：

（1）数量大。19世纪30年代到20世纪20年代这近一百年的时间里，数千万移民爆发式涌进美国。仅以19世纪80年代前集中出现的德国移民为例，德国在19世纪中叶由于俾斯麦发动的战争而引起的德国各邦的动乱以及大量征兵和雇佣劳动者社会地位的低下，使得德国人大量外流，他们成为19世纪下半叶到达美国的移民中最大的民族集团，在1881年至1890年的十年间移民人数为145多万，到19世纪末时已将近500万人。他们中多数人去往威斯康星等中西部各州，主要从事农业劳动，也有少部分进入圣路易斯、辛辛那提、密尔沃基等城市。

（2）涵盖国家和地区较为广泛。内战前美国在外的影响局限于西欧及北欧几个国家，因而，19世纪80年代以前的移民以英国和斯堪的纳维亚国家为主。内战结束以后，由于美国各大公司企业加强了宣传力度，也由于独立后美国日新月异的发展现实及前景的吸引，美国这个新兴国家其知名度在整个欧洲大陆得到普遍的提高，因此，这一时期来美的移民扩展到东欧和南欧国家，如意大利、匈牙利、波兰等。

（3）文化知识水平普遍低。这些移民多是在原住国内为生计所破而背井离乡的农民，之前并未受到系统的教育。这里，除犹太族裔移民的文化基础稍好一点外，其他大多数移民族群的知识文化水平普遍低。无疑，这些移民的到来对于美国社会来说，极大地解决了劳动力短缺的问题，同时，由于这些移民族群普遍文化知识程度较低，且各自带着自己的语言、习俗、历史文化传统来到美国，大面积地快速地提升他们的普通文化知识水平，以使他们尽早顺应美国社会的文化价值体系，加速美国化进程成为必需。换句话说，这些庞大的低文化水平的有待教化的移民群体的出现是实施推广教育的客观诉求，它为大学扩展服务活动的开展提供了巨大的可行空间。在这样的情况下，教育领域中的有识之士不得不重新审视现行教育的弊端和认真思考开展更加切实有效的教育问题。

总之，19世纪到20世纪之于美国，是一个经济社会急剧变革的时代，这个时代需要大批的工程师和技术员去建公路、铺铁路、开发矿山、制造机器，要求人们懂得建立工厂、筹措资金及商业谈判的技巧，懂得科学种田、科学育畜。这个时代要求教育的力量参与到民主政治的改革中，要求去促进生产效率的提升，要求去为不断增加着的人口的文化素质的提高发挥切实的作用。一言以蔽之，大学为社会服务就是这一时期美国社会工业化、民主进程中的必然诉求。很多大学顺应这样的要求，陆续将校园大门向社会敞开，开展了服务社会的活动。威斯康星大学就是这一服务社会的大学教育改革实践中的典型代表。

（二）教育诉求的直接表达

在社会经济领域、政治领域发生着急剧变化的时候，教育领域里又是怎样的情形呢？在当时的美国学院里，仍然主要是自由教育独步天下的局面，那些与社会生活密切相关的科学知识、工农业生产的实用知识是无法进入大学的课程中。"一些老牌大学例如像耶鲁大学、普林斯顿大学，它们在整个19世纪都在固守着自由教育的传统。"[1]

对此，社会并不是麻木的。一些卓有远见的社会人士和教育家一边对于旧式学院教育与社会需求严重脱节，还一味沉浸在对小众人群进行自由教育的弊端开始了反思、批判，一边向新教育发出热烈的呼唤，直接表达着对适应经济社会变化的新教育的诉求，意在让大学的教育目标、教育内容敞开胸怀，更加贴近生产，贴近生活，面向全社会，面向全体社会成员。

人们对传统高等教育弊端的批判、反思，对新的教育的期盼主要集中在两个方向上：一是批判大学过于注重对以往古典文化知识的继承和传授，而忽略新的科学文化知识的学习和创造，即过于强调大学的教学功能，而忽视大学的研究功能，呼唤具有研究功能的大学早日出现。二是批评大学的教育远离生活，不能满足当前社会生产生活的切实需要，力求纠正忽视职业素养和职业技能提升的倾向，要求大学要将具有职业教育意义的实用知识、专业知识纳入课程体系中。

来自工商界的对大学弊端的批判最为激烈，对新教育的期盼最为强烈。美国钢铁大王安德鲁·卡耐基（A. Carnegie）对大学教育不切合实际状况的剖析深刻而又尖锐，他说："大学生们在学习有关遥远过去的野蛮的、可怜的争论之时，在努力掌握已经死亡的语言以及与当今工商业毫不相关的、似乎在其他星球上才用得上的知识的时候，未来的工业巨子们却在努力从经验中学习，获得其在未来成功中必不可少的知识，而学院教育对于获得这样的成功是完全失败的。"[2] 其他一些人也纷纷在报刊媒体上发表文章表达呼声。1898年，"纽约的一位作者强烈要求学校应该能把个人的激情引导进公共生活之中，学校应该通过打开大门而成为社会的中心"[3]。

---

[1] Barnes, G. A. The American University: A World Guide. Philadelphia: Isi Press. 1984, p. 29.
[2] 王英杰：《美国高等教育的发展与改革》，人民教育出版2002年版，第8页。
[3] Spring, J. The American School: 1642—2000. New York: The McGraw-Hill Company. 2001, p. 236.

政府决策部门对于传统教育的弊端也是深有感触。马萨诸塞州立法机关的一个"19世纪中期委员会"在它的报告中表达了对实施自由教育的传统学院的不满，报告指出："一所学院应该向所有为着特定的目的来学习的人们开放，它应该给予人民他们想要的实用的教学，而不是这种只适用于贵族的古典文学课程。"①

与此同时，一部分人开始对头脑心智的增长只能借助自由艺术学科进行形式训练的传统观点提出质疑，认为日常生产生活活动一样具有头脑训练的教育价值。教育家吉尔曼（D. C. Gilman）曾委婉表达过不仅训练的过程，而且通过学习所获得的知识内容中也具有智力提高的意义的思想。他认为那些"同业协会基尔特"（The Guild）的商贸活动中一直存在智力训练的因素，而且，随着科学在商贸、经营和谈判等活动中的不断渗透，这些活动中具有的教育价值在不断增加。另外一些人则直接建议那些整日陷入希腊语和希伯来语语法分析中的年轻人："假如他们想要从这里获得头脑训练，那真是浪费时间。最好的心智训练是让大脑做它的适宜的工作，让大脑通过在对日常生活世界中的问题的解决过程去获得训练。"②这些观点都是对大学传授与生产生活有关的实用知识的强烈呼唤，也是对实用科目进入大学课程设置中的有力辩护。

许多伟大的思想家以他们特有的洞察力和远见，对大学现有的这些弊端做出深刻剖析，并指出大学的改革方向，直接表达自己的教育要求。作为19世纪伟大的超验主义哲学家，爱默生（R. W. Emerson）深切感受到大学的陈腐和僵化束缚与局限了人类发展知识、创新知识的脚步。尤其在关于大学的功用问题上，爱默生深刻批判了大学只是机械地继承和传授已有知识的情形，直陈传统教育之弊，他认为在这种职能分配中，学者被指派代表知识。在正常状态下，学者是思想着的人；在不正常的情况下，当他成为社会的牺牲品时，他就倾向于成为一个纯粹的思想者，或者更糟，成为别人思想的学舌的鹦鹉。他认为"这种情形便产生出一种严重的伤害。创作行动，即思想的行动，本身所具有的神圣性被转化成一种记录。

---

① Brubacher, J. S. & Rudy, W. Higher Education in Trsnsition. New Brunswick：Transaction Publishers. 2004，p. 290.
② Ibid.，p. 291.

因此，人们看到的只是书呆子，而不是思想着的人"①。那么，大学究竟应该发挥什么样的作用？怎样的大学教育才是最适宜的？爱默生明确指出研究和发现新知识才是大学的真正的功用，他热烈地呼唤那种研究和发现新知识的大学早日出现。他说："对一个智者来说，有一些是必不可少的阅读。他必须通过辛勤的阅读学习历史与精密科学。同样，大学也有自己不可或缺的功用——传授基础知识。但大学若要发挥更高的效用，它们就不能仅仅以教养为目的，而应以创造为目的。他们将远近各处才华各不相同的天才聚集到自己舒适的大学校园里，在用集中的知识之火，使他们年轻人的心熊熊燃烧起来。"② 他赋予大学里的学者们以庄严的使命："学者应成为'思想的人'。他们都可以被划为'自信者'一类。学者的职责是通过向众人展示表象下的事实，从而去鼓舞、提高和指引他们。即使只是为了寻找一个词汇，学者也应当急于行动。"③

一些颇有开拓精神的大学校长更是深感传统教育之弊，思考着教育适应社会变化的、应答社会之需的途径。早在19世纪上半叶，布郎大学校长弗郎西斯·威兰德（F. Wayland）在一本发表的小册子中批评美国学院的陈腐和保守。他认为，由于不能满足工业化时期从事生产的人们的需要，学院的入学率正在出现急剧的下降。他提出了一份改革现有课程设置的《威兰德报告》（*Wayland Report*），建议大学开设各种各样的课程，增加教学内容的实用性，每一个学生可以修习他自己选择的课程。

美国著名历史学家、威斯康星大学教授特纳（F. Turner）对新教育的期盼更是具体而深刻，应该被看作是所有呼唤新教育者的共同心声："在这个转变着的美国社会进程中，大学的使命是最重要的。这个时代呼唤受过教育的领导者。一般性的经验和凭经验估计的方法对民主社会中问题的解决是不够的。因为这个民主社会已经没有了尚未触及的无限制的安全的资金。科学的经营农场必定增加土地的产量，科学地经营林业必定增加林地的经济效益，在我们这个复杂的社会中，用来去应对所有自然力量的科学实验和建筑必须由化学家、物理学家、生物学家和工程师来主持进行。

---

① ［美］爱默生：《爱默生演讲录》，孙宜学译，中国人民大学出版社2004年版，第118页。
② 同上书，第119页。
③ 同上。

在诸如公共健康等领域里对于专家的重用已成为一种必须。"① 他进一步指出:"在社会的工业领域、立法领域、公共生活领域等诸多领域中,专家们被需要。正在塑造着我们这个社会的工业化进程太复杂了,生产问题、劳工问题、金融问题,社会改革中有太多的难题要解决。没有受过教育的且不熟悉工业、立法、文学事务的人,这些问题是解决不好的。大学通过进行科学、政治、经济、法律和历史等领域里的训练,向社会提供各个层次的人才。"②

(三)《莫里尔法案》颁布的深意

1862年,美国联邦政府颁布了《莫里尔法案》(Morrill Act),其主要内容是:第一,联邦政府在每州至少资助一所学院,被资助的学院须开展农业和机械工艺技术教育,以促进工农业生产的发展;第二,按照1860年规定分配的名额,向每一位国会议员所在州赠地3万英亩(约1.2万公顷)公地或价值相当的土地期票;第三,各州将这些公地出售,所得资金的10%可用于购买办学校址用地,余下资金用作赠地基金。如果这笔赠地基金5年之内未得到使用,须将其全部退还给联邦政府。

除《莫里尔法案》外,联邦政府又分别于1887年和1890年陆续颁布了《哈奇法案》(Hatch Act)和《第二莫里尔法案》等几个法案,对《莫里尔法案》所指示的大学实施农工教育问题进行了进一步强调,并对《莫里尔法案》的不足进行了补充。

应该说,在这样一个社会生产迅速发展、社会生活发生着巨大变化的时代,《莫里尔法案》等一系列法案的颁布是非常具有深意的:首先,它具有强烈的诉求意义。它是一个由社会最高行政权力机构向教育发出的、最具有宏观方向意义和指南意义的、最直接最具体最强烈的教育诉求:要求创办与社会生活紧密相关的高等农工教育,摆脱高等教育脱离社会生产、脱离现实社会的局面。它的颁布,表明国家最高权力层面的大学意识的觉醒和对大学之于工农业社会生产的意义作用的认识的确立,它表明对社会大众的教育诉求的高度认同,并且是社会大众诉求的最高层面上的和

---

① McCathy, C. The Wiscongsin Idea. New York: The Macmilllan Campany. 1912, p. 124.
② Ibid., p. 139.

最集中的代表，代表人民表达了要求教育要为新的经济社会秩序服务的愿望和呼声，它必然给教育带来巨大的敦促和压力，让人们更加意识到了教育改革势在必行，建立顺应社会发展的新的教育理念、教育运行机制和教育价值体系势在必行，"《莫里尔法案》的颁布对高等教育的办学方向和培养目标是一个导引"①；其次，《莫里尔法案》等一系列法案的颁布对教育的发展，对大学服务社会的实现，起到最为本质的、巨大的政策保障作用。它为教育的发展，尤其是对以服务社会公众为办学宗旨的州立大学的发展提供了一个最宏观意义上的大背景，定下了总基调，提升和确立了科学知识及农业、工艺等专业知识教育的地位，促进了大学里的学术研究，尤其是与生产实际密切相关的应用性科学研究活动得以深入开展，使得大学能积累起丰富的为社会服务、为州服务的专业资源和人力资源基础，形成了强大的研究和服务团队；再次，它具有深刻的经济保障意义。由于它伴随有具体的强有力的经济资助方案和措施，所以，它也是国家对社会向教育发出诉求的一个积极应答，它奠定了大学发展的强大的经济基础，成为大学发展的切实的物质基础保障。

《莫里尔法案》是压力，也是动力，美国教育家布鲁巴克（J. S. Brubacher）指出："或许，对于州立大学的建立，最重要的刺激物就是来自联邦政府的大量的土地赠与。"② 他还指出："国会早期的土地赠与，可能是西部地区州立大学建立的决定因素。"③ 斯达克（Jack Stark）也指出："引起'威斯康星理念'出现的原因，尤其是引起那些旨在解决州内各种具体问题的研究活动，农业学院和工程学院进行的那些推广教育活动的原因，就是1862年的联邦《莫里尔法案》的颁布，这个法案已经在威斯康星州和其他地方产生了效应。"④

崇尚法治，在法治精神指引下，敢于对社会事务施以大胆的甚至有些激进的干预和有力的资助佑护，是美国的文化传统，是美国有别于英

---

① 陈利民：《办学理念与大学发展》，中国海洋大学出版社2006年版，第77页。
② Brubacher, J. S. & Rudy, W. Higher Education in Trsnsition. New Brunswick: Transaction Publishers. 2004, p. 153.
③ Ibid., p. 154.
④ Stark, Jack. The Wisconsin Idea: The University's Service to The Stat. Madison: The Legislative Reference Bureau. 1995—1996 Wisconsin Blue Book. p. 5.

国等保守主义国家之所在，是近代向现代转型时期美国奉献给世界的宝贵的精神财富。以法的形式约制教育实践，美国不是第一个，但美国政府运用法的手段对于教育的干预却是最为强劲有力的，较之于其他西方发达国家，美国开启现代高等教育的法制化进程的力度更为强劲，这是美国获得成功的秘密和迅速崛起的诀窍。国家代表人民利益和社会需求，以颁布法令的形式来向教育领域发出最为深切的服务呼唤，同时也用法的形式对教育的改革和教育发展提供根本保障，给大学服务职能实现以最深层次的压力和动力。

对威斯康星大学等诸多州立大学来说，《莫里尔法案》等一系列旨在加强农工教育的法案的颁布着实是一个福音。威斯康星大学作为成立比较晚的中西部州立大学，它逐渐走入发展中期的时间刚好与这些法案颁布实施的时间相契合，可以说，它是这项教育政策的最大受益者。

1. 大学经费得到充实

1862年的《莫里尔法案》颁布后，各州将获赠土地拍卖所得资金用于州内大学的建设，使大学奠定了从事服务社会活动的物质基础。以威斯康星大学为例，威斯康星大学在它发展的最初二十多年里，可以说是发展缓慢，举步维艰。这一方面是由于新生的大学还未得到社会各阶层的广泛的认可和支持，而且还时时受到当时的私立院校的排挤和打压，同时更是因为经费方面的困窘所致。威斯康星是一所州的公立大学，由州出资创建，但州的拨款额度很小，在《莫里尔法案》颁布前的十多年里，学校得到的年平均拨款不到十万美元，且这资金也常常由于土地购买者付款的拖欠而不能及时到位。在这样的经济状况下，不仅学校的基本建设进展缓慢，就连日常开支也难以保障。1859年，由于经费困难，学校的教职员不得不减至6人，其年薪也由1500美元降至1000美元。《莫里尔法案》实施后，学校第一年就得到可待出售的土地20万亩，以后又逐年得到更为充裕的土地资助，至19世纪末，学校已陆续建成农学院、法学院、工程学院、医学院等，学校建设的物质基础大大增强，各种基础设施大为改善。

2. 确立了学术研究的价值定位

《莫里尔法案》等绝不仅仅是一些关乎经济的法案，它所涉及的绝不仅仅就是一个提供经费保障的问题。应该说，它更是一个富于科学精神、实用精神的学术制度法案，它的意义更在于：它第一次以国家法律的形式揭示了与工农业生产密切相关的实用知识和科学学科的质的规定性，申明了与工农业生产密切相关的实用知识和科学学科所具有的其他学科知识所无法替代的现实价值，为它们在大学课程体系中确立应有的地位提供了法律保障，从而极大地促进了大学科学教育的开展和学术研究风气的形成，从而能使大学的专家"生产"出卓有成效的学术产品，而这是扩展服务的前提，这一点更为重要。"由于不断利用公共资助，新建立的公立大学能够在跟私立大学的竞争中得到最好的教师。竞争不仅表现在教师工资方面，而且正像上面提到的，还表现在为教师提供必要的资源和有利的科研条件方面。不管私立还是公立，一旦大学赢得了研究性大学的声誉，那些竞争对手就很难撼动。"① 可见，《莫里尔法案》不仅使校园物质环境建设实力迅速提升，同时，这些高水平的教师群体也成为大学日后从事研究和进行社会服务活动的学术资源保障。

3. 提高了专业知识教育的地位

美国教育史学家卡布莱在他的《美国公共教育》一书中列举了许多因受益于赠地法案而发展起来的诸多州立大学：康奈尔大学、俄亥俄大学、佛蒙特大学、威斯康星大学等，他指出在这些大学中，农工教育都成了显赫的高等教育项目。

二 高等教育领域发生的变革

19 世纪下半叶高等教育内部发生的变化也是促使"威斯康星理念"生成的不可或缺的背景和前提，"威斯康星理念"是基于教育系统自身丰厚的土壤生成的。

1636 年哈佛学院建立，标志着美国高等教育的开始。美国高等教育从诞生那天起，因循着英国大学的自由教育传统，在官能心理学和形式训练教育哲学的指导下，教育目的和教育终极关怀更多的是指向人的自身发

---

① [美]大卫·沃德：《令人骄傲的传统与充满挑战的未来：威斯康星大学的 150 年》，李曼丽、李越译，清华大学出版社 2007 年版，第 143 页。

展，人的心智能力的训练与成熟是教育设计的逻辑起点，教育注重的是人心灵的丰富和心智的培育，而个体以外的现实生活世界以及个人与社会的关系被剥离在教育视野之外。这种教育的倡导者坚信：古典语言学科和理性学科最能体现心智训练的价值和功效，因而在它的课程设置上，他们强调唯自由学科至上，自由学科被置于课程体系的中心。"美国高校自建立以来，一直到19世纪下半叶，无论学院还是大学里的课程教学内容都是很相似的，都是强调那些必须的古典希腊语及罗马语言和文化的教学，还有一些基本的理科课程和几门其他的课程。"① 1642年开设的哈佛大学教学科目是这样的：一年级学生全体研读希腊文、希伯来文、修辞、逻辑、历史、植物学、教义问答；二年级学生研读希腊文、阿拉伯文、修辞、伦理和政治、教义问答；三年级和四年级学生修读希腊文、叙利亚文、修辞、数学、天文、教义问答。从这份教学课程科目列表中我们可以看到：希腊文等古典语言的教学分量最重，数学、逻辑等用以训练人的心智的科目也占很大的比重，"七艺"学科居于课程体系中心，实用的、职业的课程内容几乎不得而见。

这种在古典自由教育理念统治下的大学不能为社会提供具有实用知识和能力的人才，这种被奉为近代教育楷模而为后建学院所照搬的古典教育模式与社会生活形成了巨大的疏离倾向，与美国社会沸腾巨变的现实，表现出极其不相宜。于是，教育系统内部改革的声音和动作渐渐浮出水面。

（一）大学与社会的联系得到重视

1. "真正生活"（Real life）概念的出现

直到19世纪中后期，大学人主要的行为方式是过信仰生活、纪律生活和理智训练生活。对于校园内的知识分子而言，他们所关心的只是那些书本中的东西，只是书本中那些关于如何虔敬上帝的知识，专注于如何进行纪律约束和头脑训练的研究。

在19世纪中后期，随着社会生活发生日新月异的变化，大学中知识分子的视野也开始得到拓展，大学校园外生动火热、内容丰富的市民生活

---

① Stark, Jack. The Wisconsin Idea: The University's Service to The Stat. Madison: The Legislative Reference Bureau. 1995—1996 Wisconsin Blue Book. p. 5.

被纳入他们的视野,人们渐渐开始关注和重视校园外面那真实的世界,认识到这个现实生活世界才是更为真实、更为贴切的宇宙的本质。"最为首要的是,那些致力于促进实用的公共服务的教育家们坚定地相信:那些在校园外面繁荣发展起来了的行为类型和方式,比那些之前最经常地流行于校园内部的行为类型和方式更为真实。"①

这一认识的发生,促进了人们对于校园生活内容变化的呼唤,对于加强和整合校园生活与校园外市民生活之间联系的呼唤,促使人们努力寻求根据校园外的现实生活,来调适和重新确立大学生活逻辑。1898 年,华盛顿州立大学校长伯言(E. A. Bryan)在他的《高等教育理论近来的变化》一文中写道:"知识人应该同人类生活的兴趣保持密切的联系,而不仅仅是同信仰方面的灵性生活、精神生活和文化美学生活兴趣相联系。教育不应该是为训练圣徒阶层,这一阶层已经由于他们对物质生活的贪欲而染上了不洁。"斯坦福大学校长约丹(D. S. Jordan)在《学者的心声》中宣告:"完全的大学运动应该朝着真实和实用发展,在学者和普通人之间,不应该存在什么割裂和分离。知识的价值应该由它的协调生活中各种力量的能力来判断。"他认为像猜谜这样一些无用的学习就应该被转变。1890 年,纽约大学一位教授说:"学院里的岁月不应该再被勾画成与生活相分离的时期。学院已经停止成为那种只关注书本学习的回廊,而是变成了一个工作间。"②

这些改革者们极为看好的这种具体形象的现实生活概念,可以应用到那些从事每天的具体工作的人们的身上,也就是说,所谓的真正的生活就是指千百万人为了生存而奋斗着的市民生活,因此改革者非常赞同地把这个世界看作是一个"行动的和现实的世界"(the world of action and reality),也就是男人女人们为了面包和奶油而打拼着的世界,那个有生有死的世界。当然,这个概念的内涵有时也发生着演进和变化的,在急速工业化的时代,这个概念直接指向那些积极活跃的商人们的行为方式和商业生活世界,它也经常隐约地透露出一些共产主义思想的意味,1883 年,密歇

---

① Veysey, L. R. The Emergence of The American University, . Chicago: The University of Chicago Press. 1965, p. 61.

② Ibid. .

根大学的一位教授说:"发生着剧烈变动的当今生活,在我们的学院里要求着除学习和文化以外的更多的一些东西。它不呵护在无用的事物中喋喋不休的空谈家。它呼唤着真正的人,这些真正的人是诚挚的、务实的,它知晓真正生活中的各种问题,并适合于去解决它们。学院里的学习必须有助于去适应除了人的精神的训练和文化涵育之外的真正生活中的事情。"[①]当1874年,艾略特表述"真正生活"这个词汇时,毫无疑问,他也是在这个非常广阔的市民生活的意义上来使用这个词语的。

"真正生活"(Real life)概念出现的重大意义不仅在于它使人们看到并开始重视校园外的现实生活,它更是引起了人们对校园生活的新理解、新定位,引起了人们对学校功能及学校与社会之间关系的新理解和新定位,从而促进了大学中的一系列变化,引起了许多大学教育思想、教育内容和教育行为的革新。

在这种"真正生活"概念的影响下,追求实用、追求贴近生活实际的"草根"视野成为19世纪晚期大学生活的重要特征,也必然促进了大学在追求教育目的、教育内容和教学手段的实用化上做出努力,以拉近学校教育与现实生活之间的距离。哈佛大学的艾略特(C. W. Eliot)希望在受过文化教育的人与从事具体工作的劳动者之间的鸿沟通过某种途径得以消除,在他的努力下,从1865年到大约1903年间,大学的选修制逐渐站稳脚跟,应该说,很少有大学对这一政策的执行走得有艾略特领导下的哈佛大学那么远。在1896年,康乃尔大学把业已经存在的"平行大类"课程制度向几乎完全的自由选修制上转换。1901年,华盛顿大学的伍德沃德(C. W. Woodward)对康奈尔那句"把所有的学科教给所有人"的口号进行了修改,他宣告:"从一个高远而宽广的意义上说,大学是一个所有有用的事情都可以被教的地方。"他进一步警告说:"我们不可以失误于保有我们的教育标准的高贵和尊严。"[②]

2. 实用知识进入大学课程设置

实用知识是指与人们的生产生活密切相关的、能够解决现实实际问题

[①] Veysey, L. R. The Emergence of The American University, . Chicago: The University of Chicago Press. 1965, p. 62.

[②] Ibid., p. 71.

的知识,它包括科学及各种职业领域的专业知识。19世纪中期开始,实用知识逐渐进入大学课程设置,大学教育逐渐显现出实用性特征。这一方面是由于在"真正生活"概念的影响下,人们越来越注意到生产生活领域里的需求;另一方面归功于苏格兰移民和苏格兰学者,他们在移民浪潮中将苏格兰大学重视教育实用性的风尚带到美国,使之逐渐融汇为美国文化中的重要因子。这一时期,"那些具有将知识应用于实际能力的人,那些诸如林肯、爱迪生这样的发明家比大学校长和大学里的哲学家还更加受到人们的尊敬"①。到1900年,追求实用正在成为美国大学,尤其是中西部大学的集中呐喊。1909年,伊利诺伊州大学的创建者达拉珀(S. Draper)认为高等教育应该为所有的技艺性的就业岗位、所有的建设性的产业和所有的商业活动做准备。

1824年,伦塞勒综合技术学院(Rensselaer Polytenic Institute)成立,开创了市政工程技术教育的先河。1825年,俄亥俄州的密尔密大学(Miami University)开始提供兼有传统古典教育与专业教育性质的"平行"课程,学生可以在传统古典教育和兼有自然科学专业及与生产活动、经济社会生活密切相关的专业技术知识课程中进行选择。19世纪50年代,密歇根州农业学院得以建立。

自然科学知识和专业技术知识在大学课程中的引入,它打破了古典课程一统天下局面。而最早尝试把自然科学课程和专业课程引进大学课程体系中的是弗吉尼亚大学。弗吉尼亚大学组建了八个不同的学院,分别实施八个不同领域的平行课程:古典语言、现代语言、数学、自然哲学、道德哲学、法学、自然史、解剖学和医学。在这里,它允许学生在选择自己的学习内容时,在这八个领域中实行自由的转换,以使每一种课程内容的安排都能满足和切合学生的兴趣与未来的生活实际。除此之外,它还为学生设计了三个更为实用的课程领域:商业、制造工艺学和外交学,由于经费的原因,未能最终得到落实。以我们今天的眼光看,弗吉尼亚大学的这八个领域的课程安排或许还过于笼统,而且还远远没有制度化,但它毕竟是高等教育史上第一次使自然史、解剖学、医学、法学等自然科学及与职业

---

① Barnes, G. A. The American University: A World Guide. Philadelphia: Ici Press. 1984, p. 27.

相关的课程在大学里获得了与古典课程一样的被重视的地位，大学教育的实用性概念渐渐走入人们的心中。

受弗吉尼亚大学的影响和带动，哈佛大学和耶鲁大学也于 19 世纪 40 年代组建了理学院，50 年代组建了实验室。耶鲁大学和密歇根大学还在课程中逐渐扩充进了市政工程技术方面的内容。1859 年，考珀尔联合大学（Cooper Union）建立时，其创建者的指导思想非常明确："这所学校里没有拉丁文或希腊文，没有纯文学，这里教授的都是非文字表达的事物。"①

真正使自然科学知识和专业实务知识在大学教育中得以立足，真正使学生能够学习到生产生活中切实有用的知识技能的问题的解决，源自于 19 世纪 70 年代的哈佛大学发生的课程制度革命——哈佛大学确立的选修制，该制度通过设置包括自然科学和社会科学在内的内容广泛的课程体系供学生自由选修的方式，使专业实用知识切实走进大学讲堂，选修制由此也成为专业实用知识在大学合法地位确立的标志，更成为它们的保障机制。

（二）教育民主初现端倪

进入 19 世纪以来，随着西进运动的发展，美国社会中反对英国式精英主义和贵族传统，追求人人地位和身份平等的风气愈加强劲，这种风气以 1828 年没有接受过多少学校教育的西部人安德鲁·杰克逊（A. Jackson）当选总统而达到高潮。

这种民主的社会风气势必对学校教育产生巨大压力，使大学开始出现民主化意味。"在我们的教育历史上，没有什么比加在大学身上的要它去适应所有人民的要求的民主压力更具有震撼性的了。"②

从 1869 年开始，那些恪守有用性原则的教育家们已经开始用一种赞赏的口吻来使用"民主"这一词汇，但是直到 19 世纪 90 年代这个词汇才成为这一类词语的共同的标志。随着民主思想在高等教育领域里的发展，它代表着这样一些原则：

1. "民主"是指各知识领域学习上的平等，无论这些领域的学习内容

---

① Barnes, G. A. The American University: A World Guide. Philadelphia: Ici Press. 1984. p. 31.
② Ibid..

是学术性的还是实用技术性的。在 1868 年康奈尔（Ezra Cornell）宣称他要建立一所任何人都能获得任何领域知识的学习的教育机构后，这个主题就变成了改革家们集中的呼吁。其后哈佛大学实行的选修制度更是对各知识领域学习上的平等给予了制度上的认可。1869 年，年轻的化学家艾略特就任哈佛大学校长，着手改革。他的改革魄力基于他具有的两个方面的远见卓识。一是他对学生个性的认识，他认为，每一个学生都有特定的官能，都是智力和志趣上相异的个体，而在美国的高等教育中，这种个人智力和志趣上的差别还没有受到足够的重视，只有深谋远虑的课程设置才能照顾到学生个体的发展，因此，他主张真正的大学应该给予学生在学习方面选择的自由。二是他对人类世界各方面知识的包容态度。艾略特反对对古典文化知识和自然科学知识持非此即彼式的态度，他认为，在大学里，古典知识和自然科学知识都应该获得平等的地位和相同的存在机会。在 19 世纪最后三十年里，艾略特领导下的哈佛大学课程改革稳步前进。"到 1874—1875 学年度，除了修辞学、哲学、历史和政治学以外，该校的必修课就只限于大学一年级了。1883—1884 年度，一年级也开始实行选修制，选修课的比例超过了该年级的全部课程的 3/5 以上。到 1895 年，哈佛一年级的必修课已经减少到只剩两门英语和一门现代外国语了。至此，自由选修制在哈佛得到了全面的实行。"① 选修制之于教育内容上的突破，使实用知识在大学里获得了与古典知识一样平等的和重要的地位。

2."民主"意味着对于所有在任何时间走进大学的学生所提供的条件和所给予的对待上的平等，学习机会上的平等。这一类的"民主"寻求在大学教育中同社会地位和学术水平上的高低贵贱作斗争。在中西部地区，个人学术水平上的区别似乎是比人与人社会地位上的区别更被认为是个人的事情。在威斯康星大学，一个人相对于其他人的学术排位是不会被张贴出来，这就强化了"一个人获得了 C 级学术等级是与获得 A 级一样的"这样一个信念。在这样的情形下，密歇根大学和斯坦福大学都曾进行过完全废除学术成绩排名的实验。加利福尼亚大学校长威勒（B. I. Wheeler）在"大学年历"第 15 卷中以《大学民主》（University Democracy）为题对一些民主学术方式

---

① 黄福涛：《外国高等教育史》，上海教育出版社 2003 年版，第 188 页。

的案例进行了总结，使这一观点变得更加清晰。他说："大学是这样一个地方，它非常恰当地知道在任何学科之间、任何科学事实之间和任何人之间都是没有贵贱之分的。所有的能使一个人的研究比另一个人的研究得更好都是大学所致力的和追求的。所有能使一个学生比另一个学生更好的东西就是那灵魂的纯洁，目的的纯洁，思想的纯洁和生活的纯洁。"①

3. "民主"的含义更清晰地指向对于学术组织内部结构的超越，也就是说，这时的民主更是适用于大学与大学外世界的关系上，指对于向全社会广泛传播知识上的渴望。它呼唤包括实用的、技术的多样性的学习应该从大学下移和外扩。伊利诺伊大学校长达拉珀（A. S. Draper）在 1907 年宣告："能够走向繁荣兴旺的大学必须要放弃所有的排除的东西，把自己呈现给普通的公共服务。它们不能总是试图把人民大众排除出去，它们必须帮助所有值得获得教育的人。"② 以他的观点，无论穷人富人都应该是被悉心照料的。当然，这种立场具有某种政治策略的考虑。一个无阶层差异的、无身份歧视的教育可能对于保持国家免于出现社会各阶层间的激烈的不满和冲突是有价值的，起到一个安全阀的作用。

从 19 世纪 90 年代开始，"民主"与人民紧紧联系在一起，关于"民主"概念的最为激进的解读开始出现于将公共意识植于心中的那些教育家们中间：这些人认为大学应该直接从非学术的市民群众中获得它的秩序。在 1892 年，密歇根大学教育学教授布朗（E. E. Brown）在他的《与人民的关系中的大学》(*The University in its Relation to the People*) 的文章中强调大学不应该以一种超验的精神传播文化，在学习上没有学术气、贵族气也是被允许的。布朗教授相信有一种智能植根于民众之中，即他所说的"大多数人的常识"（The Common Sense of Most）。基于这样一个观点，他坚持大学教育应该以人民群众为根据确立自己的秩序和逻辑，要帮助普通民众确立行动的风格。他认为，如今，大学的专家学者与人民之间的关系也发生了很大的变化。专家和民众观点之间发生冲突的可能性已经在逐渐得到消除，专家学者不再是与人民大众对立的和分离的一群人，而是融汇

---

① Veysey, L. R. The Emergence of The American University, Chicago: The University of Chicago Press. 1965, p. 66.

② Ibid., p. 64.

到群众之中,学者很容易被描绘成由人民的理想所指引的进步道路上的领导者,这些学者们知晓人民的需要和愿望,代表和反映着人民的利益,他们自然地在进步的道路上居于领导的位置。大学恰如一些开明的校长们所说"是人民的创造物和人民的拥有物"。

(三)大学公共服务指向渐趋明朗

19世纪后期,美国社会各界都在对大学的作用、功能等问题进行着思考。面对着工农业生产飞速发展的现实,出于对大学与社会生活脱节的现实的忧虑和发挥大学作用的紧迫感,许多有识之士提出要把大学看作公共品、大学要提供公共服务的思想。尽管这一思想还没有成为整个大学生活中的主旋律,但它确实为20世纪大学服务功能的最终确立,打下了思想基础。

1. 威尔逊和哈珀的公共服务意识

在美国高等教育史上,最早明确提出大学公共服务思想的是普林斯顿大学校长伍德罗·威尔逊(Woodrow Wilson),他在出任普林斯顿大学校长后,立志要把普林斯顿大学办成为国家服务的大学,他说:"一所大学能在国家的历史上占一个位置,不是因为其学识,而是因为其服务精神。在我看来,大学如果要正确地服务于国家,那么其所有的教育场所都应该弥漫着研究各种各样现实事务的氛围。当国家走向成熟时,我们不敢超然物外,不敢自我表现封闭。令人兴奋的发展已成过去,我们的生活日见紧张和困难,我们未来的资源在于精密的思考、审慎的态度和明智的经济:学校必须成为国家的学校。"① 与此同时,哈佛大学校长艾略特的治校信条则是直抒胸臆地表达了他的大学要为国家为社会服务的思想:"进校增长智能,出校服务国家和人类。"

在大学要服务社会思想的孕育和发展中,肖托夸运动(Qautuaqua Movement)的发展,对它起到了推进的作用。

开始于19世纪80年代的肖托夸运动是大学推广教育的先声,是教育大众化的最早实践,是它最先在有组织的教育活动与广大民众之间搭建起了桥梁,使专业的讲课活动走向大众。

---

① 陈利民:《办学理念与大学发展》,中国海洋大学出版社2006年版,第82页。

肖托夸运动因位于纽约州西南部的肖托夸湖（Lake Qautuaqua）而得名。夏天的肖托夸湖畔，风景优美，气候宜人。1874年8月，循道宗牧师约翰·文森特（John H. Wincent）在这里为星期日学校教师举办为期两周的讲座课程，这是有组织的教育活动向成人群体扩展的开始，它极大地迎和了成人对知识的渴求，因而，在接下来的几个夏天里，有固定场所地点的肖托夸讲座迅速发展到200多个，尤其在中西部农村，它受到广大民众最热烈的欢迎。在肖托夸教学举办的日子里，往往是群众最向往、最快乐的时光，那里既有集会的热烈场面，马戏表演的喧闹景象，又有演讲厅里文化知识和道德宣讲的严肃认真的氛围。1904年，宿营式的和巡回的肖托夸运动开始普及，并涌现出许多著名的演说家，如威廉·伯言（William J. Bryan），他以题为"和平王子"的演讲享有盛誉，在30多年的时间里，演讲达数百次之多。

这种影响的直接效果就是推广教育课程的迅猛发展。1880年，美国大学教育推广协会在费城成立，把当地的大专院校、中小学，及其他机构联合起来，共同为民众举办讲座课程。其后，纽约州、印第安纳州、佛蒙特州等纷纷建立起相应的机构，实施推广教育。

说到肖托夸运动及其教育公共服务的发展，不能不提到芝加哥大学校长威廉·哈珀（William R. Harper）。哈珀对于民众推广教育的热爱始于19世纪80年代的肖托夸运动时期。这一时期，肖托夸运动在芝加哥地区也获得迅速发展，哈珀当时是这里的著名的组织者。在他的积极领导下，芝加哥成为开展学校教育向公众推广活动的先锋地区之一，而且，在他后来主政芝加哥大学时，在学校组织建构方面，他做出了创造性的贡献：他创建了有别于当时美国各个大学内部组织结构的芝加哥大学独有的"三分式"的学校组织框架，即大学由大学本部、大学推广部和大学出版社三个部分组成。这其中，大学推广部主要是为大学在校生之外的芝加哥地区的人们开设讲座和课程，主要是函授课程。人们从这个学校结构中不难看出，芝加哥大学多出来就是"大学推广部"和"大学出版社"这两个部分，尤其是"大学推广部"的创建恰恰就是芝加哥大学教育实践中最为独到之处，也是最能反映哈珀校长教育理念的地方，哈珀坚信：学院教育绝不能被局限在校园里的学院课程这样一个狭小范围中，要将教育影响扩展和传扬向大学校园之外的空间,重视更为广大的民众的教育。

哈珀的思想和实践对包括威斯康星大学在内的中西部大学产生巨大的示范作用,尤其是他对范海斯的大学服务社会思想的确立和威斯康星大学改革政策的制定,产生了直接的影响作用。

19世纪90年代,范海斯作为访学教授在芝加哥大学工作过几个学期,目睹了哈珀的大学政策的实施,感受到了学校教师们对哈珀校长的拥护和赞扬。范海斯与哈珀在性格方面有诸多相似之处,他们都具有坚定的勇气、执着的信念,因而,在芝加哥大学的所见所闻给他以深刻触动。而对他影响最大的是哈珀校长在1904年6月在范海斯的就职典礼,也即威斯康星大学校庆典礼上,作为兄弟大学代表的演讲。

1904年6月7日,在威斯康星大学成立50周年校庆典礼上,哈珀校长的演讲是典礼仪式上最为引人注目的演讲之一,他在演讲中分"提醒的话语(Message of Warning)"、"承诺的话语(Message of Promise)"和"告诫的话语(Message of Exhortation)"三个部分对范海斯表达了他的殷切希望。尤其是在第三个部分"告诫的话语"里,他把大学要关注更广大人民的利益,要开展超出校园之外的推广教育等服务人民的活动的思想,诚恳地表达给范海斯。他送给范海斯两句"告诫的话语":他首先称赞了威斯康星大学在这个领域中所作的开端,之后他又表达了他希望看到威斯康星大学在这一方面有进一步突破的愿望。他说:"作为在校长职位上工作了12年的你的兄长,我被允许拥有一个向你说告诫性话语的特权。首先,我请求你继续你的政策,你已表现出要采取这样政策的愿望。在大学和大学所代表的赞助人的共同利益上,继续与其他大学保持密切的合作。大学凭借更多学科发挥自己的影响,而且要关注更大范围人群的时代已经来临。我鼓起勇气问一个问题:是不是没有其他有影响的一些领域,在这些领域中好的政策采取之后,比如像在视导高中和预备学校工作方面,以及在以提供覆盖整个西部各州的讲座课程教学和大学推广教育工作等方面的好的结果就会接踵而来?"① 哈珀校长在他的第二句"告诫的话语"里

---

① The Wisconsin Jubilee Committee. The Jubilee of The University of Wisconsin. Madison. 1904, p. 62.

对现代大学服务人民的宗旨更是做了明确的阐述和直接的强调,他说:"其次,我仍然要进一步请求你,在大学行政事务的管理上,能够在那样一些特点方面多做些强调,这个特点就是:持续与人民的利益保持密切的联系。我最为欣赏这样一个观点:所有的工作,不管它是教学方面的还是调研方面的,都是为了人民的最大的利益。这所大学过去的历史足以表明,在这些方面它不会退步的。但是,我仍然希望你将大学的直接的工作扩展到它的围墙之外,将这个杰出的州的人民直接带进与大学人和大学思想的接触和联系中。这就意味着走到那些不能来到大学见你们的人们中间去。这个州的流动图书馆和农学系的工作已经在这个方面先走了一步。但是,这些成功应该引领你在这个相似的方面进一步开展工作。现代大学的座右铭应该是'为人民服务,不管人民来自何方。不仅在学术围墙内是要服务的,而且服务的范围在围墙外,乃至大到整个世界。'未来的大学为人民做的事情,必须像以往教堂为人民做的那样多。为了实现这一目标,大学必须直接地与人民相联系,这是必须要放在第一位的。"[①]

应该说,哈珀校长发表演讲的当时就给范海斯留下深刻印象,范海斯在他的回应中,及其在他任期内的教育活动中,都表达了他对这些观点的认同和接受。而且,在大约一年后,范海斯便着手设计一些实际的计划——在威斯康星大学建立一种推广教育服务,更确切说,是复苏和发展了这所大学早已开展的这项服务工作。这项工作发展过程中的很多方面他都受益于哈珀的观点和经验。这一点从 1906 年哈珀去世时范海斯的话语中可以得到明证,范海斯说:"不知在其他大学里是否还有人比芝加哥大学某个人(指哈珀校长)更伟大,可能从来没有过比他更伟大或更成功的教育试验者了。对于芝加哥大学的建设方面,这个州的人们欠哈珀校长一笔债,并且这笔债是无法衡量的。我们这些活在他身边的人肩负着这笔债中最大的一部分。我希望能够代表威斯康星大学表达这所学校欠哈珀校长的债务。芝加哥大学的崛起是我们继续实践我们理想的最有效的影响和动力。"[②]

[①] The Wisconsin Jubilee Committee. The Jubilee of The University of Wisconsin. Madison. 1904, p. 65.

[②] Vance, M. M. Charles Richard Van Hise: scientist Progressive. Milwaukee: The North American Press. 1960, p. 87.

除此之外，兴起于19世纪80—90年代的都市改造运动也对民众教育的发展起到了推动作用。这一运动中，纽约市的宗教改革家们在圣公会宗教活动中引入教育计划，率先开始了教会对民众施以教育的先河。他们的教育计划涉及从幼儿园到儿童的各种手工劳动教育内容，还包括成人的公民教育和职业教育课程。这些教育课程的具体化，使改革家们更加坚信开展民众教育是社区重建的有力尝试，在教育上而言，它极大地扩充了人们的教育视野和教育观念，同时，它对大学等其他的学校组织是一个极大的促动，促使大学的人们认识到教育之于社会变化和进步之必要，学校不再是远离社会生活的孤立的所在，学校要逐渐居于社会的中心，是一个在社会中发挥作用的有力机构，是社会服务的重镇。

2. 州立大学的崛起

大学服务社会的前提是承认和强调大学的公共性，即大学这一特定组织是属于公共所有的社会机构，是公共品，而非某一个人或某一个集团的私有物品。在这样一个前提下，大学服务社会，才会理所当然。而由公共财政支持，并为公共服务的美国州立大学的崛起，则是把大学视为公共服务机构、公共品的最具体例证，提供了将大学的公共服务制度化的组织保障。

在有着浓厚的英国式贵族传统的19世纪的美国，州立大学的出现、发展和壮大是一个新事物，它的出现颠覆了以往人们对大学这样一个高级的学术组织只是为小部分精英人士服务，只是为小部分人的学术性职业未来服务的概念，它唤起了人们对现代社会中大学的地位、功能和作用等基本问题的重新审视和定位。

大学应该成为公共服务机构的观念可以追溯至杰克逊（A. Jackson）时期，当时的美国，对教育的公共责任的概念还未被广泛接受，但是，人们开始渐渐摆脱将学校视为知识"储存器"的保守观念，而将公共教育看作是促进社会发展的积极的"助推器"，对社会发展和人民生活的提高具有改善和提高作用。在有识之士看来，公立大学代表着保卫共和国社会价值的最充满希望的计划。

杰弗逊是公立大学理想的最早勾画者和实践者。在大学必须由政府控制而非个人控制这一国家主义教育理念指导下，杰弗逊创办了弗吉尼亚大学（The University of Virginia），这所大学被称为"革命性大学"，是美国第一所真正的州立大学，因为它在创办之初就立志向学生提供更为宽广的知识给养，允许学生确立自己的专业主攻方向，在所有课程体系中进行学习内容上的自由选择；州的宪法已申明弗吉尼亚大学是一所完全的公共计划的产物，而非私人的或半公共的公司，它只受公共控制和管理，这一点已经写在了它的大学宪章里；它不受任何宗教影响，是世俗化的和非教派化的大学。

根据弗吉尼亚大学宪章的规定，大学必须要被置于公共控制和公共管理之下，以及公共财政的支持之下。大学的督导委员会履行管理职能，督导委员们都是由州长直接任命，并获立法机关的批准方可上任。建校之初，弗吉尼亚州政府投入了大量资金，用于教学楼、图书馆的建设和教学设备的购置，其后，政府继续提供年度的经费支持。

弗吉尼亚大学要为所有人的成才服务，这才是它的理想和追求，也是所有公立大学的理想和追求。在与友人的通信中，杰弗逊畅谈自己的这一大学宏旨："从一开始，我们的伟大的目的就是在全美国做出一个辉煌的创举，吸引每一个州的年轻人前来就读。"[1]

19世纪，在南部多数州立大学的名不副实的虚幻中，在东部私立学院囿于传统的桎梏而举步不前的时候，西部州立大学崛起，并渐渐成为美国州立大学的领军旗舰。从美国南北战争开始之前，明尼苏达、密歇根、俄亥俄等许多西部新建州就陆续建立起州立大学。

在西进运动中不断开发出来的西部土地和陆续建立起来的西部新州，成为州立大学建立和发展的最为肥沃的土地。在这块土地上，那种由公共所支持的、州所控制的大学的概念正在悄悄生长，一些大胆的尝试正在进行。"从最起始上说，这些州立机构在整体上比那些私立基金会院校更能代表社区的意愿，它们往往能比东部学院更快地对教育的新趋势做出回应。"[2]

西部州立大学的蓬勃发展，首先，是由于杰弗逊的弗吉尼亚大学的榜

---

[1] Brubacher, J. S. & Rudy, W. Higher Education in Trsnsition. New Brunswick: Transaction Publishers. 2004, p. 154.

[2] Ibid., p. 156.

样作用；其次，是由于新英格兰移民的大力推动，例如明尼苏达大学就是一位著名的新英格兰教育家领导创建的；再次，西部州立大学创建是受到外国教育思想的影响，起初是法国的中央集权式的教育体制，后来是德国模式。但是，推动西部州立大学的蓬勃发展的最有力因素是联邦政府的土地赠与政策，截至1857年，联邦政府已经向西部15个州拨赠了400万英亩公共土地，用以资助州的大学的建设。

在那些新西部州立大学中，最具有典型意义的就是密歇根大学（The University of Michigan）。它不仅是新西部建立的比较早的大学，同时，还因为它对其他大学具有的示范和表率作用。美国教育史家布鲁巴克对密歇根大学的这一历史地位给予了充分肯定，他指出："无论从哪个角度上说，密歇根大学在早期的西部州立大学中都是一个'定步调者'，就像是弗吉尼亚大学在战前的南方一样，这一点是能被证明的。的确，安娜堡（Ann Arbor，1837年，密歇根大学搬至此地——笔者注）是杰弗逊高等教育理想在西部的最完全的具体化。在塔潘（H. P. Tappan）的领导下，密歇根大学推动着一个比它的任何一个其他同伴学校都更为雄心勃勃的和崇高的教育计划，它努力成为一个名副其实的大学。"[1] 结果，在西部，它的影响就像弗吉尼亚大学在南部一样的显著："密歇根大学1837年的宪章几乎逐字逐句地被复制在1851年那个授权建立明尼苏达大学的基础文献中，这个宪章对1848年威斯康星大学宪章的起草也起到了重要的影响。"[2]，因此，密歇根大学的创建和改革历程几乎可以代表新西部州立大学的发展历程。

1852年，塔潘（H. P. Tappan）担任密歇根大学校长。塔潘推崇德国大学模式，并致力于将大学从所有教派的影响中摆脱出来，努力争取全州的学位的授予权。与此同时，私立院校则竭力切断所有对大学的公共支持，企图使大学的运行仅仅凭借最起初获得的那点靠赠地而来的资金支持上。

在与私立院校作斗争的同时，塔潘积极地按照自己的理想构筑这所大

---

[1] Brubacher, J. S. & Rudy, W. Higher Education in Trsnsition. New Brunswick: Transaction Publishers. 2004, p. 156.

[2] Ibid..

学,使密歇根大学开始走上遵循德国大学模式的道路。塔潘希望按照德国大学风格将密歇根大学建设成"美国的民主之谷"(America's Valley of Democracy),他对理想大学的勾画是这样的:他心目中的大学首先应该是一个囊括着无比广阔知识体系,并能为人们提供多样性服务的所在,是一个百科全书。他认为图书馆和学者是大学的两个最基本要素,大学要建造大型图书馆,在那里提供给研究之用的科学和文学著作,从而使大学成为一个"学者之家",有一流的学者和教授在那里从事教学、研究。同时,大学还要有物理、化学的实验室,有博物馆和美术画廊,等等。很显然,他并没有把大学的工作同仅仅是一般知识的教学相联系,而是赋予了它更多的内容和职能,即他不把大学看作是唯一从事教学的场所。他进一步分析了美国的学院,认为以往的美国的住宿式学院只是相当于"德国的体育馆",那是一种为未成熟的学生准备的学校。相反,大学这个拥有法律、医学、文学和哲学与科学四大学术分支的机构应该是发展知识,而非仅仅是保存知识。另外,它必须不受过分强调学术的实用价值的影响。这种为青年初期而设计的唯一的教育活动,当它的学术部门都已经成熟和基础的知识都已经获得的时候,它就应该是这样一种大学,在这里,所有提供的东西都是为了去充分研究知识的每一个分支,为了将调查向更高的层次提升;在这里,人们的思想将根据它的愿望去涵育;在这里,在发展知识和追求学术的崇高热情中,那些学术文凭一类的小把戏将被忘掉。

从 1853—1854 年的大学的目录中,我们看到了一个鲜明的关于大学目的的表述,那些话语显然是出自塔潘之手:"由密歇根州所采取的公共教育体制是从普鲁士复制而来,它已被表明是世界上最为完美的体制。"①他还指出:"德国大学制度最令人称道的特征是,它有一种令人羡慕的服务于大众的公共学校体系。"② 在密歇根大学的带动下,美国州立大学已经取得了一些引以为荣的成就,尤其是在 1865 年以后。它为整个西部州建立了文化教育方面的标准,它尤其在男女同校教育、大学推广教育和大

---

① Brubacher, J. S. & Rudy, W. Higher Education in Trsnsition. New Brunswick: Transaction Publishers. 2004, p. 158.
② 施晓光:《美国大学思想论纲》,北京师范大学出版社 2001 年版,第 47 页。

学直接为社区服务方面，闯出了一条新路。

通过密歇根大学建立和发展的轨迹，我们可以透视到整个美国西部州立大学的发展过程，而西部州立大学的出现和发展的意义不仅在于它为美国乃至世界贡献了一种新型的大学类型，它的意义更在于它向世界昭示了这样一种思想和信念：

（1）州的大学是面向整个州的人民的，而不是只为某一教派、某一私立组织这样一些局部利益服务的。密歇根大学等州立大学就是在与各种教派所属的私立大学作斗争的过程中发展壮大起来的，而这样的一个实实在在的发展过程就是对上述这样一个观点的最好说明。

（2）大学是一个包容广泛、功能多样的学术组织。以前的由各教派所建立的私立学院，在培养宗旨上只局限于教士等职业人员，在学习内容上只局限于用于理智训练的古典类文化课程，学院的功能只局限于保存和传递有限的自然哲学和道德哲学知识。但州立大学的出现赋予了大学一个新的功能定位：大学要囊括和汇集人类社会的全部的知识，而且，大学通过设置各种资料、材料、设备、仪器等，通过吸引各类人才来进行自然和人类社会领域的多方面的探索、研究，从而为人类的进步和发展提供帮助和服务。从此，大学不再是只为某一种职业做准备的机构，而是一个包容广泛、功能多样的学术组织。"首先和首要的是，州立大学正在逐渐代表着最为宽广的可能的学科的课程和最为宽广的对于它所生活于其间的社区民众的可能的服务。"①

（3）州立大学是要依靠全州的力量，依靠全社会的力量，而且要把福祉回赠给人民。美国州立大学在高等教育史上是一个独特事物的引人注目的象征。它是政府应该和必须提供给人民一个自由的高等教育这样一个新概念的具体化，加利福尼亚大学校长威勒（B. I. Wheeler）在谈到关于大学的精神的时候说："大学是这样一个地方，它正当地、合理合法地知道在学科之间没有什么贵族精英与平民之分，在科学真理上也没有什么贵族不贵族的，在人与人之间也没有什么贵族不贵族的。"②

---

① Veysey, L. R. The Emergence of The American University. Chicago: The University of Chicago Press. 1965, p. 102.

② Ibid., p. 66.

三　威斯康星州独特的环境因素

应该说，在 19 世纪末到 20 世纪初的美国，尤其是在美国西部，大学要加强与社会之间的联系，要为社会服务，是一个较为普遍的呼声。许多大学，尤其是西部的一些大学，都实施了一定形式的服务社会的实践活动。那么，为什么这一活动在世纪之交的威斯康星大学获得了最大的成功，产生了最大的影响？为什么会有一个"威斯康星理念"，而不是"伊利诺伊理念"，或"明尼苏达理念"？解释这一问题，答案还需要到威斯康星州内来寻找，需要去透视威斯康星州独有的政治、经济和文化构成的生态土壤。"威斯康星理念"的诞生正是美国历史文化普遍性与威斯康星州人文环境独特性交汇的产物。

（一）州政治改革对大学的依赖

20 世纪初发生在威斯康星州的进步主义改革活动对大学产生巨大的依赖，州长拉夫莱特（Robert M. La Follette）是威斯康星州进步主义运动的重要领导人，他所致力的进步主义改革活动对大学的智力支持发生了急切需要，他在推行进步主义社会改革计划中，紧紧依靠威斯康星大学教授们的知识和技术支持，以对垄断企业进行有力的规范，促使了大学服务行为的出现，这是促使"威斯康星理念"产生的来自本州内的直接原因之一。

从 1890 年到第一次世界大战，在美国历史上被称为"改革时代"。在这个急速推进的工业化时期，人们一方面为经济的高歌猛进而欣喜和慨叹，一方面，又为伴随着物质进步而来的贫富两极分化等社会阴暗面的出现而忧虑和激愤。社会各阶层人士纷纷拿起批评的武器予以讨伐，或致力于各种改革活动，旨在铲除社会生活领域里的不平等，建设民主社会秩序。这场运动被称为进步主义运动。

威斯康星州是进步主义运动的先锋之地，而且，在州长拉夫莱特的领导之下，威斯康星的进步主义运动在 20 世纪初达到鼎盛。这种以清除政治腐败、谋求社会公正、维护广大人民群众利益为核心要义的进步主义的政治追求和政治气候，与崇尚民主、服务社会的大学教育理念是相宜的，它为威斯康星大学服务社会活动的开展提供了一个良好的州内政治环境，且二者是相互促进、相互滋养的。

威斯康星州地处美国中西部地区的北部。境内北部为地势较高的台地，众多河流流经其间，水利资源丰富，森林茂密，所以这里较早开发了伐木业、水电业，主要城市有苏必利尔等。中部和南部地势较为开阔和平坦，是州内重要的种植区和养殖区，同时也有以密尔沃基为中心的工业城市，有多条铁路将密尔沃基等城市连接向其他地区，使得这一地区的运输业、木材加工业、肉类加工业和面粉加工业等较为发达。1850—1880年间，面粉加工业成为威斯康星最重要的工业，1860年，仅密尔沃基就拥有面粉加工厂14家。

19世纪下半叶开始，在全国各地经济飞速发展的大背景下，威斯康星州的生产事业和各项工商产业也获得迅速发展。但是在经济发展的同时，自由放任资本主义导致的专卖权、垄断等不良现象也日益严重，大企业对小企业的倾轧，垄断企业与顾客交易过程中不平等，企业生产中对工人权益的侵害，等等，都构成对社会财富分配公正性和公众利益的极大伤害。这种不公正现象我们可以从公共事业部门尤其是铁路运输业里窥得一斑。

19世纪40年代以前，威斯康星州的运输主要依靠河道上的原木木排运输。19世纪40年代以后，威斯康星铁路、拉克罗斯至密尔沃基铁路、密尔沃基至密西西比铁路、威斯康星中心铁路等多条铁路线及其支线相继铺设，将密尔沃基（Milwaukee）、麦迪逊（Madison）、拉辛（Racine）等城市及其无数个小镇连接起来。威斯康星州成了中西部地区铁路网最为密集的州之一。

铁路的成功铺设和铁路运输业的迅速发展促进了货物的贸易和流通，拉动了经济。仅据1854年的记载，"密尔沃基至密西西比铁路沿途的14个小站就运送小麦118万蒲式耳（Bushel，计量单位），2500吨猪肉到达肉类和面粉的加工中心密尔沃基。仅怀特沃特一站就运送了30万蒲式耳的小麦，收集到大量的农民的谷物，最南至伊利诺伊州的麦卡亨利地区"[①]。

---

① Ostergren, R. C. Wisconsin Land and Life. Madison: The University of Wisconsin Press. 1997, p. 208.

毫无疑问，对于推动美国经济飞速发展，铁路是一个巨大的物质力量，人们对铁路表现出极大的依赖：西进的移民需要它，运送农产品的农场主需要它，同时，联邦政府为了更多地吸引铁路投资而采取的赠地政策又极大地资助了它，使得它能够获得大量资金，并能够将涉及的农业、商业、钢铁和金融业等多个行业协调到一起，成为一个拥有巨大财力和至高无上的权力的大型垄断企业，盘剥、收获着最大的利润。

铁路公司盘剥的主要对象是农场主，它掌握着贸易活动中绝对的主导权和支配权，在货物运输成本的核算和运输费率的制定上，它可任意抬高价格，不受任何制约，并且实行运价歧视，将东西部铁路运输上的差价转嫁到农场主身上，让农场主承受高额的运输费用。农场主从家中运往市场1蒲式耳玉米的价格几乎与1蒲式耳玉米本身的价值相当，使得农民被剥削后利润所剩无几。愤怒的农民们将铁路公司告上法庭，可是铁路又受到当地的"党魁制"下官商勾结的保护，农民个人根本无力与财大气粗的铁路公司相抗衡。一位审理过农民起诉铁路公司案件的威斯康星州法官这样说："铁路公司的影响和能量是如此之大，他们对农民起诉的压制是如此之强硬，以至于几乎没有任何个人能够与他们相辩解、相抗衡。"① 铁路成了当时最大的财富攫取者和腐败所在地，一个专横跋扈的统治者，一个对公众利益最大的侵害者。公众要求对它进行管制的声音非常强烈，"在需要对其进行立法规范的大型垄断企业里，铁路首当其冲"②。当然，需要进行强有力社会干预的不只铁路这一个部门，还有那些聚敛了州的最大的财富的木材公司、煤气、电力、自来水公司，以及与这些利益集团有关联的房屋建筑公司等。垄断特权已经渗透进了州肌体的每一缕纤维中。

就是在这样的形势下，1900年，拉夫莱特（R. M. La Folltte）当选为威斯康星州州长。拉夫莱特1855年6月14日出生于威斯康星州的丹县，1875年进入威斯康星大学学习，1879年毕业。在大学里，拉夫莱特深受校长巴斯科姆道德哲学的影响，听巴斯科姆教授的课，对于他每每都是一

---

① McCarthy, C. The Wisconsin Idea. New York: The Macmillan Company. 1912, p. 37.
② Ibid., p. 34.

个巨大的触动和享受。拉夫莱特在《自传》中深情描述巴斯科姆教授对他的启迪:"他在周日下午对学生的演讲,连同他在教室里对我们的教导,是我早期生活中的一种最重要的影响力量。就是他反复强调的那个'州的大学和州大学的学生对于他们的州具有责任'的教导,或许可以说,已经创造出了教育中的威斯康星观念。他总是教育我们:州正在为我们提供教育,并且在要求我们回报给州以责任,而不是仅仅把教育用于个人的私利上,要为州做一些服务。"① 巴斯科姆道德哲学与以往道德哲学不同,它强调道德的进步不仅仅依靠个人的体悟和内省,而更基于社会整体道德水平的提升,以及社会整体道德水平的提升中,政府、大学等组织具有重要的作用。应该说,巴斯科姆道德哲学强调的是政府、大学等组织的社会责任,对社会发展进步具有的不可推卸的责任。很显然,巴斯科姆的这一观点是对美国社会一直以来所奉行的政府、大学等组织对社会事务不予过问、不予关注、不予参与的英美式传统哲学思想的一个突破,而正是这一观点在拉夫莱特心中种下了他日后担任州长时对社会邪恶进行有力斗争,并大力发挥大学作用的种子。

拉夫莱特担任州长前曾任过地区律师、联邦参议员等职务,那时,他对州内垄断企业和党魁势力的斗争就不妥协。担任州长后,他的改革目标更加明确:

1. 建立旨在打破政党机器控制的、直接表达人民意愿的"直接普选法";

2. 废除铁路等公共事业服务类企业拥有的特权,要求其按企业资产的全部额度进行赋税;

3. 遏止和消除公共决策时企业的游说。

拉夫莱特在他为期6年的三届州长任期内,为实现上述目标进行了不懈的努力,将威斯康星州的进步主义运动推向了高潮。而在这一过程中,他遭遇到"立法机关中的共和党保守派对他的改革计划的阻挠"②,与此同时,他也看到了大学教授拥有的知识贮存和技术力量的巨大作用,并

---

① Witte, J. E. Wisconsin Iden: The Continuring Role of University in the State and Beyond. Jossey-Bass, 2000. p. 9.

② Burgchardt, C. R. Robert M. La Follette, Sr: The Voice of Conscience. New York: Greenwood Press. 1992. p. 8.

紧紧依靠他们，创造了政府和大学学术单位密切合作的佳话。"为实现进步主义目标而采取的实情调查的开展、立法方案的起草、行政委员会的建立，都需要经历过专业训练的专家，所以，向大学寻求这样的服务是个自然的事情。"①

担任州长后，他与大学的接触日益增多，经常就州的事务与教授们咨询，尤其是与其后担任校长的范海斯，他们二人本为大学同窗挚友，且思想观点、志向追求甚为相同，故二人关系甚为密切。1903年，通过在董事会中任命范海斯的拥护者等手段，拉夫莱特直接促成了范海斯当选校长。在这一过程中，他对大学作用及在州的事务中使用大学教授的思想日渐成熟，并确立起聘请大学教授为州服务的基本文教政策。

首先，作为州长，拉夫莱特坚持大学不要受政党政治的影响，不要成为政治老板的附庸。他为大学没有受政党之争的左右而欣喜。他说："50年来，政治战争在我们这个州也像在其他州一样发生着。政治斗争中，党派有赢有输，政治领导人也会有来有去，更迭不定。但是教育启蒙之灯却从来没有因为遭受的政治偏见或影响而在大学里暗淡，乃至熄灭。"②

其次，他认为汇聚着专家和知识的大学要继续反映和领导州的进步主义思想，成为州的先进思想的引领者。他坚持由州的人民捐赠而来的大学，其精神是平等无私的，它的管理是民主的。它应该继续领导和反映州的进步主义思想。

再次，他要求州大学要为州的物质进步和人民利益提供直接的和实际的帮助。他希望大学的成果就是使州更强大，促进更好的公共政策的制定，确保更好的政府。他强调大学要适应人民的生活，要紧密地与生活的责任和活动相连。为了更好地适应和满足人民的需求，他坚持要向人民传播知识，启发人民的觉悟和意识，他的信条是：人民一旦知情，就会做出正确的行动。他正是基于这样的信念，凭借着自己出色的演讲口才，走进

---

① Bogue, Allan G. The University of Wisconsin: One Hundred and Twenty-Five Years. Madison: The University of Wisconsin Press. 1975, p. 31.

② The Wisconsin Jubilee Committee. The Jubilee of The University of Wisconsin. Madison. 1904, p. 68.

人民中间,不断宣讲,不断让人民获得对于州内各种事物的了解和知识,从而赢得了人民的支持而走向州长职位的。所以他深知知识的力量,深知知识对于人民大众的意义。"州欢迎这样一个在不断增长的趋势,在这个趋势里,大学教授们在做着直接地和实际地加强着州的物质利益的事情。为了给州直接的和实际的帮助,农业、矿业、制造业和商业的课程已经都在州大学里得到设置。"①

基于这样的思想认识,拉夫莱特要让依赖大学的智力支持"成为一个更为长远、更为恒久的政策"②,聘请了大量的大学教授帮助制定和完善州的重要立法,聘请教授们在具有行政职能的各种委员会中任职。教授们的这些工作对改善和规范州的经济秩序,限制企业的不当经济行为,维护人民的正当权益,提高社会的正义发挥了相当大的作用;基于这样的思想认识,他才会对大学开展的推广教育给予最大的支持。

为了更多激发大学为州服务的积极性,州在依靠大学的智力支持的同时,也给予了大学巨大的财政支持。这也是大学服务活动稳固发展的一个动力。1872年,州议会做出决定:给予大学每年10000美元的财政支持。这个数目虽然不是很大,但是它却具有深远的意义,它标志着州承认对于大学具有支持责任。

对大学的发展最具有成功的影响力的是1876年的法案。该法案决定将州内磨坊税的十分之一连续提供给大学。1883年,数额增加到了八分之一,1895年增加到五分之一。这些税收起初是临时性的,后来变成了永久性的。1897年,磨坊税的四十分之十七用于大学。自1900年拉夫莱特担任州长职务后,新一届政府更是确立了一个连续的明确的年度拨款政策,这个政策一直延续到20世纪20年代。这些法案和政策的出台,标志着州更加明确了它对大学经费上的支持责任。

拉夫莱特奠定了州政府与州大学之间的良好合作关系的强大基础,在拉夫莱特1906年卸去州长职务后,他的继任者不仅继续了他的思想和政

---

① The Wisconsin Jubilee Committee. The Jubilee of The University of Wisconsin. Madison. 1904, p. 68.

② Curti, M. & Carstensen, V. The University of Wisconsin: A History, 1848—1925. Vol. II. Madison: The University of Wisconsin Press., 1949, p. 551.

策，继续信赖和使用大学教授参与政府工作，而且还支持大学将其服务州的范围拓展至推广教育领域。1909年，作为"威斯康星理念"的坚定继承者，时任州长戴维森（Davidson）对立法机关说："大学的推广教育部正在被强有力地组织起来，在全州人民中受到理解和欢迎。在为1907年函授课程的拨款后的第一个学年年末，1000多名学生在进行定期的函授学习。当这项工作向那些目前还未接受适宜的生存教育就不得不离开学校，开始他们生计的大量的年轻男人和女人提供教育时，这项工作是应该得到鼓励的。"① 州政府与州大学的这种良好合作关系，不仅使州的发展受益于大学，推动了州内正义的发展和民主制度的建设，更为大学服务社会开辟了广阔的道路。

（二）州农业转型对大学的需求

州的农业转型需要大学的智力帮助。威斯康星州从19世纪60年代开始进行产业类型的转换：由经营小麦等农作物为主的种植业向以经营奶牛业和乳品业为主转换。而在这一过程中，州的农场主和奶农们积极主动地向大学的农学教授、专家寻求科学知识和技术上的帮助，从而使州的奶牛业和乳品业走上了迅速发展的轨道。应该说，是州在经济产业转型中的客观需要促成了威斯康星大学服务州活动的出现。

威斯康星州全州境内多为波状地势，覆盖着茂密青草。所处地理位置是在北纬45度左右，境内温差较大，草原面积较大。这几个特点都符合开展畜牧经济的几大条件，因而该州非常适宜牧养牲畜。威斯康星州奶牛业和乳品业的广泛而迅速发展是在19世纪60年代至90年代之间。从那时起，除局部地区的种植农业之外，这里的居民主要经营奶牛业和乳品业，由密尔沃基、基诺沙、拉辛等城市构成的东南区域是州内最大的黄油生产中心。1871年，随着冷藏车厢的使用，威斯康星的奶酪被运往遥远的东海岸市场。1876年，在费城"百年纪念博览会"上，威斯康星的奶酪和黄油被评定为乙等，仅居乳业大州纽约州之后。1920年，威斯康星州的纯种奶牛头数已在中西部地区占据最大份额。今天的

---

① Stark, Jack. The Wisconsin Idea: The University's Service to The Stat. Madison: The Legislative Reference Bureau. 1995—1996 Wisconsin Blue Book. p. 44.

威斯康星州,其奶牛头数和奶牛农场数目,以及乳产品的年产量均居于美国之冠,故威斯康星州被称为"奶牛之州",奶牛业和乳品业成为州的支柱产业。

威斯康星州经营奶牛业和乳品业的历史并不十分久远。在它1848年建州之时,它还是一个以种植业为主的地区,小麦是这里的主要的农作物。铁路修建后货物运载力的提升,东部几个州小麦种植的衰退,对威斯康星州的小麦种植都起到促进作用,所以,建州后的头十年里,小麦种植在威斯康星州仍是主导产业。然而,1855年以后,问题开始出现:连年的种植导致土壤肥力消耗,小麦臭虫病等病虫害又时常发生,同时,小麦在市场上的销售价格经常处于波动之中,例如,由于1857年的一场灾慌(the Panic of 1857),导致在1855—1860年间,小麦价格急剧下跌。鉴于这种情况,农民们开始认识到靠单一的种植业是不够的,必须进行多种经营,而在威斯康星的植被、气候等条件下,逐渐将种植业向奶牛业和乳品业转换是最为适宜的选择。恰在这个时期,擅长乳业生产技术的纽约州移民及德国移民大量涌入威斯康星州,至此,威斯康星州农业生产类型的转换势在必行。

因为由传统种植业向奶牛业和乳品业转换,是一个非常大的产业经营类型的转换,所以,奶牛业和乳品业的生产经营开始后,奶农们遇到了许多新问题。他们深切感到:仅仅靠传统的经营方式肯定不会获得理想的效益,他们开始急切地寻求帮助,自然,他们的首选之地是大学。

奶农们遇到的问题主要集中在这样几个方面:一是冬季里奶牛饲料的贮存问题;二是乳品质量的提升问题;三是奶牛的疾病防治问题。

关于冬季里奶牛饲料的贮存问题。奶牛需要吃新鲜干爽的秸秆才可以保证产出优质的牛奶。过冬时,奶农们通常把这些秸秆放在方形的仓房里,但是,那些被存放在角落里的秸秆由于长时间得不到通风而沤烂,积聚起沼气,从而使仓房有了潜在的爆炸的危险。奶农们非常苦恼,他们希望大学能帮助他们解决这个问题。金(F. H. King)教授研究发明了圆形仓房,即筒仓(cylindrical silo),解决了这个问题。"威斯康星是筒仓设计的先驱者。筒仓和饲料青贮方法的发明是一项巨大革新,它帮助奶农以较低的成本完成大量奶牛的过冬。第一个地上筒仓1880年建于威斯康星的奥卡玛沃（Oconomowoc），世界上最大的筒仓1898年建于威斯康星的密尔湖（Lake Mills）。到1888年时，全美有91个筒仓，其中60个在威斯康星的密尔湖。到1924年时，威斯康星拥有10060个筒仓，比美国其他任何一个州都要多。"①

  关于乳品质量的提升问题。对一个乳业大州而言，无论是奶农们，还是乳品加工厂，首先最为关心的是牛奶质量。奶农们希望通过给奶牛提供优质饲料使牛奶的质量得到提升，但是，他们又不知道哪些饲料是最佳搭配。乳品加工厂也希望收购到质量更好的牛奶，使加工出的奶酪的口感更好，营养价值更高，但是，乳品加工厂一直以来靠称重收购牛奶的方法又使一些利欲熏心的奶农往奶中掺水出售，使牛奶的质量不断下降。因此，牛奶质量的问题使那些正直的奶农和乳品加工厂甚为焦虑，他们要求大学帮助予以解决的心声也最为迫切。亨利教授等人也深感此事关系重大，他说："州的乳业正处在走向谷底的时刻。"② 他通过分析奶牛身体发育中蛋白质、矿物质等的需求含量和饲料中这些物质的含量，向奶农们推荐了合理的饲料结构。同时，巴布克（S. M. Babcock）教授研究出可以测定牛奶中脂肪含量的"乳脂检测法"，改牛奶的论量收购为论质收购，从而有效阻止了人为造成的牛奶质量的滑坡。

  除此之外，还有一个问题困扰奶酪加工商：在奶酪制作过程中总会有凝乳漂浮出来影响奶酪的最后凝结，或者奶酪在即将凝制完毕时有一部分腐坏。"奶酪加工商们很久以来就表达着希望有一个奶酪制作中的科学方法被提供出来。"③ 化学教授巴布克和细菌学卢索尔（H. L. Russel）教授通过观察分析奶酪制作过程中酪蛋白质和酶等物质的变化，及其与温度、湿度等的关系，找到了影响奶酪质量的原因，提出了解决措施，避免了奶酪加工商的损失。

---

 ① Ostergren, R. C. Wisconsin Land and Life. Madison: The University of Wisconsin Press. 1997, p. 416.

 ② Curti, M. & Carstensen, V. The University of Wisconsin: A History, 1848—1925. Vol. II. Madison: University of Wisconsin. 1949, p. 387.

 ③ Ibid., p. 391.

Stark, Jack. The Wisconsin Idea: The University's Service to The State. Madison: The Legislative Reference Bureau. 1995—1996 Wisconsin Blue Book. p. 10.

关于奶牛的疾病防治等问题都是迫切需要大学帮助解决的。

在帮助奶农们与大学之间建立联系和帮助农民表达他们的诉求方面，州的一些重要人物发挥了作用。

在1889年时任州长、后来成为威斯康星大学董事的霍尔德（William. D. Hoard）是科学化农场经营的倡议者和拥护者，同时他坚定地主张大学要为州的奶牛业和乳品业发挥作用，坚决支持奶农们的请求，呼吁大学提供给州的奶牛业和乳品业以实际的帮助。为此，霍尔德领导建立了"威斯康星奶农协会"，依托这一组织形式，奶农们的生产经营更加系统化，对大学发出的帮助的请求也更为严肃认真。他还创编《霍尔德的奶农》杂志，提出研究的问题，资助农民学校，给了学校巨大的支持，在学校和州的农民之间搭建联络的桥梁。他把州的奶牛业和乳品业的发展寄希望于年轻一代真正掌握科学的经营知识和技术，他说："我们老家伙——我们的眼睛有些'醉迷糊涂'，但它还不至于把我们弄糊涂。依靠旧式农民，农村是没有希望的。"[①] 他一方面列举了一些少年在他们的父亲拒绝采用农业新技术，而且听都不听他们劝告的情况下向他寻求帮助的例子，在为这些老农民的无知和顽固感到悲哀的同时，他又积极建议大学的农学院要给农民一些实际的帮助。1901年，在纽约州布法罗召开的全国农学院协会的会议上，他极力主张农学院工作者应该深刻认识到农民需要初级农业教学，坚持认为它是使少年务农的唯一办法。他和与会代表都坚信，一旦他们成功地使农业和家政学进入学校课程中，"那农家厨房就成了'伊甸乐园的门厅'和'上帝在伊甸园东部从事种植的那个花园的再现'"[②]。

在奶农们不断地向大学发出帮助请求的时候，大学做出的积极的应答也加速了奶牛业和乳品业与大学之间的联系，促成了大学对州内奶牛业和乳品业的服务。在这一过程中，威斯康星大学的农学教授、后任农学院第一任院长的亨利（William Henry）功不可没。

亨利保持着一种难得的草根意识，善于走进农民中间，与他们融合在

[①] [美] L. A. 克雷明：《学校的变革》，单中惠等译，山东教育出版社2009年版，第40页。
[②] 同上书，第42页。

一起。这要归功于他的艰苦的成长经历和朴实的个性品质。他生长于一个农场，在俄亥俄州的威斯利学院学习了大学的第一年的课程，其后在康奈尔大学学习时，克服困难，刻苦学习。为了挣得他的学费，他甚至睡在他担任助手的那个植物实验室的地板上。

1880 年，他修完了农业学的课程，就在那一年，他应邀来到威斯康星大学做农学教授。尽管他有学院教育的背景，且年仅 30 岁，但他朴实热情的性格使他很容易走进农民之中。他从未错过任何一个与农民交朋友的机会。他穿着靴子、工装夹克走进农场，人们看见他不厌其烦地在向众多的牲畜饲养者、奶农、园艺工人讲解农业经营管理知识。他甚至在立法机关的拨款委员们面前也不会去掩饰自己的直率和坦诚。

亨利还具有脚踏实地的实践精神、务实精神，这一点体现在他做事的基本原则就是从农村出发、从农民的实际出发，研究并身体力行与农民的生产、生活息息相关的事情。为了落实这样的原则，他首先强调从事农业研究的农学家、农艺师之间的合作，作为这一合作关系的坚定支持者，他认为必须要让农民对实行科学农业树立起坚定的信仰，于是，他致力于把科学经营农场产生强有力的经济效能这一福音送到州的每一个角落。为此，他不厌其烦地说服、讲解，不厌其烦地奔走和做事。应该看到：推广教育工作和短期课程的成功，很大程度上要归功于他对坚信研究成果普及到群众中的作用和他自己进行示范教学方面的技巧。他认为大学里的农业院系要发挥最大的作用，别无选择。他说服立法机关为农民们建造青贮筒仓拨款。农民们越来越认识到青贮饲料的价值，威斯康星州建造的青贮筒仓比在任何其他州都要多。

亨利亲自带领农民们进行一系列调查研究活动。当这些活动都取得了明显的成果后，农民们对亨利的信心、对大学能够提供给他们以帮助的信心，得到进一步加强。这些调查研究包括：牲畜饲养方式改革上的实验，测定牛奶中脂肪含量的和烤制奶酪的更为优越的方法的研究；牲畜疫病的有效防治办法；等等。在农场里做的每一件实际事情所取得的成功都增加着亨利的影响，这些影响几乎都是传奇。因此，当有奶农在向亨利教授寻求一种不同寻常的援助之时，他们非常自信地认为亨利教授几乎会做每一件事，不会让他们失望。

事实上，最能表明亨利在威斯康星州农民心目中地位的事情恐怕是他当选州奶农协会主席一事。1890 年，亨利被推举为"威斯康星州奶农协会"的主席，没有一件事会比这件事更能表明人们对他的信任。

正是由于亨利付出的这些努力（当然，还包括在他带领下，全体农学院教授的努力），威斯康星州农民对州大学能够提供给他们所期望的帮助是充满信心的，而且他们与大学的联系也在不断增强。大学也着实通过短期课程、农民学校等推广教育形式提供给了他们富有成效的帮助。

人们公认："亨利院长的荣誉是牢不可破的。他会继续被他所做了这么多事情的州所赞誉。"[①]

（三）州独特人文底蕴的生态土壤

威斯康星州独特的人文底蕴为"威斯康星理念"的形成提供了文化生态土壤。从州的族群人口构成上来说，从州的民族文化传统上来说，威斯康星的人民都具有自己对待事物的态度和方式，威斯康星具有自己的独特的人文底蕴。这种人文底蕴也是催生"威斯康星理念"的一个重要因素、一个生态土壤。美国教育家布鲁巴克（J. S. Brubacher）指出："'威斯康星理念'绝不是威斯康星的原创，但是，为什么这一理念却在 20 世纪早期的威斯康星达到了它的高潮？当时的威斯康星大学的著名教授埃利宣称这是由'威斯康星州的人民的态度'所要求的。威斯康星州的人民'从不允许他们的大学在学术的不现实中迷失自我。他们知道他们想要不同的和新的东西，他们想要能对他们的需求做出反应的东西，他们想要他们称之为实际的东西'。在埃利看来，威斯康星大学的行政机关和教师群体就是应答和反映了这种大众的诉求。"他接着指出："威斯康星的人民何以会发展出这样一种态度呢？一种对公共教育的信仰，无疑已经由富于影响的当地新英格兰成分移植过来，与此同时，对富有专业特色的大学教育的赞赏和追求也已经被德国和斯堪的纳维亚移民们带进威斯康星州。的确，威斯康星州内庞大的德国移民群体帮助创造了对在公众生活中受过大学训练

---

① Curti, M. & Carstensen, V. The University of Wisconsin: A History, 1848—1925. Vol. II. Madison: University of Wisconsin. 1949，p. 380.

的专家教授持肯定嘉许态度的氛围。这与东部美国人通常表现出的对专才的怀疑和鄙视，刚好是相反的。"①

从布鲁巴克的表述中不难看出，新英格兰因素和以德裔移民为主的族裔因素是催生"威斯康星理念"的重要人文因素。

新英格兰地区不仅是美国教育的发祥地，新英格兰也是美国公共教育的最早倡导者和践行者。早在17世纪上半叶，他们就以颁布《老骗子撒旦法》等一些旨在倡导公共教育的法规而为世人所知。新英格兰在美国教育史上的作用不仅仅在于它所创立的数所经典的学校机构成为后来办学者们仿效的样板，更由于新英格兰人在随后的迁徙中直接把具体可行的办学模式及公共教育的民主主义理念、致力于教育事业的献身精神等思想因子带到新的地区，从而使威斯康星大学在起步之时就已经被置于一个较为先进的、开放的、面向公众的基础氛围之中。美国著名史学家克伯雷（E. P. Cubberley）指出："可以有把握地断定，新英格兰的1642年和1647年的两个法是美国国家公立学校制度建立的基础。"② 我国著名教育史学家滕大春先生对新英格兰历史作用的评价更是一语中的："新英格兰在当时扮演了教育播种机的角色。"③

19世纪30年代，在美国建国后第一次西进浪潮的推动下，包括威斯康星在内的中西部地区迎来它的第一个移民高潮，这一次移民主要是来自新英格兰地区的国内移民。这些以清教徒为主体的新英格兰人，以他们的祖先当年登上新大陆开拓创业的精神，沿着埃利河的水路，跨过五大湖，到达威斯康星。他们给这块亟待开发的茫茫荒原带来了耕耘的犁铧和麦谷种子，更带来了热心公共教育事业的传统。威斯康星1840年的教育法就是直接取法于马萨诸塞州的教育法，规定由学区征收教育税。在19世纪40年代末威斯康星大学筹办时期，其主要筹办者埃利泽·路特（Eleazer Root）就是一个毕业于马萨诸塞州威廉姆斯学院的高才生，为了把新英格兰人的教育理想变为高等教育的现实，他进行了积极忘我的工

---

① Brubacher, J. S. & Rudy, W. Higher Education in Transition. New Brunswick: Transaction Publishers. 2004, p. 165.
② 季平：《美国公立学校的发展研究》，高等教育出版社2002年版，第11页。
③ 滕大春：《美国教育史》，人民教育出版社2001年版，第153页。

作，终于促成了威斯康星大学的如期建立。就是在这块土地上，50年间，这些热烈的、富于民主精神的人们建设着他们的州立大学。州的大学缓慢地起步，时常遭遇暴力、偏见和不幸的局面，但它没有停滞不前，更没有踟蹰犹豫。威斯康星州年复一年地发展着它的大学，延伸着它的领域，扩大着它的范围，用不竭的资源解决着每一个紧急情况。应该说，威斯康星州后来的包括高等教育在内的所有教育事业的萌芽都与新英格兰人的启迪有直接的关系。

威斯康星是个由多族裔移民构成的州，德意志移民是威斯康星州最大的外国族裔，其次是以挪威人为主体的斯堪的纳维亚人，以及爱尔兰人。这些外裔移民带来了各自母国优秀的文化传统，构成威斯康星州特有的人文底蕴。在这诸多外国族裔移民中，德意志移民发挥的影响最大。

德意志移民大多是在1848年德国革命失败后不堪德国四分五裂，而在19世纪60年代移居美国的。19世纪的德国虽然政治上处于封建诸侯割据的状态，但是经过16世纪的宗教改革和19世纪初新人文主义意在整合德意志民族精神、重塑德意志道德灵魂的文化改革运动后，德意志民族逐渐形成了以崇尚道德、勤勉务实、尊重知识、尊重教育、尊重专业人才为主要特征的新的价值准则和行为规范。德国移民对专门化知识技能的追求和热爱，对某一领域里有独特才能的专家学者的欣赏和尊重，不仅表现在他们对以适龄儿童少年为招收对象的规范的普通学校教育的支持，更表现在他们在生产和生活的每一个侧面都对知识的指引和专家的点拨充满渴望和欢迎，这就是以推广教育、社会服务为特征的"威斯康星理念"产生的深刻群众基础。1885年农民学校就是在这些渴望知识、富有科学精神和远见卓识的农民的推动下创建起来的。

德国移民同时带到威斯康星州的还有德国人关于国家、政府与大学的关系方面的深刻认识。我们知道，一直以来，在西方人的心目中，关于国家和政府的概念是：国家就是一个在国内维持秩序，对外维护国家安全的机构，它对社会的经济运行、公共事业发展等事情是概不过问的。这种观念以在英国的表现最为典型。然而，这种观念在19世纪初的德国遭到颠覆。为了重建与法国战败后的德意志民族，费希特（J. G. Fichte）等有识之士指出必须要重新建设一个有着共同精神追求的国家，他同时提出要建立有国家支持的、为全体民众的公共教育的主张，应该说，他是将国家与文化教育机构联系起来进行考虑的第一人，他的教育理念因此而被称为"国家主义教育哲学"。在他的努力下，柏林大学得以建立，也是在他的努力下，政府和大学建立起了息息相关的血肉联系。我国著名外国教育史专家滕大春先生在论述19世纪德国的这种国家主义教育特征时指出："在19世纪，国家在实际上已变成了专门为民族利益而从事促进民族文化和民族理想的机构。现代教育体系的主导思想是：国家既然是代表民族生命的组织机构，就应该使全体民族成员为了他们本身的利益和为了民族的尊严，都有接受知识教育和道德教育的必要机会。这种思想促使国家大量扩充公共事业，并且促使国家对学校提供的经费惊人地增加。在这方面，德国创始于前，其他国家相继追随于后。"①

既然国家的强大要依赖社会文化教育的发展和民众思想智力的提高，那么，作为在国家机关里直接履行国家意志的政府工作人员就必须是有知识文化的，因此，德国一个最为典型的做法就是要求公务员都必须是有一定专门知识文化的人，而大学教授作为当时最有知识文化的群体，他们积极参与到了政府工作中。大学里不仅倡行学术自由研究之风，而且具有丰富专门知识技能的教授学者纷纷效力于政府机关，以至于形成了当时德国的大学教师已经隶属于国家公务员编制的制度。威斯康星大学经济学教授埃利（R. Ely）早年留学于德国，德国大学教授服务于社会的这种情形给他以深刻的触动和影响，他在谈到德国的留学经历时说："许多德国教授担任公共行政管理职位，他们以这种方式将自己的知识才华贡献给德意志帝国。我在德国的求学经历使我第一次意识到将书本知识与实际经验联系起来的重要性。有一种基督世界的同一状态在这个国家被看到，所有宗教派别的人，为了公正理念的确立而共事在政府的行政部门、立法部门和司法部门中。"②

豪（F. C. Howe）是美国进步主义时代对德国做法最为推崇的人，他

---

① ［德］弗·鲍尔生：《德国教育史》，滕大春、滕大生译，人民教育出版社1986年版，第120页。
② Stark, Jack. The Wisconsin Idea: The University's Service to The Stat. Madison: The Legislative Reference Bureau. 1995—1996 Wisconsin Blue Book. p. 3.

在他的《威斯康星：一个民主的实验》（*Wiconsin*: *An Experiment in Democracy*）中对德国的做法做了介绍："德国是一个比世界上任何一个国家都更紧密地让科学参与到政治中的国家。它的州的大学、它的技术学校和商业学校都是专门为祖国的发展进步而设立的，并发挥着作用。人们创造出了一个行政管理的职业，并且为这个职业做着准备。州政府和市政府里的高级公务员都是从大学里招募来的，甚至它的镇长和其他官员也几乎都是受过教育的人。国内和国际法学校、金融管理学校、医学工程学校，在办学宗旨、课程设置等方面都是与州的需要保持一致。大学里的教授和研究科学的人被充实到州的行政职位上，或被分配来做特定的政府工作。在过去的40年里，德国在工业、商业、交通、陆军、海军及城市建设等方面所取得的成就，很大程度上都是科学与政治密切相联系的结果。在其他哪个国家，也不像在德国一样，专家成为政治家和行政管理者们的朋友和至交。公共服务活动正在吸引德国的最有独特才能的人才投身于其间。"①

豪同时也是深信威斯康星州和州大学深受德国影响的人。他在《威斯康星：一个民主的实验》中开篇第一句话就写道："威斯康星为美国所做的，正是德国为世界所做的。"他又说："威斯康星使德国的理念成为了她自己的理念。威斯康星大学成为与立法机关、司法机关和行政机关并列的州政府的第四个部门。"②

正是这种政府和大学关系的理念给了威斯康星州政府积极支持和利用州大学人力智力资源的勇气，而获得政府和人民支持的大学也随时意识到自己的责任和义务，不遗余力地为州服务。

1904年6月，在威斯康星大学建校50周年校庆庆典上，时任州长拉夫莱特致辞中对外裔族群，尤其是德裔族群在对州的发展上的独特作用和贡献给予了高度赞扬，他说："正如我们时代的一位伟大的思想家所言，我们威斯康星州的基础是建立在世界上最进步的人口中心之上的。古老的西北地区的开发拓殖，在欧洲和美洲的历史上，对我们而

---

① Howe, F. C. Wiconsin: An Experiment in Democracy. New York: Charles Scribner' Sons. 1912, p. 38.

② Ibid., p. 39.

言，都适逢一个幸运的时刻。我们国家的东部地区仍旧处在那种由清教伦理的严苛和英格兰人的商业精明交织而成的最本原的风貌中，而此时，自由精神，那个搅动了整个 19 世纪欧洲的自由精神，却给我们带来了德意志、斯堪的纳维亚和爱尔兰的最好的大脑和最好的肌体，给我们带来了许多政治避难者，他们都是些正直的热爱家乡沃土的人，是梦想拥有大量田产和独立空间的勤劳的农民。他们满怀着寻求开明政府和自由家园的梦想，纷纷来到我们这里，这里自由的宪法制度呼唤着他们，就像这里廉价的土地、肥沃的田野和富饶的森林吸引着他们一样。他们的产业技能，他们的勤劳节俭，他们的不屈不挠的性格，都是我们州物质进步的重要因素。他们思想上的直率，话语中的坦诚，他们的忠贞不渝，他们对于法律和秩序的景仰和恪守，都已经刻印进了我们州的公民的性格之中。他们向新英格兰商业精神的冷酷性格中注入进了理想的高尚纯洁、哲学沉思的平和宁静和对音乐与艺术的热爱。这些勤劳的、勇敢无畏的、进步的族群的到来，民主精神就是他们共同的传承和主导的性格。"①

而这些正是人们通常所说的有别于古老的东北部的、新兴的中西部及中西部州立大学的价值观（Mid West values）和超前理想（pioneer ideals）。

（四）州大学求真务实的校园文化

1. 大学发展中的务实精神

威斯康星大学从建立起，州及州的人民就对它寄予了希望和提出了要求。1848 年的大学建校宪章明确规定威斯康星大学由四个系所组成：科学、文学和艺术系；法律系；医学系；小学教学理论和实践系。在这里，前三个系的组织结构是仿照当时大多数美国大学的建制，但是，第四个系的设置确实体现了一种现实需求。当时的美国，公立学校运动的呼声已开始出现，人们已经开始注意到了学校教育机构与社会的联系，因此，"从建校之初'由州所支持的大学应该直接为农场经营水平的提升、更加有效率的工业生产和更好的政府管理做出贡献'这样一个概念得到大

---

① The Wisconsin Jubilee Committee. The Jubilee of The University of Wisconsin. Madison. 1904, p. 66.

学董事会的支持,并在建校后的几年里,在董事会的报告中,不断被重复和强化"①。据1858年的《州议会期刊》第二期记载,州立法委员会在评述这一年里州大学的工作时明确指出:"就这一所最高层次的学习机构而言,它已经是州政府对威斯康星人民的慷慨馈赠。它是一份神圣的不可侵犯的托付,是为了他们及他们后代的利益而被赠予他们的。州的人民有不可置疑的权利去要求大学在基本方面顺应大众的需求。大学的课程应该被安排来尽可能充分地满足最大规模的居民的意愿和要求。"②

威斯康星大学建校后的发展并不顺利。阻力主要来自两个方面,一方面,先前已存在的教会学院指责大学搞无神论,并与大学争夺经费,使大学本来就获得不多的经费变得更少;另一方面,有一些目光狭隘者认为,大学是一个地方学园而不应是州级机构,限制它的发展规模。这些思想和行为阻遏了大学的进步,使其不能很好地履行"为州服务"的承诺。于是,在这样的情况下,在1857年,威斯康星大学遭遇到了它建校以来的第一次批评声浪。批评者认为,虽然第一任校长拉斯罗普校长在就职演说里用令人欣赏的话语阐述了大学进行结合实际教育的重要性,但事实上,大学在为全州的教师、农民、工程技术人员和商务人员提供切实的训练方面做得不好。

对于这种批评,大学董事会及时做出了应答,颁布了一项"条例",对学校的教学机构进行了调整,其内容为:(1)将原来的科学、文学和艺术系扩充为包括农业学校、商业学校、工程学校和应用科学学校等若干"学校"在内的一个大系。相应地,对在每一个新设立的学校科目上进行教学的教授的任职要求也做了调整。(2)将一所私立商业学校并入大学商业学校内,这样做的结果是,既扩大了商业学校的办学资源,又能充分借鉴私立商业学校业已形成的较为成熟的服务于州的商业活动的实际教育经验。(3)为了使小学教学理论与实践系更能切近学校教育实际,将该系下放到麦迪逊高中。紧接着,在1859年,建立生理学和卫生学系,以便更

---

① Brubacher, J. S. & Rudy, W. Higher Education in Transition. New Brunswick: Transaction Publishers. 2004, p. 165.
② Stark, Jack. The Wisconsin Idea: The University's Service to The Stat. Madison: The Legislative Reference Bureau. 1995—1996 Wisconsin Blue Book. p. 10.

好地为普通中小学教育服务。

这次大学教学机构的调整和扩充虽然比较简单，但它毕竟是在社会的呼吁下，威斯康星大学第一次根据社会职业的类型而做的大学教学专业划分，这种划分切实照顾到了社会上对职业性实际训练的需求，而且，它也便于大学在专业划分的基础上，对社会各行业、各职业分门别类地提供更为符合实际需要的教学和指导，更便于社会服务。同时，更为重要的是，这次的调整和扩充为以后教学组织的不断充实和完善奠定了基础，以后的农学院、法学院、工程学院、医学院等都是在这次的调整基础上建立并壮大起来的。

1862年《莫里尔法案》颁布实施后，学校第一年就得到可待出售的土地20万亩，以后又逐年得到更为充裕的土地资助。这一良好的经费支持使得大学具有了一定的经济力量得以陆续将农学院、法学院、工程学院、医学院等从原来的科学、文学和艺术系中分离出来，成为独立的学院，有了与科学、文学和艺术系平等的组织地位。同时，学校建设的物质基础大大增强，各种基础设施大为改善。

2. 以研究现实问题为取向的教学模式

在威斯康星大学，研究生教育的主要方式就是在进行结合实际的调查研究的同时，引进习明纳（研讨会），在政治学、社会学的研讨中，结合州内的实际问题进行深入彻底的研讨。州内很少有大的立法举措是事先未得到州大学的充分的研讨后才出台的。1911年，威斯康星州开始颁行收入税，而之前关于收入税的问题，大学金融学的研究生已经在研究了数年。他们分析之前几个州在施行收入税失败的原因，他们参考联邦税务法，以及德国、法国和英国等国家的收入法，研究这些国家在税收的征收、集中、削减等方面都是怎么做的。在税收议案被提交到州的议会之前，所有这些问题都要由教授及其研究生进行充分的讨论和研究。同样，关于公民的自主权、表决权和意见收回权等关乎州宪法修改的问题，也要在修正案被立法机关批准之前，在政治学系的教授和学生中得到充分研究和解决。为了能更好地结合州内的具体问题进行调查和研究，政治学的习明纳（研讨会）就在州议会大厦中举行，议员们把那些困扰他们的问题拿到研讨会上，由参加研讨会的师生和其他与会成员们做充分讨论。

机械工艺、医药保健问题，司法和刑事程序改革问题，贫困人口和犯罪人员的善后救助问题，水利电力和森林资源的保护问题，所有这些问题，在进入立法领域之前，都是需要大学的教授及其学生们进行认真研究的主题。

为了更好地促进调查研究的开展，8个奖学金项目在大学里被建立起来，这8个奖学金不仅是为外国游学访学而建立的，它更涉及保险、铁路、税收等现实问题的研究领域。研究者将会在这些奖学金的鼓励下获得一些他们研究领域中的实际的知识。

在那些研究主题与当下问题离得较远一些的系科中，如在历史系，教学过程中也被渗透进了务实的现代气息。在讲述罗马共和国历史的课上，教授通过对当年罗马贵族横征暴敛导致的腐败与美国西进过程中对土地等资源的掠夺性攫取之间的比较，从而使一节远离现实的历史课变成了对20世纪美国人的警示。其他的历史学和社会学教授也是根据当前威斯康星州的实际情况对自己的学科知识做出结合实际的解读。罗丝（E. A. Ross）教授，著名的《罪恶与社会》（Sin and Society）的作者，他根据威斯康星州当时出租房、农场等实际情况来讲授社会学知识，而不是从那个遥远的人类的穴居时代讲起。故而，豪（F. Howe）说："大学成了州的研究实验室。"①

3. 大学校长的卓越领导

（1）钱伯林校长的卓越领导

威斯康星大学在19世纪最后15年里发生了巨大变化，使得它由原来的一个与殖民地老式学院没有太大本质区别的学院，嬗变为一个具有现代大学特征的高等教育机构。在这一变化过程中，从1887年到1892年间服务于威斯康星大学的托马斯·钱伯林（Thomas Chamberlin）发挥了巨大作用，他通过采取有效的执政措施完成了学院向大学的转变。

钱伯林在思想认识上与他的几位前任校长并无太大区别，其不同主要在于他总是能够把理想具体化为一个实际的行动。作为一个具有巨大原创

---

① Howe, F. C. Wiconsin: An Experiment in Democracy. New York: Charles Scribner' Sons. 1912, p. f. 42.

力的人,"他为大学教育的改进,推广、设计和实施了一个内容广泛的计划,这些几乎是革命性的"①。

a. 大学学术组织机构的重新组建,有利于实施全面的通识性的基础教育和更集中的专业教育,这是贯彻大学为州服务的基础。1887年,他一到达威斯康星大学,就大刀阔斧地开始了基于大学学术组织机构的重新组建的课程改革。他首先认真研究了现有课程体系,认为它们在提供给学生一个坚实的学术基础上是有缺陷的,于是,他将原来的文学院和工艺学院彻底打乱,重新组建了一个涉及全面基础知识领域的文理学院(college of letter and science),在这个学院中,学生将通过两年的自然科学和人文科学方面的基础知识的学习,从而为他们进一步的专业学习打下坚实的基础。应该说,这个文理学院的基本宗旨就是进行通识教育。他同时还特别注重专业教育。在1887—1900年间,他又陆续组建了几个专业性学院:法学院、农学院、工程学院。学生在经过两年的基础学习后,分别进入这几个专业学院,以形成对社会服务切实有用的知识技能。1892年,为了加强对日益增长的社会问题的研究力度,他组建了政治经济学系,聘请著名学者埃利(R. Ely)担任系主任。

这些措施与早已在哈佛大学实行了的选修制相比,明显带有折中的意味,但是它从钱伯林任职开始就已在威斯康星大学形成体制并明确起来,成为此后威斯康星大学强劲有力的通识教育与专业教育并举的大学教育的学术组织制度基础。

b. 钱伯林的主要贡献是强调大学通过研究来为州服务。他强调大学发展知识的责任,更强调向州的人民展示它的价值,让人民受益于研究成果。他主张教育必须为人类文明所有方面的研究提供具体实在的成果。为此,他创建了拥有8个研究方向的奖学金制度。建立奖学金制度是钱伯林重视学术研究、鼓励学生发现知识的又一重大举措,使学术研究有了制度和经济保障,在威斯康星大学具有开创性意义。奖学金制度的设立吸引来了大批优秀教师,使师资力量得以加强。

---

① Curti, M. & Carstensen, V. The University of Wisconsin: A History, 1848—1925. Vol. II. Madison: University of Wisconsin. 1949, p. 546.

他最重要的是鼓励教授们将研究成果运用于解决州的实际问题，开创了大学的智力资源直接服务于社会的风气。那些对州的乳业生产起到巨大促进作用的青贮饲料筒仓的发明、牛奶脂肪含量的测定法的问世、奶牛疾病的防治措施等，都是在他执政期间获得的成果。

c. 钱伯林不仅在关于大学功能的认识上具有超前性，同时，他的行政管理能力，他与州内各种机构相处的能力，也都使董事会对他的领导水平感到十分的满意。作为威斯康星州地质调查局长工作的若干年，使他早已学会了如何通过自己苦口婆心的说服而从州的立法机关为大学争来拨款，如何巧妙地与官员打交道。在他担任校长期间，那些董事会成员，那些能从立法机关的共和党民主党两党那里都能获得拨款的富有商人和政客们，都对他的工作充满信心，并且与他共事得很好。所以能这样，一个有益的因素是由于钱伯林早在就职之前就坚持：一定要区分好董事会成员与校长的工作职能，坚持避免出现先前烦扰了巴斯科姆校长的那些麻烦。

（2）范海斯校长的卓越领导

范海斯通过直接服务社会的改革活动扬名于世，实际上，他的成功、他的服务理想实现，取决于他作为校长能把大学整体工作的指导方针确立在一个正确的基点上，取决于他与校内有关方面和谐相处的能力上，取决于他的胸怀、品格和个人特质上。正如威斯康星大学一位教授所言："范海斯的个人特质可以界定为：恢弘大气的视野、充沛的精力和出色的能力。"[①] 基于这些优秀品质的校长范海斯对大学的卓越领导，正是大学社会服务活动得以成功开展的实质保障。

a. 恢弘大气的视野

范海斯奉行的是大学服务社会的高等教育哲学，但他绝不是一个狭隘的实用主义者，服务并不意味着大学仅仅就是实用技能培训所。他主张服务，但服务不是建立在空洞之上的，是有根基的，他认为，在一所大学里，文化品格的涵育和职业技能的训练这两者之间没有截然的对立，只有

---

① Bogue, A. G. &Taylor, R. The University of Wisconsin: One Hundred and Twenty – Five Years, Madison: The University of Wisconsin Press. 1975, p. 30.

将以文化知识教育和文化品格塑造为主要任务的自由教育和以实用知识技能传授为主要内容的职业训练加以结合,才能使服务有所依托,有所凭借,"范海斯希望将科学研究和实际训练的目标焊接在大学政策里"① 因此,在大学学术组织的建构上,他既赞同具有共同上课、讨论和居住条件的英国式文理学院教育,又拥护以不断发现新的科学知识为特征的德国研究性大学,并在此基础上实现服务职能的达成。因此,他的大学学术组织建设原则表现为:

一方面,突出文理学院在大学中的地位。范海斯不会因为奉行服务哲学而削弱自由教育的地位,相反,他上任后的第一个管理行动就是着手进行学校内部学术组织的重组,以突出文理学院在大学中的地位。他把之前处于半自治性质的药科系、商业系、教育系、历史系、经济学系和政治科学系合并到文理学院之中,这次重组的结果使得学校中的很大一部分管理工作职能转移到了文理学院院长的肩上,这样既减轻了校长的管理工作负担,简化了校长的工作任务,同时又使文理学院在学校中跃升到了一个核心的地位。威斯康星文理学院的这种核心地位从那时一直保持到今天。

另一方面,加强大学的实用教育和职业教育功能。范海斯强调文理学院的教育,但他更强调将文理学院中的基础知识结合于现实生活,他认为"这二者的结合意味着生活和活力"②,而这二者的结合就产生了实用教育和职业教育,为此,他在任期的十几年里,大力加强威斯康星大学的实用教育和职业教育功能,"承认大学具有的实用教育和职业教育功能,范海斯对工程学院、法学院、农业学院的院长们在扩展和丰富他们为州的人民服务的内容和途径上所做出的努力,给予了巨大支持"③。在他的支持下,在威斯康星大学,旨在将基础理论应用于生产生活实际而生成的新的应用学科纷纷出现:根据化学基本原理去解释、解决农业问题,便产生了生物化学;植物学家们开始关注农场里的作物生长情况,作物病理学便诞生

---

① Veysey, L. R. The Emergence of The American University, Chicago: The University of Chicago Press. 1965, p. 104.

② Curti, M. & Carstensen, V. The University of Wisconsin: A History, 1848—1925. Vol. II. Madison: University of Wisconsin. 1949, p. 297.

③ Bogue, A. G. &Taylor, R. The University of Wisconsin: One Hundred and Twenty-Five Years, Madison: The University of Wisconsin Press. 1975, p. 34.

了；将动物学理论应用于病虫害的研究，便出现了昆虫学；经济学家们开始研究农民的人口构成问题，农业经济学得到发展。

范海斯对实用教育的支持还表现在当大学里出现对实用教育不利的苗头时，他给予及时制止。由于文理学院的地位不断得到提升，文理学院中部分教师开始表现出农业学院等专业院系蔑视的倾向。对此，董事会在一份报告中表达了对文理学院某些教授对农业学院的掩藏着的轻蔑的不悦。对此，范海斯表达了赞同的观点，这使得豪德董事心情颇为安慰。同时为了进一步提高农业学院的地位，消除豪德董事他们认为他对文理学院有所偏向的误解，他一遍又一遍地在公共演讲中高度赞扬农业学院在直接促进人类文明进步方面所做的工作，而且，他指出文理学院也会努力使他们自己学院的工作像农业学院那样优质高效。他认为假如有威斯康星大学已经变成了一所"奶牛大学"的说法，这只能被看作是一种人们制造出来的并不能表达他们真实意愿的笑谈。这些都使农业学院等从事实用教育的院系的地位得以加强，也使一些董事渐渐消除了误解和不安，范海斯也赢得了他们对自己的信任。

范海斯恢弘大气的视野还表现在他敢于打破校长一人独揽行政权力的集权体制。范海斯认为，将以前那种管理小型的学院的办法完全用来管理如今的大学是行不通的，所以他强烈要求将校长的权力分散，以便校长能从更多的具体琐碎的事务中摆脱出来，去思考学校的战略发展的宏观问题。

b. 充沛的精力和出色的能力

范海斯具有极强的公众宣讲能力，能使自己的思想、计划为更多的人所理解、所接受。自从就职开始，他就从未放弃过让公众理解大学的改革愿景的机会。在他写给董事会的报告中，在他对听证会所做的证言中，在他与友人的通信中，在他的公共演讲中，范海斯都在一遍遍地重申着他的计划，不知疲倦。对于复兴的大学推广教育，他是持坚决支持的态度的，他那段足以表明他支持态度的话语甚为经典，他说："强有力的商人是不会等着顾客来到你的批发点买你的货物，他会通过广告，通过流动方式及其他一些方式，把他们的商品发到零售店。制造商们也越来越多地开始在各个地方建立零售店推销他的产品。我们在教育上就不能像在商业上那么强有力地开展工作吗?"①

范海斯具有极强的号召力,能赢来更多的支持和援助。作为大学校长,范海斯深知,仅仅让人民了解大学的志向、宗旨还是不够的,还要采取一些具体的措施来使人民真正受益,于是他创造了几个联盟:一是与州内报业媒体的联盟。范海斯在刚刚就任校长时,发现州内报纸对大学的报道和评论只限于体育赛事等方面。校长决心改变这种状况,他指示英语系的布莱尔(Bleyer)教授恢复每周一期的校内简报,并把它们发送给州内的报纸,于是州内报纸上就有了很多关于大学新发现、新研究的内容。这样的内容非常吸引人,人们通过阅读这些报纸,知道了关于大学的许多新故事,了解到了许多新知识,也更知道大学正在做的事情是让知识变得更加有用。他对此非常满意,他在对州报业协会的演讲中说:"直到大学的影响到达了州的每一个家庭,我才会满意。"② 二是充分利用校友关系。范海斯认为,不仅向公众告知大学在做什么是必要的,而且充分赢得他们对大学的实际支持,更是不可或缺的。三是对州的立法机关及官员的说服。

范海斯具有与大学董事会和谐相处的能力,这也是保障范海斯行政管理成功的重要方面。

范海斯非常讲究与大学董事会相处的技巧,他向董事会提交某一项政策议题的时候,不是以一种逼迫的方式,而是以一种宽松自由的方式,以便使董事会不同意校长的意见而意欲对他进行拒绝时也会感到很大的阻碍。他还非常善于转变顽固董事对推广教育等改革项目的消极态度。

c. 严谨正派的执政作风

范海斯的严谨首先表现在他对学术自由原则的坚守。范海斯在学术研究问题上具有超越某一利益集团、某一阶层所限的宽广视角,在他的坚持下,学术自由的风气在大学校园形成。历史系的奥托(Max Otto)教授在他主讲的《人与自然》(*Man and Nature*)课上宣讲了一些自然主义的观点,因而受到保守的宗教团体的攻击。对此,范海斯给予这位教授以有力的支持和保护。他在1912年的毕业典礼演讲中说:"假如那些相信现存的

---

① Curti, M. & Carstensen, V. The University of Wisconsin: A History, 1848—1925. Vol. II. Madison: The University of Wisconsin Press. 1949, p. 89.

② Ibid..

信念、道德、政治和宗教信仰都是固定不变的人,阻止我们的教授去自由呈现自己的意见,并认为最终的真理已经至此达成的话,那大学作为一个组织就要被摧毁。应该相信,明天的进步是可以修改今天的结论的。"[1]

范海斯的严谨还表现在他对教职工民主权益的尊重。在事关大学发展的重大政策问题上,他建议并组建了教职工委员会,在事关大学发展的重大政策问题上,要求委员会发动教职工讨论,充分听取意见。他给予院系充分的话语权,以及在教师升职、教师任命上的权力。他努力提高教师薪水,以应对不断上涨的消费支出,吸引更优质的教学资源。当卡耐基退休基金会设立的时候,范海斯努力说服该基金会的主任将这一项目的收益人群扩大至州立大学教师和大学的董事会成员,使得大学教师的权益终于在这项旨在为确保教授经济安全而设立的项目中得到体现。

1904年6月,在范海斯的就职仪式上,威斯来星大学历史系的特纳教授(F. J. Turner)代表全体教师讲话,对范海斯的个人成就给予了高度的评价和充分的赞扬:"50年前,一小群学者从我们国家的许多地方被吸引到这里从事教学工作。那时,威斯康星刚好正在经历着边疆状态。他们努力工作,其后继者们已经实现了大学建立者们的思想,即威斯康星大学要在最大的利益上,在社会活动的所有领域里,把州的生活提升到一个较高的水平。校长先生,你已经在你所选定的科学领域里,把个人的利益放在了一边,去服务我们的州和国家,以及通过你自己的工作生涯,你已经使自己特别地成为了服务理想的代表。"[2]

本章小结

19世纪末20世纪初的美国是一个社会生活各个方面、各个领域都在发生着巨大变化的时期。南北战争以北方工业资产阶级的胜利而为资本主义的迅猛发展扫清了障碍,带来自由资本主义的飞速发展,出现了许多新的生产方式和经济组织形式,并进而带来了社会意识形态的极大变革,催

---

[1] Bogue, A. G. &Taylor, R. The University of Wisconsin: One Hundred and Twenty-Five Years, Madison: The University of Wisconsin Press. 1975, p. 33.

[2] The Wisconsin Jubilee Committee. The Jubilee of The University of Wisconsin. Madison. 1904, p. 93.

生了许多新思想、新理念。而这样一个社会生活情形和态势正是"威斯康星理念"生成的现实背景。

经济社会领域的发展变化导致了对教育的诉求，它自然也给予"威斯康星理念"的诞生以必然性。战后统一的资本市场和劳动力市场的出现，铁路交通的日益发达，为资本主义经济的发展提供了重要的前提条件。以制造业为基础发展起来的工业生产日益充满活力，制造业带由东北部传统地区不断向新开发的中西部地区延伸，工业门类不断增加，新的工业生产基地不断形成。蓬勃发展的生产和经济发展趋势，对劳动者的知识技能和人力资源的规格模式提出新要求，同时，伴随着生产规模的扩大，垄断这一新的经济组织形式开始出现，并越来越成为主宰经济活动乃至左右社会生活的重要力量。经济社会中发生的这些变化必然要引发社会的教育诉求，人们一方面在批判和反思着当时教育的弊端；另一方面在热烈地构想、期盼和呼唤着对能够适应经济社会这种变化的新的教育理念和教育运行机制的产生，迫切要求大学通过传授实用知识和调整课程设置来改变人才规格，要求通过大学的学术力量的参与，来规范和制约不断猖獗的垄断、特许权等不规范生产行为。在这样的形势下，作为全国最高行政权威的联邦政府通过颁布以《莫里尔法案》为首的一系列有利于教育事业发展的法案法规的形式，代表经济社会向教育发出最明确、最严肃、最急切的诉求，也为教育事业的发展提供了强大的政策和经济资助方面的保障。《莫里尔法案》之于大学，既是压力，又是动力。这些法案在大学的发展中的意义首先是表达了人民的共同的心声，昭示了顺应社会需求的教育改革势在必行，同时，它使得进行与生产生活实际需求有关的问题的研究和进行实用知识的传授，在大学里有了合理合法的地位和身份，具有了崇高的价值，从而使得以向广大民众传授知识和拥有专业知识技能的大学教授参与经济立法等各种大学服务社会活动能够应运而生。当然，这些法案的颁布也具有极大的经济意义，它所提供的财政资助对于大学充实经费，改善物质条件起到极大作用，使大学服务社会有了物质保障。

高等教育内部自身发生的改革和变化是大学服务社会活动得以催生的直接土壤。19世纪中后期开始，人们开始逐渐认识到大学校园里的单一的学术生活并不是这个世界的生活的本真面貌，校园外面那个男男女女为生存而打拼着的世界，那个有生产、有贸易、有谈判的世界才是真正的生活世界，这种对"何谓真正生活"的认识上的改变是大学加强与社会联系的突破口，它逐渐带来学校内部的一些实质性的变化，诸如选修制的确立，诸如实用知识在课程体系中的进入，诸如应用性研究的开展，诸如寻求各种知识地位上的平等、学习者身份上的平等和学习机会的平等，以及基于全体人民利益的州立大学的崛起，它们的共同特征都是将高等教育的作用和功能定位，由以往的仅仅局限在狭小的校园范围内和进行指定内容的知识传授，拓展和延伸向面向更为广阔的生产生活实际，满足生活世界里广大人民的现实需求，大学教育的实用性、民主性价值慢慢得以凸显。这种改变是本质性的和革命性的，这样，才使得将这些研究成果大面积、大规模地传播到校园以外更大人群中的社会服务活动的开展成为可能。

"威斯康星理念"在威斯康星州的成功绝不是偶然的，它还要归因于州内独特的环境。在政治方面，拉夫莱特领导的州的进步主义运动的主要目标就是要在州内遏制过度生长和过度膨胀的工商业垄断势力，打破它与州内行政机关之间形成利益联系的政治机器，以建立人人可享受的民主与公平。为此，州须完善立法，须加强政府的行政权威和行政能力。进步主义的州政府为了这一政治目标的实现，必然要借助大学里的高知识、高智商力量，这就为大学服务州、服务社会提供了一个极为有利的、被需求的"市场"空间，大学的智力资源也就最大程度地作用于政府和州的事务中。这样，在进步主义运动的大背景下，威斯康星大学与政府之间建立起的良好的合作关系，使得大学为州服务得到合理化和最大化的实现；州内农业经济的转型也是促使大学服务活动产生的重要原因。19世纪中期开始，威斯康星州的农业由种植业向乳业生产转换，这是一个新事物，需要有新的知识、技术的帮助，同时，占威斯康星州居民人口很大比重的德裔移民在自己母国早已养成的对有专门知识的专家和知识分子的信赖和追随，这种价值观带动了州的农民在生产上遇到新问题、新困惑时，自然要向聚集着专家、知识分子的大学求助。

"威斯康星理念"的成功还要归因于州内人民的文化底蕴、文化传统。威斯康星州的人口中有一部分是在西进过程中，由东部新英格兰地区迁徙过来的居民，他们带来了新英格兰人热心公共教育的传统，这是威斯康星州的文化构成中的新英格兰元素，同时，19世纪中期以德国移民为主体的外国移民的大量涌入，又使得重视专家学者作用、重视政府与人民之间联系的德国风尚传入威斯康星州，这样的风尚使得州的居民特别尊重有知识文化的知识分子，这样的风尚使得他们早已具有了组织、团体这样一些公共意识，更重视并依赖政府、大学、协会等社会组织的力量，正是这样一些思想风尚的融汇之合力才能够对以注重个人为主要特征的东部清教文化和以纯粹物质利益的追求为特征的美国镀金时代的商业主义文化进行了有效抗击，从而催生出以"州共同体"、"服务"、"民主"等为核心价值取向的"威斯康星理念"。另外，威斯康星大学自身在漫长的发展进程中形成的以务实求真为主要特征的校园文化是它的内在生命力，加之几任校长的强有力的领导，这对于"威斯康星理念"的成功也至关重要。

第四章

"威斯康星理念"的影响及新发展

　　威斯康星大学的各种面向社会、服务社会的活动，包括大学推广部的推广教育工作、大学农学院的推广教育工作和大学的专家资政工作，都是范海斯为州服务理想的具体表现形式和外化。自从1900年共和党的进步派开始在威斯康星州执政，之后几年里，威斯康星州的进步主义改革运动如火如荼，民主政府反映和代表着人民的意愿，将发展着的工商业置于政府的控制下，致力于改善贫穷劳动者的生产条件和生存状况。在这样一个大背景下开展起来的威斯康星大学服务州的活动，其服务社会的宗旨及其服务工作所采用的方式，取得了预期的成效。尽管没有赢得全国的一致赞扬，但它却仍然赢得了广泛的支持和赞赏，获得了人们的积极肯定，来自州内和州外的好评如潮。时任美国总统罗斯福（Theodore Roosvelt）高度评价威斯康星大学的服务社会的活动。"在我们国家，没有任何州的任何一所大学为社区做了威斯康星大学为他们的州所做的这些事情。"[①] 当然，正如任何事物的发展都不可能一帆风顺，"威斯康星理念"在其发展过程中，受到质疑和批评也在所难免。

一　"威斯康星理念"获得的积极肯定

　　早在19世纪八九十年代，威斯康星大学农业院系开展的社会服务活动就已引起社会的极大关注。农民"短期课程"培训班（Short Course）

---

①　Stark, Jack. The Wisconsin Idea: The University's Service to The Stat. Madison: The Legislative Reference Bureau. 1995—1996 Wisconsin Blue Book. p. 1.

在当时的美国为首创，赢得人们的普遍赞扬；巴布克的"乳脂检测法"问世后，迅速传遍全国，很快又被新西兰、澳大利亚以及其他一些以乳业为支柱产业的欧洲国家所效仿。进入20世纪，在威斯康星大学的社会服务活动轰轰烈烈的开展起来之后，在威斯康星州内和美国全国引起一片喝彩之声，甚至世界范围内的反响都十分强烈。范海斯的服务理念受到人们的赞美，推广教育成为改革者的最爱，吸引了众人的目光。

（一）来自州内的赞美

威斯康星州的人民毫不掩饰对大学的满意和赞赏，他们向世人宣告："我们以我们的州立大学所取得的非凡和卓越成就为骄傲。大学取得的成就既归功于大学的校长和教授们的富有能力和富有激励性的指导，也归功于州内居民的明智和远见卓识的品格。我们赞赏大学的研究性工作，这些工作已经通过在农业和乳业中所取得的成就而得到了实际说明，还有自然资源保护工作，这些工作已经在为我们州的人民每年节省数百万美元方面发挥了效能。我们也赞赏大学在为州内人与人之间关系的改善方面而进行的调查活动。我们把大学看作是州的人民的公仆，它把知识和援助送抵每一个家庭、农场和工作车间，它激励年轻人实现个人成就，努力成为好公民。"[1] 同时州的人民又对大学所奉行的学术自由原则给予肯定，认为这是实现服务的基础和保障："我们承认大学通过进行农业、工业和社会领域调查研究的方式来实现的对州的服务，凭借的是它发现真理和昭示真理的学术自由政策，而我们会让共和党去信守学术自由这项早已由1894年的董事会做了充分的表达了的政策，即：'不论那些在别的地方束缚人民去进行自由质疑的禁令是怎样的，我们都相信伟大的威斯康星大学应该鼓励那种不断的无所畏惧的对未知领域的审思和辨析活动，通过这些活动，真理就能被探求和发现。'"[2]

《威斯康星理念》一书的作者麦卡锡（C. McCathy）把威斯康星州产业结构和经济范式的转变都归因于大学对州的服务，归因于大学开办的实用教育。他说："威斯康星人民要求这样的效率，威斯康星大学引

---

[1] Howe, F. C. Wiconsin: An Experiment in Democracy. New York: Charles Scribner' Sons. 1912, p. 35.

[2] Ibid., p. 34.

起人们的关注不仅是由于它一直奉行的为州服务的哲学,而且是由于它的与州的人民生活的每一个方面都相关的实用课程。威斯康星州由一个小麦种植州转变为一个乳业大州,很大程度是由于这样一个事实:威斯康星大学在过去开办的那个深受人民欢迎的短期课程班培养出了真正的农民和奶农。"①

他在谈到大学开办的农民学校及其他一些农业方面的推广教育活动时说:"通过这些全部的农业推广活动,农民与大学的农业院系在全州范围内建立起了较为紧密的联系。除了提供农业知识方面的教学,他们在农民中进行田野调查,他们组织奶牛检测和谷物种植协会,他们帮助设计和建造农场房舍,他们召集农民开会,他们是州大学的农业学院实施服务的必然的中心。"②

1905 年组成的一个特别调查委员会在 1906 年报告中说:"公平地说,州以它的大学为骄傲,因为大学代表着在学术探究、经济生活及实际努力方面的最高理想。那个州的劳动力参与其间的、将最实用的科学知识带进为人民的服务中而取得的成功,是最可喜可贺的。今天,从事脑力劳动的人们和从事体力劳动的人们,理论工作者和体力劳动者,都正在通过调查活动、实验活动及由大学所实施的对生活中遇到的实际问题的解决活动而受益。"③

1907 年 7 月 21 日,一位叫威廉·哈德(William Hard)的作者在《瞭望》(The Outlook)杂志上发表题为"一所公共生活中的大学(A University in Public Life)"的文章,详细描述了威斯康星大学教授参加州的铁路、税收、卫生保健、森林保护等领域的立法及行政管理工作的情形,他指出大学不是陷于政治中的,它只是发展事实,在做一些实际的事情,他说州大学是一个由过去岁月的骨骼和未来岁月的双翼所构成地方,州的人民对教授们的这些工作是赞许有加的,尤其在谈到参加州的铁路收费制定工作的密尔教授(M. H. Meyer)时,他说:"这项荣誉要归功于密尔教

---

① McCarthy, C. The Wisconsin Idea. New York: The Macmilan Company. 1912, p. 125.
② Ibid., p. 129.
③ Curti, M. & Carstensen, V. The University of Wisconsin: A History, 1848—1925. Vol. II. Madison: The University of Wisconsin Press. 1949, p. 98.

授和他的另外两个同事。他们已经并将继续参加州的工作，他们是在创造着美国的政治和经济的历史。不论是密尔教授，还是其他参加州行政工作的教授，他们都不是在政治中，而是在州的公共生活中。他们在给予市民与给予他们的学生一样的知识。大学已经成为一种州公共生活中的'顾问工程师'（Consoulting Engineer）。"①

（二）来自州外的赞美

州外舆论界的赞美之声更是不绝于耳，人们纷纷在具有全国性影响力的杂志上撰文对威斯康星大学的做法予以宣传。1906年，一位常年与麦卡锡保持通信的友人撰文高度赞扬威斯康星大学的社会服务活动使大学成为"美国最为民主的地方"。还有许多的观察家也都认为：在美国，尽管也有其他州实施着诸如通信课程、校外讲座等推广教育活动，但在20世纪初，没有哪所州立大学的推广教育计划能够构建得像在威斯康星大学那样内容丰富而全面；也没有哪所州立大学能像威斯康星大学那样获得来自政府、社会团体，以及广大民众的最广泛的支持。

范海斯倡导的服务理念是值得赞美的，大学教育推广部受到了改革者的钟爱，它的工作成了全国关注的目标。记者们开始以威斯康星大学为报道对象，纷纷为全国发行量最好的报纸写文章，随后，具体而准确的介绍大学和推广部的工作的文章就陆续出现在全国发行量最好的杂志中。1913年，美国一家著名杂志上发表了墨本（F. B. Morrbon）的一篇名为"大学是如何荣耀农民的"（How a University Honors Farmers）的文章。另一位作者斯劳森（Edwin E. Slosson）也撰文对威斯康星大学做了热情洋溢的报道，他宣称根本无法决定威斯康星大学的规模和位置，一个人所能说得最多的就是这一机构的总部在麦逊迪（Madison），但这个校园大约有56000平方英里大，他发现大学几乎影响了全州。在大学的影响下，威斯康星已经成为进步立法和实际的立法活动的领导者。还有一篇"遍布威斯康星全州的论坛"（State wide Forum in Wisconsin）的文章解释了为什么这么多的政治观点产生并生效于威斯康星，原因就是大学把整个州组织成一个讨论公共事务的论坛。在这些文章中，推广部的工作，它所提倡的目标和取得

---

① Hard, Milliam. A University in Public Life. The Outlook, 1907, 86: 667 (July 21).

的成果赢得了最多的关注。

1912年,一篇题为"走向人民之中的大学"(A University that Goes to People)的文章中出现在《美国时评》(The American Review of Reviews)杂志上,文章对威斯康星大学实施推广教育的四个主要的系的工作情况进行了详细介绍,对大学所遵循的求真务实的教育理念甚为赞赏:"由推广教育部实施的教育绝不意味着不顾普通体力劳动者的个人意愿而教给他们希腊语和乔叟的诗歌(乔叟,英国古代诗人),而是用生动的现实生活、用词语的真实意义激发他们。不论教师使用的教学方法是关乎职业的还是关乎文化的,其目的都是要给予人民教育。就是要让那些无法获得大学学习机会的州的男人女人们得到教育。"①

这些评论者们认为他们在推广部的工作中看到的不仅是一些具体的诸如环境清洁、高速公路建设、商务数学等课程的教学,而是更看到了美国人崭新的面貌,一个令人欣喜的趋势。各地来访者不断涌进威斯康星大学校园,大学报刊专栏对他们的到来进行了广泛的报道。1908年,当来自阿肯色州的参观团和澳大利亚昆士兰大学的参观团访问威斯康星大学时,报刊专栏对此作了深入的报道,一致认为威斯康星大学的影响已经超越了国界,其改革的意义和榜样作用是国际性的:"不仅几乎每一所美国的州立大学都在学习、效仿威斯康星新的推广教育政策,就连澳大利亚的大学也深受到威斯康星精神的影响。"②

1908年,那位以揭露美国社会阴暗面而被誉为"扒粪者"的杂文作家林肯·斯蒂芬斯(Lincoln Steffens)访问威斯康星大学。当他刚刚出现在校园里时,曾引起过一些人的焦虑,然而这位对正规教育并无多少好感的人却对威斯康星大学的做法表现出特别的欣赏,他致信校长范海斯:"对于你们的做法几乎没有哪个人会不满意。你们不仅领导着你们周围的几所州立大学,你们而且在领导着全世界。"③ 1909年2月,他将访问所

---

① Orvis, M. B. A University That Goes to the People, . The American Review of Reviews, 1912, Vol. XLV: 457 (January 6).

② Curti, M. & Carstensen, V. The University of Wisconsin: A History, 1848—1925. Vol. II. Madison: The University of Wisconsin Press. 1949, p. 91.

③ Vance, M. M. Charles Richard Van Hise: Scientist Progressive The North Amwrica Press. 1960, p. 112.

得以"把州交给学院"为题发表在当时著名的《美国杂志》(*American Magazine*)上。虽然他在这篇文章中将几位保守的董事称为"托利党董事"(*Tory Regents*,即保守的董事之意)而使他们有所不悦,但他对大学所从事的服务活动却给予了充分的热烈的赞赏和支持,他明确指出威斯康星大学所进行的就是与民众当下生活息息相关的实用教育,他留意了大学传播科学知识和事实给所有人用于他们自我成长和学以致用的实践。像其他来到威斯康星州首府麦迪逊的记者一样,斯蒂芬斯把立法咨询委员会也看作是大学的一部分,他宣称,这一机构是最经典的大学为州服务的例子,他说:"麦迪逊正在使用对实用教育的有意识的需求去发展那个今天存在于美国人民中间的对于光明的需求。在威斯康星,大学对于那些睿智的农民来说,就像他们农场的猪舍和工具房一样地近在咫尺。大学的实验室是那些机器商品生产者生产的一部分,大学拉近了与工人的距离,而不是像角落里的学校。进入孩子们思想的是洁净的种子,年轻人辩论的真正的事实,进入投票者想法的是客观的专业知识,州立大学正在进入居民思维并成为重要部分,就像州已经成为民众意志的重要部分,这就是整个故事的意义:威斯康星大学成为威斯康星州普通人群体的最高精神生活部分。"[①] 由威斯康星大学的实践,他预见到这样一个时刻,那时大学会以一些浅显易懂的术语将科学知识和事实真相传播给人民,以便他们能更好地实现自我教育和日常生活。

舆论宣传使威斯康星大学很快为全国所知晓,并吸引了络绎不绝的来访者前来观摩。从1907年到1914年间,来自阿肯色、佐治亚、宾夕法尼亚等国内大学的代表团和澳大利亚昆士兰大学等国外大学的代表团,涌向威斯康星州的首府麦迪逊,以期获得大学如何为州服务的第一手资料。这些在大学出版社专栏中也得到热情洋溢的报道,指出"威斯康星理念"正在通过它的辐射性影响来检验它的力量。"威斯康星理念"富于感召力的特质,因为它不仅让新近建立的每一所州立大学效仿威斯康星大学推广教育的政策,而且它还让遥远的澳大利亚的大学千里迢迢来这里求教。而在

---

① Curti, M. & Carstensen, V. The University of Wisconsin: A History, 1848—1925. Vol. II. Madison: The University of Wisconsin Press. 1949, p. 589.

这些蜂拥而来的观摩者中，影响最大的是被称为"费城朝圣之旅"的1913年费城代表团的来访。他们组成了包括新当选的市长、市政委员、学校督学、学院院长、百名教育家、社会工作者、制造业主和商人在内的规模庞大的代表团，最为引人注目的、最令人难忘的是他们以学生的身份在推广教育部进行了为期四天的学习，直接感受到了推广教育的学习方式和学习效果。而校长范海斯那里，每天都要收到大量来自全世界的信件，向他咨询有关大学开展推广教育的经验。威斯康星大学的社会服务实践更是受到那些关注教育、关注改革、关注美国社会朝着民主健康道路发展的有识之士的高度赞誉。

瓦雷斯·巴垂克（Wallace Batrick）是由洛克菲勒赞助建立的普通教育委员会的秘书。他在随同阿肯色州代表团参观威斯康星大学后于1908年10月15日写信给范海斯："我确信这次参观将会使阿肯色的教育受益良多。威斯康星大学走在前列，我们视你们为学习借鉴的榜样。"①

进步主义改革者豪（F. C. Howe）在《威斯康星：一场民主的实验》(*Wisconsin: An Experiment in Democracy*) 一书中写道："美国的教育早已形成了研究意识、职业意识和文化意识的三个支点、三个功能。如今，正在发展它的第四个功能，即服务意识、服务功能。范海斯所言'把知识带给人民'就是大学的第四个功能。'把知识带给人民'，不仅是要把知识带给年轻人，而且是要带给那些没有机会接受更高层次教育的中年人。威斯康星正是这样在做。它把大学设计进了最边远的城镇中，甚至是工厂中、磨坊中、伐木工人的帐篷中。它要使州的人民对学习保持愿望，并且努力提供机会以使这种愿望获得满足。大学将促使州内的每一个人都去追求一种与他们自己的日常生活紧密相连的学习活动，而且达至这样的情形，时间不会很远。那样，教育就会成为人的终生的追求。"② 谈到大学在州的人民的物质生产生活和精神生活中发挥的中枢作用时，他将大学誉为"州共同体的大脑"③。

---

① Vance, M. M. Charles Richard Van Hise: Scientist Progressive. Milwaukee: The North Amwrica Press. 1960, p. 112.
② Howe, F. C. Wiconsin: An Experiment in Democracy, New York: Charles Scribner' Sons. 1912, p. 141.
③ Ibid., p. 151.

二 "威斯康星理念"遭到的质疑批评

正如任何事物的发生、发展都是在毁誉参半中前行一样,"威斯康星理念"在受到普遍赞誉的同时,批评与责难之声也时有出现。

（一）对大学超越服务权限的质疑

第一种对大学服务活动的指责是对其超越服务权限的指责,持这一观点的人认为大学过深地涉足到了政治中,大学是在控制州,而不是在提供服务。这种指责在一些农民、市民、商人、伐木工人及房地产商、投资商、铁路公司等特定利益集团中都有反映。

随着大学参与和帮助州政府对州内各项经济活动进行规范工作的深入开展,尤其是随着范海斯领导的旨在保护威斯康星州北部资源的森林委员会和自然保护委员会的活动的大力开展,州内一些工商业利益者明显地感觉到他们的利益受到了威胁。

威斯康星州的北部覆盖着茂密的森林,在19世纪末期,在急速工业化的浪潮中,美国中部地区对木材的需要刺激了这一地区伐木业的发展,相当一部分森林遭到砍伐,同时,移民的不断涌入和他们对土地的渴求,又使得这些林地不断被开垦,这些都造成植被的破坏和自然资源的滥用。

为了有效阻止这种情况的蔓延,1905年,州组建了由范海斯领导的森林委员会,负责对全州的森林进行面积勘察、生长情况监控,以阻止无序开发状态,并将1903年建立的一个"森林保护区"又直接划归范海斯所领导的森林委员会管理。他们监管公有林地的拍卖,阻止已经售出林地的转手出让。在森林委员会的有力领导下,到1913年时,森林保护区的面积已经达到40万英亩。

这个计划首先遭到一些农民的反对。这些农民已经从先期进入北部林地、并已在那里定居的农民那里看到了一种经济利益的诱惑,他们并不相信专家们关于州北部森林地区是不适宜从事收益性农业生产的规劝,他们认定是森林委员会阻挡了他们的生存之路,觉得委员会是在限制他们对于富饶生活的向往,因而,他们的抱怨是很大的。在一个叫做《威斯康星农学家》（*Wisconsin Agreculturist*）杂志上发表的一篇文章里,作者在批评委员会把它的保护活动引入了那些他们认为是能够长出好庄稼的土地时,毫无隐晦地表达了农民们对自然资源保护活动的怨恨。这些农民说:"我们虽然非常希望马上能移居到北部的威拉斯县,但是有人告诉说现在有了保护区计划,所以我们去不成了。"①

早在19世纪下半叶,为了刺激州内的经济发展,威斯康星州政府授予了州内的工商企业以很多特许权。获得了这些特许权的企业在州内进行了许多开发活动,促进了经济的发展,但是同时,他们凭借着这种特许优势,在开发地点的选取、开发成本的计算、产品售价的确定等方面非常垄断,非常随意,甚至到了肆意妄为的程度,造成对州内人民利益的伤害和自然资源的过度使用。出于对州内自然资源保护和规范经济秩序的需要,范海斯领导的森林委员会和自然保护委员会决心收回这些特许权,他们同这些利益集团进行了坚决的斗争。

"威斯康星河谷开发公司"(Wisconsin Valley Improvement Company)是州内最大的一家水电公司,范海斯领导的森林委员会和自然保护委员会与它的交锋最为激烈。委员会要求公司在项目开工之前举行听证会,与项目有关各方都要到场陈述意见。确定工程地点和占地面积、估算造成的连带影响、计算水电站运营后的收费标准等,这些有关工程开发的具体问题都需由森林委员会和自然保护委员会予以核准。这些制约措施大大威胁到了这些企业未来的利益,他们一方面通过控制州法院的有关部门做出有利于他们的裁定来阻挠委员会政策的执行,另一方面通过媒体或借助其在大学董事会中的代理人,对范海斯领导的森林委员会和自然保护委员会进行指责和攻击。

1906年,拉夫莱特任期结束,大学董事会中他所任命的进步主义人士被许多保守分子给替换了下去。在这些替换上来的人中间,就有代表"威斯康星河谷开发公司"的董事琼斯(G. D. Jones),他是与州内的开发公司有密切联系的人,他非常清楚范海斯的自然保护行动会干涉到他们的公司项目。琼斯完全不喜欢范海斯对进步主义运动给予的支持和积极参与州行政事务的行动,他不止一次表达了大学将州内工商业者的利

---

① Vance, M. M. Charles Richard Van Hise: Scientist Progressive. Miliwaukee: The North Amwrica Press. 1960, p. 153.

益置于危险之中的抱怨,指责范海斯说:"我越来越怀疑你的公正性和公开性。"①

在董事会内,范海斯与之发生交锋的董事,还有威廉·霍德(W. Hoard),他是从前的州长、威斯康星州乳业发展的领导人,在州内很有声望。以前他曾对大学在帮助州乳业发展的活动中给予过巨大支持,但是,现在,就是他带着明显的政界元老的坏脾气,指责范海斯参加州行政管理的活动是成了州长拉夫莱特的"工具"和"主要的家务总管",他抗议范海斯在鼓动董事会"操纵政治",使董事会成了校长的附庸,他最终因此而辞职。

与此同时,共和党中的右翼保守派对大学参与州内行政管理事务的行动也极为反感,他们担心进步力量的发展壮大会危及他们与州内工商利益集团之间形成的利益链接和政治机器。1911 年 7 月 15 日,密尔沃基《自由报》(*Free Press*)称范海斯是试图主导州各项事务的小集团的头目。还有一些与共和党中的右翼保守派有利益关系的报社编辑和商人指责"所谓的"社会主义者在控制大学,大学成了社会主义的"温床",麦卡锡那里就是一个"议案工厂",甚至扬言要将有众多大学教授担任职务的州的各种委员会和相应的机构废除掉。

早在 1903 年 11 月,在范海斯刚刚当选为校长不久的时候,《威斯康星州杂志》就指责拉夫莱特在为其当选校长所做的努力是要在法学院及大学中建立政治机器。一个叫"学生共和俱乐部"的学生社团的重新建立,也仅仅是一个偶然事件,但是 1914 年 1 月《主教》杂志上却说这是试图对学生进行超常的训练,以使他们在政治方面获得更大的益处的政治图谋。这种言论或许是表达了当时州共和党保守派们的一个较为普遍的感觉,即大学和政治走得太近了,让他们感到了一种政治上的威胁。

大约在 1911 年,威斯康星州大学经济学教授康蒙斯(J. Commons)起草了一个议案,提议建立一个委员会来对州内所有的委员会进行领导,

---

① Curti, M. & Carstensen, V. The University of Wisconsin: A History, 1848—1925. Vol. II. Madison: The University of Wisconsin Press. 1949, p. 41.

而且初步拟定大学校长是这个机构里面的四个成员之一。这又引起州的保守派官员们的高度警觉，他们从 1911 年 1 月开始关注起这个议案，后来极力通过媒体反对这个议案。1911 年 1 月 29 日，他们在《密尔沃基哨兵报》(*Milwaukee Sentinel*) 上发表文章宣称"大学正在控制州"①。必须对大学的这种行为予以警告和限制。

对大学服务权限的指责，连带出现的是对大学服务方式及效能的指责和质疑。

1908 年 5 月，为了给大学推广教育筹集更多的资金，范海斯和雷伯等人在密尔沃基商人和制造商协会发表演讲，宣传推广教育的益处。此举收到效果，一年后，该协会做出回应，他们向全州的制造商发出呼吁，要求州的立法机关为大学的推广教育项目拨款。

本来这种旨在唤起州内各方力量来支持大学推广教育工作的方法，与以往那些被大学官员和农业学院用来请求资金支持的方式没有什么不同，但是，琼斯 (G. D. Jones) 等董事会中的保守分子出于他代表的特定工商利益集团的需要，一直以来非常害怕大学与州内各个阶层及州内人民的密切关系，对推广部工作很憎恨，所以借机发难，指责范海斯等人不该用绕开董事会的方式寻求对大学的支持。1911 年 1 月，琼斯就拨款一事致信范海斯，说他对大学推广教育拨款一事感到迷茫，两个月后他又宣称："我发现即使在我们的朋友中间也有对大学推广教育的相当多的批评，这些批评来自于他们认为大学为了增加州对推广教育工作拨款而引发来自于全州各地的一些虚假的需要。我认为这种号召来自全州各地的团体来支持大学的做法，看起来好像这些团体发出的需求是自发的，实际上是压力的结果，这是一种错误。我们应该越来越把我们的注意限制在由当政者批准的一般大学拨款的措施上。"②

在董事会中，琼斯是最持久的批评家。1915 年，他还曾向文理学院的伯吉院长 (Dean Birge) 抱怨过推广部在对部门内人员的任命的方式、提升方式上的失败。伯吉院长试着平息琼斯的怨气，他指出推广教育工作是

---

① Curti, M. & Carstensen, V. The University of Wisconsin: A History, 1848—1925. Vol. II. Madison: The University of Wisconsin Press. 1949, p. 101.

② Ibid., p. 592.

一个学术兼职,任何进入并待在里面的人几乎都牺牲了学术提升的机会。琼斯还向农业学院的卢索尔(Dean Russell)院长抱怨说推广教育工作人员是不称职的。"我认为一种令人不满意的趋势在增长,它出现在雷伯主政之下的大学推广教育计划之外的一般工作中。我认为这是因为推广部门雇用了不称职的人。科技人员很自然的不喜欢被对工作缺乏责任感的人们管理,他们知道要对此负责,农业部门同样反对相同的事情。"① 他还抱怨雷伯,说他喜欢夸大和自夸的方式。一年后,琼斯致信范海斯,说对于州花费在推广教育上的大量金钱,州只收到了很少的回报,说它已经成了一件奇怪的事。

1914 年,一位叫斯多布里奇(Stockbridge)的作者以极为欣赏的口吻写了一篇题为"运转着一个州的大学"(A University that Runs a State)的文章,此文向人们传达的信息是:威斯康星州的所有的好东西都是来自于大学的。一段时间里,像他的这样的对大学工作甚为赞赏的文章,以及类似斯蒂芬斯描述大学生教商人如何经商那样的褒扬性、夸赞性文章也频频见诸报端。这些文章在起到让更多人了解大学的改革活动这样一个正面效应的同时,也引发出了一些意外的负面效应。除那些从一开始就对大学的改革项目和具体工作机构不持赞同态度的人之外,另外一些人也开始对推广部工作的价值和效能发生了怀疑:大学推广工作有那么大的作用吗?他们觉得不敢想象生存在这个世界上还要向大学二年级学生学习如何处理个人事务,因此,1914 年,一位著名的密尔沃基商人尼斯(T. J. Neacy),公开指责增加推广部拨款的必要性,他在《密尔沃基自由报》上撰文公开宣称:"这方面,我敢说推广部的主任绝对知道,没有人比我在多年后仍然对推广部更加忠心耿耿,或者说在给予更多的时间和金钱来推动部门的发展,但是,在 1911 年和 1912 年对大学推广部这一机构进行了详细的调查之后,我失望地放弃了我的支持的立场,因为事实证明,大学推广工作没有呈现出任何东西来表明为它花费大量金钱的回报。"② 他说他还存有其他疑虑,他认为情况已经达到了极限,任何人批判大学的管理都被指责

---

① Curti, M. & Carstensen, V. The University of Wisconsin: A History, 1848—1925. Vol. II. Madison: The University of Wisconsin Press. 1949, p. 594.

② Ibid., p. 592.

为怀有不良动机。

（二）对大学行政管理不当的批评

随着大学入学人数的增加、学校规模的不断扩大和各种改革活动的开展，大学管理工作中的一些问题也逐渐暴露出来，有些人开始对范海斯的管理能力表现出一些质疑，质疑他的管理能力和经验能否跟上大学发展的速度，认为他在学校内部管理的一些方面和处理对外关系方面做得有欠妥当。

在学校内部管理方面，有人对范海斯的管理也颇多微词，主要是"对教师忽略教学工作感到不满"[1]，认为大学没有能处理好教学工作与服务社会之间的关系。

随着大学教授校外社会服务活动的增多，教授们的常规教学工作受到一定忽略的现象开始显现：有些教授在处理校外社会服务工作和校内常规教学工作之间的关系上失于偏颇，有的系主任单纯受聘于多个社会服务机构，整日忙得不亦乐乎，而把自己近乎一半的教学工作转嫁到他的助理教授身上，有的教授则是由于校内薪水较低，出于挣钱贴补的考虑，而在校外的工作中倾注了大量的时间，这样的教师被指责耽误了正常的教学工作去肥自己的腰包。也有的教师对在校生教学上还算重视，但是在对校外推广教育班学生的授课中，表现出责任感的欠缺。由于看到农学院的乳业问题研究在州的乳业发展起到的巨大的促进作用，所以，大学开始大力鼓励教师加强科学研究，于是，有些教师在忙于科研中又造成对教学的忽视。

这种情况在社会上引起很大的不满。1906年4月，有人在《威斯康星校友》（*Wisconsin Alumni*）杂志上发表文章宣称大学的很多教师为了研究工作而忽略了他们的课堂教学，文章将这样的教师称作"自我欺骗的梦想者"，说他们将课堂教学撇在一边，自己却还在用"我正在用我的书本知识在为这个世界服务"这样的念头来安慰着自己。文章的作者认为，不论范海斯校长怎样坚持，除农学院之外，研究工作在其重要性上都应该是次于课堂

---

[1] Bogue, Allan. G. The University of Wisconsin: One Hundred and Twenty-Five Years. Madison: The University of Wisconsin Press, 1975, p. 31.

教学工作的，课堂教学工作的加强和课堂教学质量的提升应该成为学校要解决的主要问题。这篇文章还对教授带领研究生进行各种研究活动颇有微词，说很多校友和市民都在指责大学的研究生院招来了太多外州的学生，这些学生根本不懂得威斯康星精神，他们自然也就不会珍惜大学的利益。

1905 年，州立法机关成立了一个特别委员会对大学的工作进行调查研究。委员会建议大学当局一定要处理好大学的社会服务与教学的关系，针对愈发严重的大学教师投入太多精力于科研而忽视教学的问题，委员会在调查研究后的报告中特别指出："研究工作只有在对学生的教学没有造成伤害的情况下才可以得到鼓励。我们不诋毁那些通过写书，通过研究使关于人类和自然的知识得到拓展的专家。我们所强调的是最好的老师所做出的最大的努力应该被切切实实地花费在教学工作上。"[①] 很显然，这份报告对范海斯所提倡的科学研究显露出一定的质疑。

对范海斯及大学的另一种不满来自大学与外部的关系问题上，主要是指责范海斯没有处理好大学与公立学校系统的关系。一些人在州对大学从政策到经费上的大力支持和投入里，从大学蓬勃发展的势头中，看到了一种令他们极为不安的趋势，他们认为与其他州的大学比，这几年里威斯康星大学花了州太多的钱，以至于对公立学校系统中其他学校的发展造成了一种威胁。这一观点的代表人物是州公立学校教学督导员凯利（C. Cary），他也是大学的董事会法定成员之一，是一个重量级的董事。这几年来，他与范海斯一直摩擦不断，一直在努力要把大学纳入到他的职权的控制之下。从范海斯的角度来看，最难以共事的最顽固的董事也是他。

大学一直拥有对高中的视察权和大学入学资格的决定权。凯利认为这是对他公立学校教学督导员权力的侵犯，对公立学校的发展是不利的。他不止一次地在公开场合表达他的不满，强烈要求大学必须放弃这一权力，而由公立学校教学督导员来接管，1912 年 1 月 13 日，他在《调查》杂志发表文章，非常强硬地声称："除非大学放弃对这一权力的争夺，否则，威斯康星的人民只会有一个大学州，而不是州大学。"[②] 他甚至更为言辞

---

① Curti, M. & Carstensen, V. The University of Wisconsin: A History, 1848—1925. Vol. II. Madison: The University of Wisconsin Press. 1949，p. 99.

② Ibid.，p. 101.

激烈地攻击支持范海斯服务的州立法机关是地狱。

鉴于这样一种情况，州立法机关于 1914 年 4 月成立了一个特别调查委员会，由来自纽约城市调查局的阿兰局长（W. H. Allen）担任主任。委员会事先做了认真准备，拟定了包括 12 个方面的问题的问卷。他们通过向 305 名教师、30 名报刊编辑、147 名学校校长和督导员，以及 50 多名其他职业人员进行访问、调查，同时，他们还征集了大量的高中教师、校长和督导员来学校听课、座谈，以对大学教授们的工作效率情况进行评估，倾听他们对大学与高中之间关系的看法。委员会还组织专业人员对学校的经费使用情况进行了审计。虽然此次委员会最后做出的报告令各方都不甚满意，尤其是大学教授们认为有很多不很客观的地方，但是经历了这样一个调查活动后，范海斯和大学的高层管理者们也确实意识到了合理安排教学、科研和社会服务活动，并处理好与其他公立学校之间关系的重要性。

尽管批评意见这么多，但是人们还是承认，对大学社会服务活动反对的力量总是要比支持的力量小得多。这一工作每一年都处在稳步地扩充和发展中。在范海斯执政的 14 年间，威斯康星大学在服务州的旗帜下，开拓了新的领域，找到了服务州的具体方法，并将它推向了高潮。

三 "威斯康星理念"对高等教育的影响

"威斯康星理念"诞生之后，对高等教育领域产生巨大影响，具体说来，它带来思想观念的更新和飞跃，对美国其他大学及世界高等教育里的大学服务社会活动都起到了典范引领作用，同时，"威斯康星理念"的成功使大学服务社会这一职能得以最终定型。

（一）"威斯康星理念"对思想观念的更新作用

"威斯康星理念"带来思想观念的更新和飞跃，它使得"威斯康星理念"所代表的大学要为社会服务的观念为人们所认可，它给世界奉献了一个代表着服务精神的新的高等教育概念，即"威斯康星理念"。威斯康星大学服务社会实践活动的成功开展和"威斯康星理念"这一术语的广泛传播，表明了大学功能内涵的丰富和扩展。

一方面，"威斯康星理念"的成功，促进了大学为全体人民而开设的观念的形成，它强化了高等教育民主性原则。

大学从它的诞生之日就不是为全体民众而开设，在古代，虽然严格意义上的大学还没有出现，但是少部分"有钱又有闲"的贵胄子弟去集中进行哲学思辨的那些高等教育机构，已经为未来大学的精英色彩埋下了伏笔；中世纪大学虽然因其所开设的艺术、医学、法律和神学四个学部具有一定的职业化特征，而使其接纳学生的范围有所扩充，但它仍旧摆脱不了只为社会特权阶层服务的特征；在中世纪大学基础上发展起来的近代大学更是成为上流阶级将后代培养成绅士的专属之地。

"威斯康星理念"的成功，打破了这一概念，它使大学是为全体民众而设这一概念深入人心。伊利诺伊大学校长詹姆斯（E. J. James）对威斯康星大学的改革行动甚为赞赏，他说："大学是应来自州的广大民众，这个应来自农场、磨坊、城镇和乡村的淳朴的民众的要求而矗立起来的一个建造物，它对于他们和他们的孩子们而言，是一个永远的光荣的标记，这是全世界都能看到和理解的对于伟大人类精神的赞赏。"① "威斯康星理念"的成功，强化了高等教育民主性原则。

另一方面，它促进了大学是为公共生活、为千千万万人的生活的各个方面而服务的观念，强化了大学"实用性原则"②。

大学从它的诞生之日起，就它的研究指向和解决问题指向而言，它不是为公共生活、为研究和解决公共生活中的问题而开设，它要么就是醉心于对这个世界的形而上的思考，立志要为这个世界培养出"哲学王"式的具有高度思辨智慧的统治人才，要么就是在"针尖上究竟能站立几个天使"的经院哲学的荒诞逻辑论证中冥思，要么就是致力于完善个人智力的头脑训练，要么就是在纯粹科学研究（Pure Reserch）的"象牙塔"内为求得高深学问的一般原理（即中国古代哲学所说的"道"）而努力。

"威斯康星理念"的成功使人们更加坚定地认识到：必须摒弃传统大学那种脱离生活、脱离现实世界的价值追求，大学必须要致力于

---

① James, E. J. The Function of the state University. Science. 1905, Vol. 22, No. 568: 612（Nov 17）.

② Urban, W. J. American Educantion: A History. New York: McGraw–Hill. 2004, p. 182.

解决广阔社会视野中的方方面面的问题,从政府立法、行政管理,经济领域里的生产、销售,到普通民众的饮食、居行、保健等涉及层面甚广的问题。而大学在这一观念的指引下,得以直面现实社会生活,在社会生活中发挥的切切实实的作用也逐渐得到认可,"大学在美国民主的发展中起到决定性作用"①。而这又使得大学"社会实用性原则"得到进一步强化。

(二)"威斯康星理念"对其他大学的典范作用

"威斯康星理念"不仅提升了人们的思想认识,在实践领域,它更是一种榜样和典范,并对美国其他大学及世界高等教育里的大学服务社会活动都起到了示范引领作用,从而激发和推动了大学服务社会实践活动的发展,为大学的发展开辟了新的道路。"威斯康星大学在范海斯任期内取得的显著的成功,对其他大学起到刺激他们采取与威斯康星大学相类似的政策的作用。服务理念成为比他们既有的原则还更重要的一项原则。民主化的高等教育不断寻求服务于美国民主制度的新的方式和途径。"②

"威斯康星理念"的典范作用是巨大的,正如麦卡锡所说:"威斯康星大学这些年已经向世界展示了那些真正构成为大学推广教育的东西。它实现了很多学校尝试多少年而无甚结果的东西。它创造出了一种业已转化为实际性的现实的东西。它把大学切切实实地带进了每一个家庭的壁炉边。它切切实实向所有大学展示了一种让知识之光从它围墙内的狭小之地流淌向每一个家庭的方式和途径。"③

在威斯康星大学服务社会活动的激励影响下,许多大学,尤其是美国中西部州立大学纷纷加强了各自学校的早已进行中的或新近开始的社会服务活动,像芝加哥大学、伊利诺伊大学等都把大学推广部固定为学校的一个正式的部门,推广教育成为大学工作的一个重要的组成部分。"威斯康星理念"的成功,"使众多的州立大学竞相效仿,到 1913 年已有 40 所大

---

① Brubacher, J. S. & Rudy, W. Higher Education in Transition. New Brunswick:Transaction Publishers. 2004, p. 429.
② Ibid., p. 168.
③ McCarthy, C. The Wisconsin Idea. New York:The Macmilan Company. 1912, p. 142.

学组织了推广教育计划。'威斯康星思想'的实质就是州立大学应广泛有利于政治改革、人类财富增加和社会经济进步"①。

"威斯康星理念"不仅在美国国内，而且它为整个世界的高等教育都树立了一个学习的典范。正如一位杰出的英国教育家和评论家所说："美国对高等教育的贡献是拆除了大学校园的围墙。当威斯康星大学的范海斯校长说校园的边界是州的边界时，他是在用语言来表达大学演变过程中的一个罕见的改革创举。历史已经证明这是一次正确的改革，其他国家现在已开始纷纷效仿这种美国模式。"②

"威斯康星理念"也促进了人们对大学服务社会的更多更新模式的探索，发展出大学服务社会的多种多样的活动类型模式。如承担开发性的研究，开展技术转让与咨询，开发出"三沟通"等成人高等教育模式，将大学的图书资料、仪器设备、体育场馆等向社会开放。服务职能的实质在于将大学的智力产品、研究成果迅速转化为推动社会进步的生产力，为此，许多国家从更高远的角度和更深刻的意义上来筹划和协调大学的社会服务活动，发展出许多将教学、科研和生产联合起来的服务模式，如苏联提倡的"教学、科研、生产一体化"，日本的"产学合作"，美国的大学与企业的"合作教育计划"、大学与企业共建"科学园"（如20世纪40年代末创办的斯坦福工业园）。总之，这些都是大学社会服务的成功实践，它们也最终导致多元化大学的出现。

（三）"威斯康星理念"对大学服务职能的定位作用

"威斯康星理念"的成功使大学服务社会这一职能得以最终定型，使大学职能在教学、科研两种职能基础之上，又增加了服务社会这一职能。"威斯康星思想不仅对自19世纪中叶以来兴起的州立大学运动和赠地学院运动从理论上予以肯定，而且还创造性地完善了大学的职能。"③ 它标志着对于大学应具有"广泛有利于政治改革、人类财富增加和社会经济进步"这一功能得到普遍的承认，使人们对大学的理解和定义更为深刻，办

---

① 胡建华、周川：《高等教育学新论》，江苏教育出版社1995年版，第194页。
② [美]德里克·博克：《走出象牙塔》，徐小洲、陈军译，浙江教育出版社2001年版，第73页。
③ 施晓光：《美国大学思想论纲》，北京师范大学出版社2001年版，第67页。

学活动也得以在一个更为宏大和高远的背景下展开,服务作为大学的一项职能,为人们所接受;它标志着大学从传统的束缚下解脱出来,开始建立起与社会各个领域的全面的合作与互动互利关系;它标志着大学的影响越过围墙,遍及社会,"当时的美国校园成了车马行人最为频繁的十字路口——过客是农民、商人、政治家和来自几乎每个州每个角落的学生"①。

"威斯康星理念"的成功使大学服务社会这一职能得以最终定型,这被认为是美国对世界高等教育发展做出的独特贡献。"将美国的高等教育概念与其他现代大学概念相区别开来的不仅是它的基本的民主制度,而是它要对充满活力的民主社会提供服务这样一个积极的昭示。在培养绅士文化品格的英国式大学概念和提倡学术研究的德国式大学概念的基础上,美国大学又给充实进一个重要概念,即高等教育应寻求积极地服务于美国社会的基本需求。麦卡锡的《威斯康星理念》一书对这一模式做了最为详尽的记录和描述。毫无疑问,美国大学已经找到了它的服务理想,他们不再把自己孤立成'象牙塔',而是一个高远的'瞭望塔'。"② 当然,将服务定义为大学重要职能的美国大学绝不是只强调这一个职能,它的服务职能是建立和依托在教学和研究职能基础之上的,是对以文化涵育为主要特征的英国式大学和以纯粹研究为主要价值取向的德国式大学的兼容和发展,因此,"美国大学是一个混血儿机构"③。

四 当代"威斯康星理念"的新发展

20世纪80年代后期开始,"威斯康星理念"进入发展的新时期,威斯康星大学陆续出台了《未来方向:21世纪大学》、《未来目标:威斯康星—麦迪逊大学未来十年的工作重点》、《威斯康星—麦迪逊大学战略规划》等几个大学发展规划纲要,用以突出"威斯康星理念"的地位,进一步彰显威斯康星大学服务社会的独特个性与魅力。这几部规划纲要的核心精神都是强调"与全球共享知识"、"扩大终身教育的机会"、"巩固与

---

① 胡建华、周川:《高等教育学新论》,江苏教育出版社1995年版,第194页。
② Brubacher, J. S. & Rudy, W. Higher Education in Transition. New Brunswick: Transaction Publishers. 2004, p. 428.
③ Urban, W. J. American Educantion: A History. New York: McGraw-Hill. 2004, p. 182.

合作伙伴的联系，并形成新的伙伴关系"、"为公众服务"、"运用跨学科方法探索社会问题"、"强化威斯康星理念的地位"，等等，这些都反映并拓展着"威斯康星理念"所彪炳的核心意蕴。

进入 21 世纪以来，大学的普通高等教育计划依然保持其强劲势头。与此同时，随着终生学习和成人教育思想日益深入人心和普通高等教育越来越向两端延伸，所有高等教育机构都更加强调将自身资源的重要部分奉献给校园外的服务活动。适应国际社会政治、经济改革的新变化，"威斯康星理念"获得了新的发展，呈现出新的特点。

（一）传统推广教育进一步拓展

进入 21 世纪后，传统的推广教育在原有基础上进一步拓展，函授教学、辩论和公共讨论等这些传统的大学推广教育模式得以继续保持，同时出现了一些新的推广教育模式，使得传统的推广教育在原有基础上有所拓展。诸如"大学—社区电台（University Community Radio）"、"威斯康星论坛（Wisconsin Seminar）"、"家庭科学教育年会"、"家庭视野下的年龄代沟问题讲座"、"科学教育协作"、"传统中医药介绍"等新形式不断涌现，它们分散在州的各处，为州的居民提供着智力和学术的服务。每年，很多威斯康星居民都在参加威斯康星大学举办的各种课程、会议和工作室的活动，在大学服务社会活动中直接受益。诸多这样的教育活动吸引着地区乃至全国的注意，同时，这些活动又往往借助最新的信息技术到达很远的地方，实现了远程教育。另一方面，威斯康星大学针对各个行业劳动者职业技能提高的职业教育也在继续开展，每年在医院、学校、私人企业和社区机构里工作的人员，都要参加在大学教授和学生领导下开展的各种职员职业技能发展训练活动。进入 21 世纪，大学与各县区之间开展的合作推广教育得到进一步发展，大学的推广教育得到各个县区的大力支持与配合，推广教育在基层有了稳定的组织基地。每年，在数以千计的这种职业推广教育活动中，县区的工作人员和大学的专家，以及志愿者们共同开展工作。例如农业统合教育项目（CAI）在每一个冬季里开设"农场和工业短期课程"，向每一位农场主和绿色产业里的工人提供 17 周的教育培训，2006 年，共有 140 人参加了这样的培训。

(二) 构建新的服务体制

21世纪人类面临着更多新问题，需要全社会共同寻求解决之道，而新的信息技术条件又为更大范围内的协同与合作提供了便利条件，因而，进入21世纪后，威斯康星大学在实施服务社会活动时，打破了过去依托单一部门进行服务的局面，服务社会活动越来越趋向于多主体、多学科、多机构间的合作与协同，构建出多主体、多学科参与的服务体制。

农学是威斯康星大学建立最早、学科优势最为强劲的专业，农学也是一直以来威斯康星大学社会服务所依托的基本学科。一个多学科、多机构参与的校外扩展服务的典型案例就是农学领域里的"威斯康星农业技术研究综合项目"（PATS）①，它是一个由大学农业土壤学、农业畜牧学、农业与应用经济学和社区与环境社会学等多学科专家共同参与组成的服务社会活动项目。该项目致力于向农场主、农业工人、消费者和公立及私人企业的政策制定者们，提供新兴的农业技术实体和生产作业模式。该项目内容包括：1. 对农场进行从牧群规模、乳品生产方法到畜牧农场兴衰变迁等全方位的观察、监控。鉴于牧场自然条件在逐年恶化的趋势，通过进行有机质牧草改良、牧场粪肥管理、新的乳品生产加工技术的引入，以及小规模精细化牧场经营等方面研究，探索州畜牧业和乳业可持续发展的新途径。2. 对在土地贫瘠的西部、西南部地区开展的生物能源技术的开发工程进行监控和研究，对生物能源技术在这一地区的土地使用、新的社区选址和生存环境等方面造成的影响，进行监测和分析，以提供给政策制定者科学、翔实的参考依据。3. 鉴于外来劳务人员大量进入州内的现实，了解外来务工人员在州内劳动力构成中的规模数量、居住结构、社区分布等情况，形成从劳动力个体到农场及对具有多种文化背景劳动力进行文化整合方面的知识，进而开展针对性的教育培训。

另一个多学科、多机构参与的大学服务社会的案例"威斯康星州区域健康教育中心（AHEC）"② 更具有典型意义，因为它的建立不仅是大学内

---

① Wisconsin Idea in Action in The University of Wisconsin – Madison program PATS. http://www.wisc.edu/PATS/，2010 – 7 – 14.

② Alan B. Knox & Joe Corry. The Wisconsin Idea for the 21st Century. 1995—1996 Wisconsin Blue Book Madison，1996，p. 86.

部各个学科协同的结果,更是州内卫生行政、社区与学术等各相关部门合作的产物。这个中心共同创建了州健康专业教育机构与威斯康星州医药保健康状况不甚良好的社区之间的合作伙伴关系。与同样建立有健康教育中心的美国其他36个州相比,威斯康星州对多学科、多部门合作参与的社区推广教育经验给予高度重视。他们认为单独学科、单一部门的工作不能为众多有需求的社区群体提供周到的服务。尤其在医药条件匮乏的偏远社区,一个多部门参与的多元团队可能会提供更为全面周到的健康事务帮助。

(三) 注重特定的服务

注重对社会特定人群提供切实的服务,是"威斯康星理念"在新的历史时期呈现出的又一突出特点。

进入21世纪以后,社会生活发生巨大变化。鉴于各种消费成本不断提高而加重社会低收入阶层生活压力的现实,在面向社会各种阶层居民提供普遍服务的同时,"威斯康星理念"的服务指向开始向社会特定群体有所倾斜,注重对他们提供服务,这些特定群体包括行业性风险较大群体、农村社区群体、城市低收入群体及少数民族等弱势群体。这些注重对社会特定人群提供切实服务的项目包括"威斯康星农民保健合作项目"(FHCW),它致力于减轻农民的经济负担,而"威斯康星社区写作援助计划"(CWA)、"威斯康星免费钢琴先锋计划"(Piano Pioneers)等则注重提升较为基层的社区群众的文化艺术修养,引领大众文化。

"威斯康星农民保健合作项目"(FHCW)① 是一个为特定人群服务的典型项目。在美国,农场中的农民体力劳动强度是非常大的,所使用的各种大型的以电力为主的劳动机械也潜藏着一定的事故危险,同时,除草剂、杀虫剂等化学农药的大量使用,也会对他们的身体健康造成职业性伤害。农场劳动是一个身体安全风险较大的职业领域,也是保险需求最大的职业领域。然而,由于州的一些保险政策还未覆盖到农民这里,所以,农民家庭还不能在体制性的政策待遇下享受较为适宜的保险福利,他们只

---

① Center of Cooperatives in The University of Wisconsin – Madison. program FHCW. http://www.wisconsinnidea.wisc.edu/profiles/crouse/, 2009 – 4 – 21.

能以家庭个体的身份去购买保险，而高额保费也往往将大多数农民排斥在保险市场的大门之外。2007年，威斯康星大学与威斯康星合作联社共同建立了"威斯康星农民保健合作项目"，其宗旨就是向这些在保险市场体系中处于劣势的农民提供服务和帮助。这个项目的启动基金是由"威斯康星合作联社"提供，而大学的相关院系则承担和行使项目实施过程中的学术顾问之责，提供农用机械的具体的专业知识领域的服务，主要包括：（1）派遣大学的工程机械学院的教授去对农民使用的农用机械的性能及其有可能对操作者造成的伤害，进行全面了解和系统阐明，为保险申请做基础准备；（2）派遣大学教授去对全州农村人口做身体健康方面的普查，重点了解高血压、冠心病、糖尿病等慢性疾病的分布情况；（3）建立农民的健康档案，对于每一位农民，对其身体健康方面的基本情况、潜在危险性等都予以详细而具体的指出和说明，并提供相应的保健途径和方案，提供切实的保健指南；（4）进行有关事故的评估和相关保险的依据说明，维护和帮助农民获得最大保险权益。

"威斯康星社区写作援助计划"（CWA）是由大学的文理学院具体承担的社会服务项目，它的目标是为社区居民无偿提供写作方面的援助，援助对象既有成年人，也有未成年的儿童少年。威斯康星州原本就是一个移民成分较为复杂的州，21世纪以来，又有大量外来族群不断涌入，他们的英语水平都有待提高，所以"威斯康星社区写作援助计划"也是一个跨文化视野下的写作援助项目，它强调不同文化背景下的文化尊重与文化包容，为此，该项目不仅用英语，而且还用西班牙语和美籍老挝苗族语（Hmong）等少数民族语言宣传其宗旨和内容。通过设立"文化发展中心"、"多元文化学生中心"等援助服务工作室，以及举行"社区写作节"等方式开展援助活动。援助范围从帮助撰写简历、企划方案、馈赠提案、个人声明，到对有志于文学创作的人进行创作上的帮助。

"威斯康星免费钢琴先锋计划"（Piano Pioneers）是由大学音乐学院承担的"高雅音乐教育进社区"扩展服务项目，旨在向低收入群体普及钢琴教育。该项目的创立者反对钢琴音乐的精英主义倾向，坚持认为钢琴并非少数精英阶层的专属，坚持古典音乐的大众价值理念，坚信钢琴教育对于民众智力开启、情操品位提升和儿童少年自信心培养具有重要作用，因而致力于向社区普及钢琴知识，提供免费讲座；同时，提供钢琴课程的免费教学辅导，招收那些家庭年收入低于80000美元而无法承担每一次课程40美元的商业课程的贫困家庭子女。

本章小结

威斯康星大学服务社会活动的广泛开展，在社会上产生了良好的反响。经麦卡锡以"威斯康星理念"这一简略的词汇加以概括后，成为具有大学服务社会内涵的标志性语言。社会各界、美国国内及国外学术界都对它给予了高度的评价：有人称威斯康星州发生的这些改革活动为"一场民主的实验"，有人称威斯康星大学是"州共同体的大脑"，有人称威斯康星大学正在"领导着全世界"，有很多州视它为借鉴和学习的榜样。人们普遍感到，威斯康星大学正在成为威斯康星州普通人群体的精神生活中的重要组成部分，它让农民感到荣耀，让那些多少年来一直被拒之于大学门外的群体感到荣耀；威斯康星大学正在提升着州的人民的生产和生活的效率，正在成为州的人民生活中不可或缺的重要部分。

威斯康星大学服务社会的活动也遭遇到一定的反对力量，主要表现在两个方面：第一个方面批评大学过深地涉足到了政治中，不是在服务，而是在控制州，他们担心政府会被大学所操纵或控制。这样的攻击和批评来自于州内的一些急于去北部森林地带开垦林地、从事农业生产的目光短浅的农民，一些在开发州内水利资源而获利的开发公司，还有与州内工商业利益集团有瓜葛的共和党中的保守派，他们反对的主要原因是州政府借助大学智力力量对州内的经济活动进行规约的过程中，使他们的个人利益或他们所代表的集团利益受到损害，阻止了他们肆意开发州内土地、森林、水力等自然资源以谋利的行为；第二个方面是对大学及范海斯的学校管理方面的批评，是对参与社会服务工作的一部分教师忽略本科生教学工作的抱怨，认为大学没有处理好教学与科学研究及社会服务之间的关系；对大学过于强调与社会生产相关课程的教学与研究，而降低了大学的文化水准的指责也很强烈；另外，大学在其发展过程中，在其大规模实施社会服务活动中，也招致了州内其他公立学校的怨恨，他们认为州把太多的钱花在了大学身上，伤害到了其他公立学校的利益。

"威斯康星理念"对高等教育发展的影响是巨大的。它首先对人们的观念起到了更新作用,一方面,"威斯康星理念"的成功,促进了大学是为全体人民而开设的观念的形成,它强化了高等教育民主性原则;另一方面,它促进了大学是为公共生活、为千千万万人的生活的各个方面而服务的观念,强化了大学"实用性原则"。其次,"威斯康星理念"对其他大学起到典范作用,"威斯康星理念"不仅是提升了人们的思想认识,更新了人们的观念,在实践领域它更是一种榜样和典范,并对美国其他大学及世界高等教育里的大学服务社会活动都起到了典范引领作用,刺激和促使其他大学采取与威斯康星大学相类似的政策,不断寻求服务于美国民主制度的新的方式和途径,从而激发和推动了大学服务社会实践活动的发展,为大学的发展开辟了新的道路。"威斯康星理念"不仅在美国国内,而且在整个世界的高等教育领域中都树立了一个学习的典范,促进了高等教育领域对大学服务社会的更多更新模式的探索,发展出大学服务社会的多种多样的活动类型。最为重要的是,"威斯康星理念"起到了对大学服务职能的定位作用;它标志着对于大学应具有"广泛有利于政治改革、人类财富增加和社会经济进步"这一功能得到普遍的承认。"威斯康星理念"的成功使大学服务社会这一职能得以最终定型,这被认为是美国对世界高等教育发展做出的独特贡献。

进入 21 世纪后,"威斯康星理念"获得了新发展,在服务内涵及服务方式方面呈现出许多新特点。不仅传统推广教育进一步拓展,而且,开始构建多主体、多学科、多机构间合作与协同的服务体制,同时,更注重特定的服务,向行业性风险较大群体、农村社区群体、城市低收入群体及少数民族等社会弱势群体,提供服务与帮助。

第五章

"威斯康星理念"对我国的启迪与推动

欧美先进的思想观念进入中国，大量传播，并启迪和推动中国社会的实践活动，是近代以来才有的事情。集中传播的时期主要有两个：20世纪二三十年代和20世纪80年代中国开始实行改革开放的政策之后。"威斯康星理念"作为一种萌芽于英国、德国，成型于美国的、纯粹欧美式的高等教育理念，其在中国的传播与发生作用，也主要是在上述两个时期。

一 "威斯康星理念"对近代中国的启迪与推动

20世纪初期的中国是一个风云变幻的年代、转折的年代，1911年的辛亥革命，推翻了腐朽衰落的清王朝，开启了中国由几千年的帝制向民主共和制度的历史转折。伴随着国家政治领域里发生的巨大革命，思想界、文化界、教育界的疾风暴雨也如约而至，使得在20世纪初期的中国，绵延几千年的封建思想文化遭到剧烈冲击，早已在中国有所传播的、以科学与民主为核心的欧美西方思想观念，这一时期大量涌入，国人懂得了睁眼看世界，试着与西方世界近距离对话。西方思想观念主要是随着留美、留英学生的归来，以及一些文化界和教育界的知名人士对西方的考察，逐渐被介绍到中国。"威斯康星理念"也正是在这样的背景下在中国传播和启迪国人的。

（一）"威斯康星理念"在近代中国的传播

作为一种美国现代大学理念，"威斯康星理念"传入中国，从传播主体上看，既有留学生，又有教育界知名人士，还有美国教育家及学者；从传播媒介上看，主要是通过编译、译著等方式，报刊、书籍等印刷品承载了美国现代大学思想传入的任务，此外，国外教育家与学者的讲演也起到了传播的作用。

在这里，重点阐述蔡元培和陶履恭两位教育家对"威斯康星理念"在近代中国的传播中的作用，他们是"威斯康星理念"在近代中国传播中的主要代表人物。

蔡元培（1868—1940），中国近代著名教育家。早年科举考试获得功名，中秀才、举人、进士，授职翰林院编修。1907年，赴德国莱比锡大学研修。1912年"中华民国"成立后，任第一任教育总长。1916年12月始，他被任命为北京大学校长，在任期间，成功进行了对北京大学的改造，使这所充满达官贵人腐败陈旧气息的旧式大学实现了向科学、民主的朝气蓬勃的新式现代大学的华丽转身。

作为一名民主科学精神的信仰者，蔡元培对"威斯康星理念"所倡导的大学为社会服务的思想内涵倍加推崇，并大力宣传。他是大学服务社会理念的坚定支持者和拥护者。

1. 赞赏"一切文化事业，都由大学包办"

蔡元培先生早年两次留学德国，其后又几次去欧美进行学校教育实地考察，并细心研究，大力推广。1920年12月至1921年9月，他用九个多月时间，对欧美数国进行考察，他耳闻目睹了欧美大学，尤其美国大学，十分注重将大学的资源用在服务社会、服务民众上的各种普及教育性创举，深受启发。他对这种大学逐渐摆脱高高在上、远远超然的"象牙塔"形象，而逐渐走向民众需求、走向社会中心的做法是欣赏和拥护的。1922年9月20日，在北京大学举办的欢迎校长考察欧美教育回国大会上的演讲中，他畅谈这一深刻感受："从前胡适之先生曾提出提高与普及两语，正可借以形容欧美大学学风的特色。大约欧洲大学是偏重提高的。但就有几千几万学生，并不希望他们个个都成学者，不过给他们一种机会。美国大学最多，大学生亦最多。大学的目的，要把各个学生都养成有一种服务社会的能力。社会上需要的技术，不在中等普通学校范围的，都可在大学设科。而且一切文化事业，都由大学包办，如巡回图书馆、巡回影戏片、函授教育等等。在工商业的都会，大学就指导工厂、商业；在农业的州府，大学就指导农人，这是偏重普及的。但欧洲大学教授也有暑期讲习所或平民大学等，谋知识的普及。"①

在力荐美国和欧洲大学做法的同时，他又对我国大学在服务社会上的不足进行了深刻批评："回头看我们自己呢，设备既如此不完备，可以聚而共同研究的人又很少，对于世界科学，还没有什么贡献，可以说是提高么？对于社会，除了少数同学所办的平民夜校及平民教育讲演团而外，也没有尽全体的力替社会做什么事，可以说是普及么？这是我们应当猛省的。"②

2. 强调大学生的责任是"服务社会"

早在1920年，蔡元培赴长沙为湖南省教育学会做演讲，重点谈"对于学生的希望"，他希望大学生具有的五种觉悟之一就是"社会服务"，他对各地学生以创办平民学校等形式来服务社会的做法，表现出极大的肯定，称其为"极好的事"，予以极大的鼓励，他说："社会一般的知识程度不进，各种事业的设施，均感痛苦。五四以来，学生多组织市（平）民学校，教失学的人以普通知识及职业，是一件极好的事。"③

到了1922年，蔡元培先生进一步强调大学生要有服务社会的意识，要把服务社会作为自己的责任，他在《组织北大同学会缘起书》中，以此做谆谆教诲："学校为社会之模范，文化之中心。无论对何种问题，直接间接，均能发生最大之影响，五四运动，其明证也。惟北大学生会，则早已无形消灭；凡有社会方面之运动，无非临时纠合，权为应付，长此因循，将何以应时变而杜纷纭？且北大同学，服务社会者，日见其多；将来对于社会之改良，实有莫大之关系。此为服务社会计，而同学会之组织，更不容缓也。"④

3. 激发教育家们的教育热忱和社会责任意识

蔡元培既强调大学生对于社会的责任，他更注重唤起全国的教育家对

---

① 高平叔编：《蔡元培教育论著选》，人民教育出版社1991年版，第357—358页。
② 同上书，第358页。
③ 同上书，第287页。
④ 同上书，第439页。

于中国教育的责任意识和工作热情,他认为大学教授、教育家们在服务社会实践中的作用更是不可或缺,并且,他将此与中国将来教育的希望联系起来。1922年,他在"《中华教育改进社第一次年会报告》叙"中,对于年会成立以来,各地教育家们为中国教育改革发展问题积极建言献策的举动表现出极大的赞赏与鼓励,他说:"中华教育改进社成立后,曾于本月三日到八日,在济南开第一次年会。到会的教育家三百余人,所收的议案共二百零七件,在分组会议议决时又在大会通过的共一百二十二件,我国教育家的热忱,与将来教育发展的希望,都可以从此看出来了。"为了进一步唤起教育家们对于教育的热忱,激发教育家们投身教育的行动,他在此次会议上,又对教育家们提出了几点希望,最后,他恳切地说:"我很希望这次报告,能引起全国教育家注意。"①

陶履恭(1887—1960),北京大学哲学系主任,著名社会学家。1911年至1913年在英国伦敦大学留学,回国后任北京大学哲学系教授。陶履恭是中国大学教授中,乃至高等教育界里,最早关注大学与社会关系,体察普通民众受教育情况,提倡大学要服务社会的专家学者。从政治伦理观上说,他是一个社会改良主义者。

早在伦敦大学留学的时候,陶履恭就为当时伦敦大学蓬勃兴起的大学推广教育思潮和运动(The University Extension Movement)所感染和震动。自19世纪40年代起,英伦三岛的伦敦大学、牛津大学、剑桥大学等数所大学中就已兴起了以开办校内外讲座的形式,使那些无法进入大学校园的普通群众接受教育教学,从而将大学的影响辐射向社会的"大学推广教育运动",其中尤以陶履恭所就读的伦敦大学为首当其冲。陶履恭就读于这所大学,他一方面深受学校此种良好风气的熏染,另一方面,他又与持有这一主张的一位英国社会学教授过往甚密,故受到其观点的深刻影响。

正是有着这样的思想基础,因而,陶履恭对密歇根大学、芝加哥大学、威斯康星大学等美国中西部新兴州立大学所崇尚的面向社会、服务社会的大学观,尤其对全方位开展大学服务社会活动的美国威斯康星大学倍加赞赏与推崇,对他们的做法广为介绍和宣传。这些集中反映在他

---

① 高平叔编:《蔡元培教育论著选》,人民教育出版社1991年版,第407页。

发表于1916年10月《中华教育界》杂志第五卷第十期的文章《吾之大学教育观》中。

1. 推崇美国中西部大学"直接的服役于社会"的精神

威斯康星大学的服务社会活动并不是突兀而来，它是植根并成长于美国中西部大学所倡导的"直接的服役于社会"这一精神沃土之上的，所以陶履恭首先对美国中西部大学做整体介绍："骋目四瞩，则欧、美、日本之大学，其数盈千，组织有殊，精神各异，胜于吾国现在之大学，自不待言。而欲求其与上述之大旨相符合者，吾独推尊合众国中部诸州之大学。其猛进之精神、奖励学术、掖进文化、劝诲后进，功绩称最伟，而其直接的服役于社会，使社会获大学教育之实益，则前辈之大学，若英之牛津、剑桥，美之哈佛、耶鲁，所远不逮者也。米希甘（Michigan）州立之大学，对于贫屡之子，称贷使其为学，而此项之基本金，皆有志者所捐助，卒业之后，继续纳还，以贷费而卒业大学者不可胜数，其无力偿还者只有一人。"①

2. 对威斯康星大学的介绍极尽其详

在陶履恭看来，美国中西部大学在服务社会方面做得都特别好，而其中威斯康星大学堪为之最："凡此皆足显合众国诸新进大学之精神，而就中以维斯康辛（今译作威斯康星——笔者注）大学之所成就，又尤足启发吾人，供我师资。吾不惮烦，为略述之。……而吾人所加意者，则大学与社会之关系也。"②

他对威斯康星大学教授参政、担任政府顾问极为赞赏，对于很多州内行政人员所不能解决的事务，大学教授介入而帮助解决的情形细加阐述，并说明这些大学教授所担任的顾问之职并非只是个空头名衔，而是切切实实在做事："世事繁剧，于今称最，而问题之伙，解决之难，有非政客所暇理、所能理者。故州之政事，大学教授多司顾问之职，然兹所谓顾问者，绝非坐支巨薪、尸其位不谋其政之谓，实对于州之切要问题，以学者之眼光、科学之知识，详为探究解释，其意见不特报告于政府及立法院，

---

① 潘懋元、刘海峰编：《中国近代教育史资料汇编：高等教育》，上海教育出版社2007年版，第873—874页。
② 同上书，第874页。

且普告于公民,且大学生徒且以之为实用政治之好资料也。"①

陶履恭对威斯康星大学所创办的旨在"俾人民对于政治上、社会上、生计上种种问题"的函授法、假借图书的辩论会、演说会、音乐会、市政参考局等几种进行公民普及教育举措的大学推广扩张活动（University Extension），也极为赞赏。他对函授法、假借图书的辩论会是这样介绍的："彼平民政治之维斯康辛州，乃设大学扩张（University Extension）之策，以增进州民之知识，高其公民之位置。曰函授法（Correspondence Study），全州之民非尽能负笈来都，日登校室，享受大学教育，故必使大学教育就诸人民，最普及之法，是为通信教授。曰假借图书，关乎时下之问题，必有研究之材料，若新闻杂志之所记载，书籍之所论诠，皆研究现时问题之好材料，贷之于公民，凡邮运通达之处，公民教育辄随之俱至。故今日维斯康辛州学校之辩论会，不取枯干寡味抽象之问题，而常取生存之问题，供有益之研究。"②

他对于演说会、音乐会、市政参考局（Municipal Reference Bureau）等服务形式的介绍，更是不惜笔墨："曰演说会、音乐会，凡州境之内各地方团体，有欲研究之问题或养优美音乐之趣味，大学辄遣讲员为之演说或使音乐专家为之奏演，更有市政参考局（Municipal Reference Bureau）在大学监督之下，遍设于州境之内，凡州民参考州政、市政之问题，皆可就之，得最适用之材料。又若关于地方改革、社会改良、公众卫生、音乐奖进，皆于州内设奖励训诲之机关，或搜集新闻杂志以供州民之阅览，或陈设物品，启发一般之心思。时且以教育之幻灯镜片，分布于诸区，补讲演陈列之未足。"③

他高度赞美威斯康星大学的地位和作用："总之，大学者，高等教育之机关，知者研究之所，弘布其努力及于未知者求知者也。而维斯康辛大学之活动，不仅限于校内讲演考究，正所以使知者与求知者相接触，故吾称之为最新式最猛进之公民大学（Civil University）。"④

---

① 潘懋元、刘海峰编：《中国近代教育史资料汇编：高等教育》，上海教育出版社2007年版，第874页。
② 同上书，第875页。
③ 同上。
④ 同上。

3. 热切希望中国大学学习、效仿威斯康星大学

陶履恭既对威斯康星大学服务社会之活动倍加赞赏与推崇,自然热切地希望中国大学学习、效仿威斯康星大学:"夫大学之职若是其神圣,大学之人才若是其重要,更览乎平民政治之合众国,文华怒放,群治竞进,知识之宝藏,非若欧洲中世之限于僧侣之专业,非若吾国旧制之限于士族之专勤。今且准机会平等之旨,采公民大学之制度,勿论妇孺成年,咸得受最高学府之教育,由斯观之,则司密士氏之批评吾国大学,岂非失之宽纵,而非失之苛切乎?彼文化先进邦之公民大学之型俱在,有肯当此空前之际会,进善吾国大学教育,使与维斯康辛相辉映,复神圣之职责,弥蔓其势力于公民者乎?吾翘企望之。"①

(二)"威斯康星理念"对近代中国大学社会服务活动的推动

"威斯康星理念"在中国的传播,唤醒和启发了中国大学中的校长、教授以及学生们的社会服务意识,使他们认识到,知识阶层要心系社会的发展与变革,关注国家与民族的生死存亡,为黎民百姓心智的开启、思想的提高和整体的生计生活而服务,更促动了他们要行动起来,把智慧的种子播撒向社会上的万千民众。

当时的大学社会服务活动,从活动的具体形式及活动的组织者和承担者上来看,既有大学以集体形式进行组织开展的,也有大学教授以个人身份从事服务活动的。

1. 北京大学"校役夜班"(工友夜校)的创办

(1) 蔡元培的民主思想使然

北京大学"校役夜班"(工友夜校),是在蔡元培的大力支持和倡导下创办的,而这源于他深刻的人人平等的民主思想。

1917年1月4日,蔡元培出任北大校长。当时的北大素有"仕学院"之称,整个校园弥漫着强烈的"学而优则仕"的腐朽气息,学生来此不是为了学习知识,而是为了毕业后能够做官。不仅如此,一些老师和学生生活糜烂,逛妓院、抽鸦片样样精通,据一些曾在北大读过书的人描述,民

---

① 潘懋元、刘海峰编:《中国近代教育史资料汇编:高等教育》,上海教育出版社2007年版,第876页。

国初年，就读北大的贵族子弟仍然不少，尤其文科那边经常能看见学生坐自用人力车（洋车）来上课，足见其贵族派头。两院一堂是八大胡同（当时的妓院集中地）的重要顾客。这里所说的"两院"就是国会的参众两院，"一堂"则就是指北京大学——当年的"京师大学堂"。这就是当时北大的形象。蔡元培的许多朋友都不希望他去这般乌烟瘴气的地方，认为如治理不好则有碍名望，然而孙中山却不以为然，他认为北方当有革命思想的传播，像蔡元培这样学贯中西、德高望重的老同志，就应当去那历代帝王和官僚气氛笼罩下的北京，主持全国教育，以洗其污浊，培育起新风。蔡元培对此也十分认同，遂慨然领命离开南京北上，就任北大校长。

当时的北大，不仅充斥着求学为当官的腐朽气息，更弥漫着尊卑贵贱的等级观念和对普通劳动者的鄙视，对普通劳动者权利的尊重，更是无从谈起。而蔡元培以他的实际行动，去有力地冲击着这一陈腐、反动的观念。

蔡先生到校那一天，北大正门的校役们都自动列队，恭恭敬敬地向新校长行礼请安，但校役们没有料到，蔡元培校长竟然规规矩矩地向众人脱帽点头，微笑回礼，这在北大历史上还是第一次！不仅如此，到校后不久蔡元培即宣布：学校师生与校役在人格上是平等的，今后应以"工友"称之。

蔡元培从到达北大校园的那一天起，从与员工见面的第一时刻起，就把尊重劳动人民、尊重普通劳动者的民主理念传达给了学校的每一个人，用实际行动诠释了这一理念。蔡元培人人平等的民主思想、尊重普通劳动阶层的作风和革新精神由此可略见一斑。

（2）创建过程

1918年1月，部分学生写信向蔡元培反映学校工友何以庄谦逊好学，文理通达，因家中贫寒而废学，建议校长量才使用。经过考察，蔡元培发现此人确实名副其实，便破格将其调入文科教务处任缮写之务。

这件事启发了蔡元培开设校役夜校的决心，他为此给同学们回信表示："本校对于校役，本有开设夜班之计画。他日刻期开课，尚须请诸君及其他寄宿舍诸君分门教授，必为诸君所赞成。因何以庄事而联想及之，并以闻。"①

随后他还专门听取了学校工友的意见，那天恰巧学校门房老刘跑来说

---

① 高平叔编：《蔡元培教育论著选》，人民教育出版社1991年版，第123页。

老父亲劳累了几十年,他也无法尽孝,知道校长有事好商量,想求蔡校长为父亲生日写一副寿联。蔡元培欣然应允,为他写完寿联后问道:"如学校为你们办一所夜校,不知工友们会踊跃参加吗?"老刘一听乐坏了,双手抱拳连连作揖:"那敢情好,我在北大干了二十年,只认得头顶的校名,连写封信还要求人。再说以前校役是仆人,教室是主子们坐的地方,咱们连门都不敢进。夜校一开班,咱们不也登堂入室了,这有多神气!"蔡元培听了非常高兴,他一贯主张:"一校之中,职员与仆役,同是作工,并无贵贱之别。不过所任有难易,故工资有厚薄耳。"① 像何以庄这样文理精通的工友,就不能让他的才能得到埋没。他表示今后夜校开班后,如再发现人才,还会录用。

为了使夜校能够切实举办,蔡元培亲自为夜校制定办学宗旨及培训方案,并于1918年3月,将它以《致北大学生函》的形式在北京大学日刊上予以刊登,宣布正式举办校役夜校,其具体内容是:"本校于春假后开设校役夜班。约计校役在景山东街校舍者九十余人,在北河沿校舍者四十余人,在寄宿舍者六十余人。于景山东街为本校舍及附近寄宿舍之校役开六班,又于北河沿为本校舍及附近寄宿舍之校役开四班,共十班,分为甲、乙两组,各受业三日,以便互代役务。其课程如左:国文二时。算术一时。理科一时。修身一时。外国语一时。时间在每晚七时半至九时半。约计每班教员六人,每人担任一点钟,十班共六十人。欲请诸君各以所长,分任教科。"②

1918年4月14日,校役夜校在文科第一教室举行了开学典礼,230余位校役身穿长衣,胸戴花朵,排着整齐的队伍,喜气洋洋地走进了以前他们想都不敢想的大学教室。蔡元培校长亲到现场祝贺并发表了演讲,他满怀深情地说:"在常人之意,以学校为学生而设,与校役何涉。不知一种社会,无论小之若家庭、若商店,大之若国家,必须此一社会之各人皆与社会有休戚相关之情状,且深知此社会之性质,而各尽其一责任。故无人不当学,而亦无时不当学也。"③

在蔡先生的感召下,学校师生报名任教十分踊跃,傅斯年、罗家伦、张

---

① 高平叔编:《蔡元培教育论著选》,人民教育出版社1991年版,第123页。
② 同上书,第129页。
③ 同上书,第133页。

国焘、康白情等人为校内工友讲授国文、算术、理科、修身和外国语课程。

经蔡元培校长的倡导和努力,在20世纪20年代,北京大学相继举办了工友夜校、平民夜校,在全国首倡学校为社会开放、教授为社会服务的风气,主张和弘扬平民教育理念,倡导和宣传以科学与民主为内容的新思潮。在蔡元培先生的努力下,昔日贵族老爷云集的、官僚衙门式的京师大学堂短短几年内便成了新文化运动的中心,并带动了全国的教育新气象。

2. 北京大学平民教育讲演团

在半殖民地半封建的旧中国,长期以来,生活在农村及城市下层的千千万万的农民阶级、工人阶级和小手工业者等广大的劳动阶级,不仅生活贫困,饥饱无保,而且在思想认识和文化教育启蒙上更是出于无人问津的局面。

在大学向社会服务的行动中,"北京大学平民教育讲演团"的成立及其活动,是一个最典型的案例。该团以"增进平民智识、唤起平民之自觉心"为目的宗旨,从1919年3月起通过讲演所讲演、露天讲演、刊发书报等方式,活动于北京城郊之间,其教育影响的直接指向就是千千万万的普通民众、黎民百姓。

(1) 发起

1919年,在"北京大学平民教育讲演团征集团员启"中,开宗明义地阐明了创办这样一个机构的目的,表现出北京大学师生将对千千万万最普通民众的启蒙、教育与引导视为己任的博大胸襟:"盖闻教育之大别有二:一曰以人就学之教育,学校教育是也;一曰以学就人之教育,露天演讲、刊发刊物是也。……厥曰露天演讲、刊布出版物,亦即所以补助学校教育之所不及者也。"[①]

1919年3月23日召开了成立大会。4月3日,开始了第一场的讲演。

(2) 活动方式

北京大学平民教育讲演团的讲演活动分为定期和不定期两种。

[①] 陈元晖主编:《中国近代教育史资料汇编:教育行政机构及教育团体》,上海教育出版社2007年版,第509页。

定期讲演是通过在京中设立了一些固定的讲演所来进行，南城京师模范讲演所、东城通俗讲演所和北城通俗讲演所等都是当时比较著名的讲演所。定期讲演，每月四次，于每周日下午1时至4时举行，有的讲演所是在每周一、三、五晚7时开始讲演。讲演活动还是很受民众欢迎的，附近居民结队前来，而且听众中也有不少是家住在较远地方的，这些人多与讲演所附近居民有亲戚或朋友关系，听到口耳相传后慕名而来。听完讲演后，听众还要问讲演者一些问题。这些讲演所除提供定期的讲演活动外，还附设阅览处，备有书报，这些书报也大多是与民众的生活有密切关系的，如一些传染病图书及传染病虫（如苍蝇）图书，供民众观览。

为了切实保证讲演的顺利进行和质量标准，北京大学平民教育讲演团对讲演团成员也有明确的要求，要求团员每学期至少须出席两次以上之讲演，当轮流出席时，除婚丧疾病外，不得推诿。除在本团讲演所讲演外，遇必要时还要接受其他讲演任务。

不定期讲演，是指在节假日里临时择地讲演。不定期讲演在乡村中尤其受欢迎，"如唐山、长辛店、北通州、海淀及各大村落，所至之处，骈肩累足"[1]。讲演团员的脚步更是深入到了丰台、七里庄、大井村等偏僻乡村的角落里。

讲演的内容，既有一些关于时事问题的宣传，更多是关于普通常识的问题。下面是从1919年4月到1920年12月间的一些主要"讲演题目"[2]：

  平民教育讲演之意义；
  如何求幸福；
  勤劳与知识；
  是逛庙还是来听讲呢；
  家庭与社会；
  利己与利他；

---

[1] 陈元晖主编：《中国近代教育史资料汇编：教育行政机构及教育团体》，上海教育出版社2007年版，第519页。
[2] 同上书，第522—530页。

天赋与人造；
植物对于人生之利益；
青岛交涉失败的原因；
中国现在的形势是怎么样；
国民快醒；
政府为什么要抽税；
盐税之批评；
礼义廉耻；
国民的责任；
禁烟之关系；
缠足的害处；
怎么做家长；
人要读书；
互助的意义及吾人今后的责任；
我们为什么纪念劳动节呢；
人必要清洁；
夏令卫生常识及传染病预防法；
私产制度与婚姻；
科学可以破除迷信。
……

　　由于在讲演中看到民众对于知识的渴望，尤其是看到启发广大工人阶层阶级觉悟的迫切性与必要性，1920年年底，北京共产主义小组成立之后，邓中夏等一些北大讲演团里的具有共产主义思想的人物，将讲演进一步升华成了专门传播革命道理的场所和宣传共产主义思想的外围机关，最成功的就是1921年1月1日"长辛店劳动补习学校"的诞生，可以说，长辛店补习学校是讲演的更高级形式，它使得宣讲的内容更具有针对性，对于广大工人阶层思想认识的启迪与教育更加深刻，它是平民教育讲演活动直接推动的产物，是平民教育讲演活动催生出的奇葩。

　　学校里白天教工人的孩子，夜晚教工人。教师有长驻教员，也有定期来做讲课的北京共产主义小组的成员和进步青年，像邓中夏每周来讲课两次。补习学校里的教学既是讲课，又是讲演，内容都是关乎工人们的现实生存和现实命运的主题。

最值得一提的则是劳动补习学校所运用的讲授、讲演方法，极富有生动形象、通俗易懂的特点，受到工人们的极大欢迎。下面这段描述就是其最生动的写照：

晚上八点来钟，学生们来了。土坯讲台上一张板桌，桌上点起一盏煤油灯，那点光亮刚够让学生看见黑板，教员拿起了粉笔，在黑板上写了"作工、劳动"四个大字，这就是一课书。他先教学生把四个字认识了，又讲了字义，接着，就发挥起来。他说作工最光荣，劳动最伟大，这就叫"劳工神圣"。

一个工人说："穷工人有什么伟大的？伟大还受穷？"

教员等他说完，用询问的眼光看看大伙，不慌不忙地说："你们想想，铁路是谁修的？火车是谁开的？机器是谁造的？咱们工人不盖房，谁也没地方住。工人不织布，谁也没衣裳穿。世界上哪个人离开工人也不能活。难道作工不伟大吗？"

工人们都点点头。

教员又问："你们知道我们为什么受穷吗？"一个工人随口答了一句"人家都说是命苦呗！"教员就又讲起来了。他说明工人受苦是因为受了有钱人的剥削。譬如，我们住的是锅伙，我们盖的楼房却被有钱人住了；我们穿的是面口袋，我们织的绸缎却被有钱人穿了，……享福的，子子孙孙老享福，受罪的，世世代代老受罪。这不因为别的，都因为有剥削。

识字课本里念到"铁路"，教员就讲："咱们现在服务的这条铁路，就好比一条大蟒。各国都拿着刀来了，都要割它的肉。我们国内拿事的大人物们，就专指着铁路向各国借款过日子。这儿借、那儿借，中国的铁路和出矿产的地方都要归人家了，我们大伙就都完了。"他又打了个比喻："这就好比一家子，当家的不干正事，把产业都给别人顶了账，家里就要归别人管了，家里人不是就要受痛苦了吗？这个就叫'帝国主义的侵略'。"

工人听了，都觉得说得很对。他们也在课堂里发言。这个说："就拿咱们厂的法国厂长祚曼说吧！这个家伙本来是个屁事不懂的窝囊废，可是他挣的钱顶上咱五十个工人。"那个说："罚人的能耐可大，两个黄眼珠一瞪，就罚一块，一还嘴还加倍。"

工人们都把帝国主义走狗去欺压自己的事情一件件倾吐出来。

教员等大伙说完，又说道："咱们受穷受苦，这是世界上最不合理的事情，大家都知道了。我们来想想，应该怎么办？"

他这么一问，把大伙问住了，你看看我，我看看你，说不出来。只见教员站起来，由桌子上拿起一张白纸，两手将这张白纸扯平，让靠近他坐着的一个工人用手指向纸上戳，一戳纸就破了。教员又拿起来三张纸，还让他戳，一戳又破了。最后，拿起来一大叠纸，这个工人连戳了几下，手指头都痛了，可这回一张也没有戳破。大伙莫名其妙，不知道是什么意思。教员将纸放在桌子上，对大伙说："一张纸一戳就破，可是一叠纸用拳头打都打不破，我们工人也是一样，五人团结赛老虎，十人团结一条龙，百人团结像泰山，谁也搬不动，枪炮也没有办法……"工人们睁大两眼听着，眼睛都亮了。他喘了口气儿，又接着问："你们常到卢沟桥去玩，知道桥墩是什么做的吗？"

"是砂子、石子加洋灰呀！"

"对，砂子和石子，本来是散的东西，经不住风吹水冲，可是要和洋灰掺在一块呢，还是那砂子和石子，它就能经得住上千吨的桥梁，永定河再大，水流得再急，也冲不动它了……"

"先生说得对，咱们穷哥们儿所以受压迫，就是因为不团结，从今以后，只要大伙心齐，结结实实的抱成团儿，什么事都能办到，就有法子不受压迫了。"工人们都点头信服，有的还高兴得鼓起掌来。①

---

① 陈元晖主编：《中国近代教育史资料汇编：教育行政机构及教育团体》，上海教育出版社2007年版，第548—550页。

二 "威斯康星理念"对今日中国的影响

20世纪80年代以后,伴随着中国现代化进程的加速,作为时代精神的"威斯康星理念"也愈发为中国人所接受,中国人愈发深刻地认识到大学功能的嬗变和现代大学肩负的新的使命。现代大学不只是培养人才和发展知识的教学、科研组织,还更应该是社会经济与文化活动的重要资源和组成部分,是社会经济文化生活中不可或缺的资源配置要素和内在推动要素。社会的经济领域、文化领域的发展需要高校提供科技、智力和文化的支撑与滋养,与此相辅相成的是,社会经济发展又不断对大学提出新的要求与期望,促使大学不断根据社会的需求,对大学自身的职能外延、办学理念、运作方式、人才标准、教授群体工作的定位等,做出相应的调整与规划。大学不仅以教授在校大学生、培养人才的方式践行对社会的责任,更应该运用自己的学术资源和智识力量效力于社会,服务于社会。因此,一所大学的办学质量如何,除了其教学和科研质量是一个考量维度,对社会政治经济领域、文化教育领域等的服务程度和做出贡献的程度,也是一个重要的考量维度。服务社会、引领社会,是大学面临的新课题和新挑战,也是大学获得的新的发展空间和发展机遇。

(一)大学对政府和社会机构的服务:"协同创新"中的智囊和伙伴

在社会主义初级阶段的市场经济体制下,政府虽然不再插手企业的具体事务,但对经济社会发展的宏观调控与领导,对关乎社会发展的重大战略性问题,做出科学的制定与决策,也是社会发展和进步的关键所在。大学以其学术的优势,帮助政府在关乎社会发展的重大战略性问题上,提供决策参议与支持,从而成为政府的智囊与伙伴。

广东外语外贸大学创建"两个基地",以服务于政府的决策与行政,就是一个很好的例子。广东地处祖国改革发展前沿,改革开放历史悠久且成果丰硕。在新的历史时期,广东更以一个全球性、国际性视野来审视和研究广东的未来发展,制定出一个更为高远的发展框架,在这样的形势下,大学对政府的学术服务与学术支撑就显得十分重要。

2009年11月,在政府的大力支持下,广东外语外贸大学通过整合学校优质资源，先后组建了"广东国际战略研究院"和"国际服务外包研究院"①，并以这两个机构为依托，开展对政府决策上的学术支持与服务，其研究和论证之成果，成为省政府决策上的有力参考依据。

广东国际战略研究院在"政府主导、广外主体、资源整合、搭建平台"的方针指引下，以"国际视野、服务决策"为理念，以"立足广东、辐射全国、面向世界"为宗旨，开展工作，其主要任务是：进行关于广东国际化战略发展的理论、政策和实践方面的研究，为政府和企业提供战略咨询和决策支持。

在具体的服务措施上，就是努力建设"两库"、"两平台"②。

"两库"即思想库和信息资料库：一是广东省开放型经济发展思想库；二是国际战略研究信息资料库；"两平台"即学术交流平台和人才交流与培育平台：一是国际战略研究学术交流平台；二是国际战略研究人才交流与培育平台。

思想库建设的主要方式是：每月定期向省政府呈交两份研究报告，其主要任务重在以全球化的视野，选择在世界范围内具有重大影响的事件和议题，进行分析、研究，阐述其发生的原因、发展的趋势、对世界格局的影响，以及对我国具有的借鉴意义，从而向政府提出有价值的决策建议与参考意见。

信息资料库建设的主要方式是：系统收集东盟各国政治、经济、文化、科技等各个领域里的资料信息，以及广东省外经外贸方面的各类数据，以备调取、借鉴之用。

学术交流平台以"智库对话"和各类论坛等形式出现，举办各种战略研讨会，汇聚全球高层次战略"头脑"，共同探讨关乎长远发展、战略性规划设计等高端问题，促进思想的交流和信息的沟通，从而为政府提供思想引领式的服务。

人才交流与培育平台的运作方式就是实施"五个一工程"，即通过

---

① http://baike.so.com/doc/4578096.html.
② Ibid..

"一个大型论坛、一系列讲座、一本刊物、一套智库丛书和一个国际战略信息库",引进、吸纳和邀请专家学者来领衔研究团队,培养研究队伍,提供人才储备。

近几年广东国际战略研究院举办的各类研讨会有:

2009年12月,广东国际战略研究院承办"后金融危机时期广东外经贸发展战略研讨会";2010年1月,广东国际战略研究院与国际经贸研究中心、国际经贸学院携手主办"广东外经贸专题及蓝皮书审稿研讨会";2010年6月,广东国际战略研究院承办首届中国(广东)——东盟战略合作论坛;2010年6月,广东国际战略研究院主办的"云山大讲坛"正式开讲;2010年7月,广东国际战略研究院参加广东社会科学研究机构战略联盟(简称"智库联盟")筹备会议。

仅从"2010年度广东国际战略研究院项目课题指南"[①] 中,也可看到他们服务于地方政府经济社会发展决策方面的明确的研究定位:

(1) 人民币区域化、国际化进程对广东的影响与对策

(2) 提高利用外资水平,加快广东服务业开放

(3) 提高广东企业在国际规则体系中的话语权、定价权、标准制定权的对策研究

(4) 低碳时代的挑战与广东的应对策略

(5) 广东发展方式转型:世界不同经济体转型升级的特点、条件、利弊与经验借鉴

(6) 经济特区30周年:新的历史起点上继续发挥经济特区先行先试作用研究

(7) 培育广东本土跨国公司的政策支持和机制保障

(8) 后危机时代贸易争端的新特点与广东的应对策略

(9) 中国、东盟自由贸易区:广东的地位、作用与对策

(10) 广东加快转变外经贸发展方式的对策研究

(11) 广东企业走出去软环境研究

---

① http://wenku.baidu.com/view/06eedd0b52ea551810a687f3.html.

（12）广东企业在全球生产与服务网络中的地位研究

随着我们国家重新调整发展策略，转变发展方式，由单纯的注重经济增长，转变为兼顾经济与发展、效率与环保的科学发展。在这样的大背景下，大学更应该把自己的学术研究、学术职能与国家的科学发展大国策结合起来，将学校自身的科研活动纳入国家科技创新的大框架中，积极寻求与社会组织的"协同创新"。

在国家大力提倡高校开展"协同创新"精神的促动下，沈阳师范大学软件学院与辽宁省中小企业厅等政府职能部门及大型企业机构合作开展一系列协同创新项目，尤其是 2012 年沈阳师范大学软件学院与辽宁省中小企业厅合作研发辽宁省"中小企业信息化技术重点实验室"，专门为省内中小企业开展信息化服务，与此同时，还积极寻求更多更好合作发展之路，诸如"与国际著名 IT 公司共建重点实验室"[①]，开启了大学与政府合作、与大型企业机构合作的新途径。

2012 年 10 月 18 日，沈阳师范大学软件学院与微软、Intel、汇博公司在软件 2 楼报告厅举行 Windows 8 开发重点实验室、汇博—Intel 开发重点实验室揭牌仪式。教务处副处长史宝中、软件学院院长刘杰、书记刘利群，微软开发工具及平台事业部高校合作经理王晴、Windows 8 培训讲师任旭、Intel 公司项目经理王燕青、大连汇博信息技术有限公司校企合作总监宋新海等出席了仪式，学院 2010 级软件工程专业全体同学参加了仪式。仪式由软件学院副院长李航主持。软件学院二楼报告厅座无虚席，在热烈掌声中刘杰院长发表致辞。刘杰院长指出："本月 26 日，微软公司将发布最新的操作系统 Windows 8。此次学院与微软建立 Windows 8 开发重点实验室，是在 Windows 8 平台上提前布局应用软件开发研究，必将为学院未来软件开发奠定坚实基础。与汇博、Intel 合作建立汇博—Intel 开发重点实验室，也将会使学院在移动软硬平台及多媒体应用的开发上走在行业技术前沿。此

---

① http://news.synu.edu.cn/html/YXSX/2012/10/12101915401240.html.

次，软件学院与国际著名 IT 公司在彼此互惠互利、共赢的基础上开展校企合作，必将开启学院校企合作的新篇章。"校企合作的企业方代表大连汇博信息技术有限公司校企合作总监宋新海、微软开发工具及平台事业部高校合作经理王晴也分别致辞。微软王晴经理说："微软计划在中国选择十所学院建立 Windows 8 开发重点实验室，此次选择沈阳师范大学软件学院作为合作方之一，主要看重沈阳师范大学软件学院是沈阳市 IT 类在校本科生最多的学院，希望未来能在 Windows 8 软件开发平台上看到更多、更好的由沈阳师范大学软件学院学生开发的应用软件，丰富 Windows 8 应用软件库。"在欢快的音乐声中，教务处史宝中处长和微软公司王晴经理为 Windows 8 开发重点实验室揭牌，软件学院刘利群书记和 Intel 公司王燕青经理为汇博—Intel 开发重点实验室揭牌。

为了庆祝揭牌仪式成功举行，微软 Windows 8 培训讲师任旭和 Intel 公司项目经理王燕青做了精彩讲座，同时微软公司也在沈阳师范大学举办 2013 微软"创新杯"沈阳师范大学校内赛。微软"创新杯"学生大赛是目前全球规模最大、影响最广的学生科技大赛，至今已有来自 100 多个国家和地区，超过 50 万的学生参与比赛。

据悉，此次软件学院与国际著名 IT 公司共建重点实验室是学院为了"喜迎十八大"、"协同创新"的切实举措之一。这也是继辽宁省"中小企业信息化技术重点实验室"、辽宁省"IT 工程实践教育中心"、辽宁省"校企协同创新工程人才培养体制机制研究与实践试点单位"之后，软件学院重点攻关的科研平台。

（二）大学对经济发展的服务：助力经济腾飞

进入 21 世纪后，我国的经济发展进入快速发展的新时期，无论央企还是地方企业，都面临生产能力、经济运营能力和改造能力整体提升的任务，而其核心是技术基础的改进、创新与革命，企业需要科技支持，企业脱困和腾飞的"动力"和"翅膀"是科技。而科学技术的一个重要提供者来自大学，拥有着巨大学术资源和智识蕴藏的各个大学成为当地企业技术困扰的最大解困者、科技助力提供者。

拥有着巨大学术资源和知识蕴藏的各大学，发挥自己的学科专业知识优势和先进的硬件设备力量，通过政府搭建的洽切平台，或通过直接与企业间的联系，在"产学研一体化"的大背景下，本着"目标导向""市场需求导向"原则，从企业面临的实际问题中找选题，在企业当务之急的诉求中确定攻关方向，使教授专家们的科研活动与企业需求更加靠近、更加吻合，校企间的研发合作关系更加紧密，对科技创新的推助意义和产生的实际效能更大。这样，不仅使大学的科研工作愈发端正了基于产业发展和市场需求、解决现实问题的方向，更是帮助各类企业解决科研难题，走上健康发展的道路，从而让大学通过技术扶持、技术提供而成为解决企业技术困扰、助力经济腾飞的坚实力量。这也是大学办学理念和大学职责功能的题中之义。也是大学社会服务的基本内容。

作为东南沿海发达省份，浙江省在许多方面都具有超前意识。在2009年开始的学习实践活动的推动下，浙江省高校更加强化服务社会意识，突出实践特色，按照省委"服务企业、服务基层"专项行动要求，专家教授走出大学的高墙大院，与企业零距离对话，通过科技小分队组团入企调研、了解困情，科技特派员入企挂职等形式，为企业"把脉开方"，解决科技难题，成果丰硕。

杭州电子科技大学是浙江省内以信息技术特色见长的著名大学，学校已经成为国家和省现代信息科技人才培养和科学研究的重要基地，而在服务地方经济、促进浙江省产业调整升级、企业自主创新、科技成果转化、专利实施等方面，杭州电子科技大学也是充分依托自身的电子信息等学科优势，注重发挥优势学科的引领作用，鼓励教授专家等科研人员走进企业、走进基层开展项目合作，使在学校研发、孕育的诸多高新科技项目，最终在企业得以"孵化"、诞生、转化成为新的生产力，促成了地方经济的新的增长点。

浙江省各大学旨在有针对性地、有直接效能性地解决企业技术问题的项目也是很多，诸如杭州电子科技大学"冷却塔效能分析与控制系统项目"、"城市排水运行管理综合自动化系统项目"，温州大学与浙江博龙生态科技有限公司合作研发的"飞灰无害化处理技术项目"、与意大利国家科学委员会签订的"专利技术科技合作协议",等等,这些课题和项目,无论是在提高市政管理水平,惠及国计民生,倡导节能环保方面,还是在助推企业化危境为机遇,开拓新的国际市场方面,都发挥了巨大作用;浙江理工大学先后与绍兴、嘉兴等地龙头企业共建服装产业、桑蚕产业等4个省级科技创新研发平台;杭州电子科技大学开展了"2121计划",即主要立足2个市,成立10个技术转移中心,派出200个专家,重点帮扶100家企业。

在向现代化急速迈进的21世纪,城市的工业化发展也带动着农村的现代化变革,新农村建设如火如荼,因此,浙江省各大学在服务城市企业的同时,也将服务的目光投向广大的农村,依据不同的学科优势,因地制宜为新农村建设提供服务,助力农村发展,这是浙江省大学服务社会的又一大特点。

浙江省服务新农村建设所涉及的大学十分广泛,诸如浙江大学与湖州市合作共建省级新农村实践示范区,通过开办农民专家创业创新培训班、建立桑蚕产学研创新中心等10个科技服务平台,有效推动农村产业科学合理布局,促进农民增收创收;杭州电子科技大学组织开展了发挥学科优势、为新农村建设服务的专项行动,学校与基层村镇开展"经济社会发展规划"合作课题,通过建立结对帮扶关系,提供相应数量的帮扶专项经费,并与当地一起论证、决策重大项目,开展信息技能培训,并计划帮助村镇发展基础设施建设、效益农业开发等项目,带动低收入农户增收;浙江师范大学则以农村教师培训为主体,从学校管理、教育科研等方面着手,服务农村基础教育改革发展,以提高农村中小学教师的执教能力和应对新课改的能力。

为了与农村建立起长久、稳固的联系,浙江省各高校还向欠发达乡镇选派科技特派员、大学生村务助理,出台鼓励性政策,促使一大批专家教授奔向田间地头,成为驻扎村镇的"农村工作指导员",这些都为探索解决新时期"三农"问题,为地方新农村建设发挥了积极作用。

在新的历史时期，大学对自身学科优势的发挥程度、强化校企战略合作程度、推动地方经济的发展和科技进步的水平和能力，已经成为衡量大学社会影响力、综合实力和社会贡献度的重要标尺。在依托学科优势，不断强化校企战略合作，为地方城市经济发展及新农村建设进行学术服务和智力支持方面，辽宁省沈阳市的高校做得也是有声有色。

作为东北的工业重镇、国家重工业基地，沈阳市有着雄厚的装备制造业基础。同时，沈阳也是一个高校云集、文化氛围浓郁的东北地区中心城市。据《沈阳日报》报道，"截至2009年，沈阳市拥有高校30多所，各类在校生44.92万人，其中研究生人数由之前的2.43万人，增长到2.45万人。国家重点学科和省部级重点学科近200个，博士后流动站学科32个，博士点194个。国家重点实验室2个，国家工程研究中心5个，省部级重点实验室222个"①。沈阳的高校还拥有多位中国科学院院士、工程院院士、国务院学科评议组成员、长江学者等科学技术和科研工作方面的领军人物。各高校在全国同类院校位次排名前移，优势专业特色更加突出。在这些高校中，东北大学是领军者，它的机械、自动化等专业在全国都富有影响。在东北大学的带领下，沈阳高校为了为沈阳工业发展提供引擎作用，积极寻求与政府和企业的合作，与政府部门、厂矿企业、农村乡镇等社会组织的互动力、交融力不断增强。

2010年，东北大学等高校参加"高校·企业创新论坛暨沈阳市'产学研一体化'工作会议"，知名专家、学者围绕沈阳经济发展需求，开展前瞻性研讨，开展决策和咨询服务，实现了高校与企业的有效对接；参加"市长·高校校长联席会议"，帮助制定产业扶持政策，整合全市资源，解决重大问题。

与此同时，沈阳高校积极参与直接推动当地经济发展的活动。近几年，随着经济体制改革和经济转型，沈阳的有些装备制造业企业在企业组织及技术基础上已明显落后于时代。在这样的形势下，东北大学、沈阳工业大学等沈阳高校积极参与"沈阳装备制造业发展推进组"、"沈阳苏家

---

① http://news.sohu.com/20100330/n271193436.shtml.

屯科技园"① 等31个重大项目,直接服务于当地装备制造业产业结构重组和技术升级工程。

在积极开展与周边城市社区合作的同时,沈阳高校又不断开展科技研发,使各种孵化高科技产业在沈阳落地转化。2009年,东北大学科技产业集团经过规范管理和资源整合后,投资于该集团的企业由原来的46家调整到30家。其中的东软公司为上市公司,直接就业人员为2万人,带动沈阳市就业人口在12万以上。为了更好服务地方经济,东北大学又利用自身信息技术学科的强项优势打出组合拳。2009年,他们与市政府及IBM公司共建的"生态城市联合研究所"落户于东北大学,该研究所是IBM公司根据该公司的"智能地球计划"而在全球设立的四大研发中心之一。除此之外,2009年6月,东北大学科技产业集团与世界500强企业日本伊藤忠株式会社合作成立的"沈阳东大冷弯型钢有限公司"在沈阳经济技术开发区破土动工。

作为东北地区著名的农科类大学,沈阳农业大学在服务新农村建设中也是成绩斐然,他们创办的各类针对农民群众的培训班声名远播。

2004年,在采纳一位区政协委员建议的基础上,沈阳市科技局决定由政府出钱,让优秀的青年农民上大学!于是,市科技局与沈阳农业大学联合举办的"青年农民上大学"培训班应运而生。"青年农民上大学:不走的专家"② 广受赞誉。

> 这是一项相当不错的政府与高校合作的"政府出资,高校培训,农民收益"的农村人才培养模式。招生条件是:具有初中以上文化程度、有两年以上专业生产经验、有学习专业技术强烈愿望、年龄在45周岁以下的优秀青年农民,经过自愿报名、区县科技局推荐,都可走进沈阳农业大学课堂。培训班共开设畜禽、果树、蔬菜、经营与管理四个专业,进行为期一年的系统学习,学员不仅能领到结业证书,还能获得国家劳动和社会保障部颁发的

---

① http://news.sohu.com/20100330/n271193436.shtml.
② http://news.syau.edu.cn/news/mtsn/F5A2FCEF17433EAA.shtml.

职业资格证书。

　　沈阳农业大学总结几年来农业科技培训工作的经验教训，制定培训工作长效机制，力争将农民培训工作常态化，旨在把广大青年农民培训成一批既有理论知识、又有实践技能的农村致富带头人和有知识、会管理、善经营的新型农民，进而实现"办一班、兴一业、富一方"的培训目的。培训班以实践本位的培训方式见长，注重学员在实践中的学习。2009年，为了让学员们了解全市果树生产实际情况，掌握最新的生产技术，沈阳农业大学对于研修班的实习实践教学做了精心安排，带领学员到位于沈阳市于洪区、辽中县的8个果树示范基地参观学习，主要观摩果树修剪操作内容。

　　首先参观的是于洪区平罗镇的一个500亩寒富苹果园，由于前期没有技术人员指导，农户缺乏管理技术，放任自然生长，树形紊乱，病虫害严重。经过该站和林果所技术人员技术改造，大部分果树已经具备结果能力。通过观察对比，学员们认识到新建果园运用科学技术的重要性和果树生产对技术的迫切需求。

　　随后参观的是平罗镇前辛台村和光辉乡高台村七年生寒富苹果纺锤形修剪高标准示范园，良好的树形和成花措施让学员们大开眼界，拿照相机忙个不停，对典型树形纷纷合影留念，学员们表示他们家中也都有果树，但管理还不能达到这个水平，利用有限的参观时间，抓紧机会与当地果农交流病虫害等管理经验。

　　在高台村专门为学员们留置的修剪实习地块上，学员们亲自动手修剪果枝，把课堂上学到的静态知识和参观过程中更加深切体会到的动态知识，及时应用在果树修剪上。以往，由于寒富苹果收益高，果农轻易不让别人动手剪树，但是为了让学员们学以致用，这次，果农们慷慨地准许学员们动手修剪。学员们也非常珍惜这次机会，在农大老师和果农的指导下，仔细斟酌，相互切磋，严谨认真地进行修剪操作。

　　"青年农民上大学"研修班截至2013年已举办了10期，培训学员2000余人。培训班的效果是明显的，为沈阳农村培养了众多技术带头人，他们成为新农村建设的领军人物，有的学员学习结束回乡后栽植寒富苹果，成为当地的科技大户，并在当地牵头成立寒富苹果协会，建立职业技术培训中心，开展常年技术培训，使每个千株以上果园有一名技术员，并建立了15个寒富苹果技术创新基地；有的学员在结束了为期一年的学习培训之后，回到家乡，借助在培训班所学知识技能和专家教授的技术支持，开始创业，成为年收入颇丰的种殖大户，令人称羡。

继"青年农民上大学"专项培训项目之后，自2013年开始，沈阳农业大学又举办了"辽宁省农民技术员培训班"，再一次引起新闻媒体关注。据沈阳农业大学有关专家介绍，近年来，沈阳农业大学通过十余项培训工程，已累计培训各级各类农业人才2.4万余人。这些掌握了农业科技实用技术的新型农民，是地地道道的扎根在农村的"不走的农业专家"，他们成长于农村，创业于农村，服务于农村，惠益于农村，为社会主义新农村建设做出了巨大贡献。受此丰硕成果的鼓舞，沈阳农业大学决心继续不断加大培训力度，不断提高培训效果，努力使各项农民及农村人才培训工作在更高层次上得到更大的发展。

(三) 大学对社会的文化教育服务：文化提升与教育反哺

1. 推助"学习型社会"建设

近年来，国内许多高校在服务社会活动中，还注意到了与所在社区的良性互动，着眼于社区居民的文化教育需求，创立了教育超市等多种服务形式与载体，通过将大学的图书馆、校史馆、展览馆、博物馆、体育馆等各类文化设施向社会开放，通过举办时政类、健康类、艺术类等各类讲座，推动高校知识资源及设施资源服务民众、惠及民众，从而凸显大学在建设"学习型社会"中的独特作用与贡献。上海市民争相传颂的市内各大学与社区共建"高校社区教育超市"①，便是生动一例。

> 上海杨浦区辖区内拥有包括复旦大学、同济大学、上海财经大学在内的10余所高校。以学习型社会、终身教育、全民教育理念为大背景，由这10所高校参与的"杨浦区学习型社会建设项目研究联合

---

① http://xcb.web.shiep.edu.cn/meiti/open.asp?id=1055.

体"于 2011 年成立,这是一个旨在将高校学习资源与社区民众生活进行对接、大学服务社会的快捷有效工作平台。借助这个平台,上海杨浦区建立了"高校社区教育超市",将高校资源系统地引进社区,以"超市"里"菜单"的形式向居民提供更多的学习内容和信息服务项目,近年来形成了大学校区、科技园区、公共社区"三区联动"的良好态势和氛围。

"教育超市"的工作机制是相得益彰的:区学习办是主管单位,区内所属的各个街道(镇)分别建立"超市"工作站,各个高校则是"超市"的资源配给站、供货站,社区居民则是工作站的服务对象,即"超市"的消费者。

"教育超市"的建设内容是多样的:

主题课程设置:共有 6 门课程资源,包括网络学习、环保培训、百姓英语,以及世界艺术史、唐诗鉴赏等公共选修类课程。

专题讲座举办:邀请学有专精的高校教授专家进入社区开展时政、艺术、保健类专题讲座,先后计有 40 项专题讲座举办,主要涵盖时政、艺术、保健类专题内容。

文体场馆开放:在工作日里,向社会、向社区居民定时开放大学校园内的展览馆、校史馆、图书馆、博物馆等优秀文化设施及体育馆等优质体育健身场馆,使居民充分使用这些文化体育类设施,这也是大学教育超市里的重要消费内容。目前,"杨浦区学习型社会建设项目研究联合体"已向社会开放了包括上海体育学院武术博物馆、上海海洋大学海洋生物博物馆等 19 处文体场馆。

志愿者服务:教育超市提供包括"上海理工大学学生关爱进城务工人员子女书香伙伴项目"等在内的 30 多个项目。

另外,还有一些以信息咨询等为内容的传媒资讯服务。

2. 提升市民文化艺术层次

在大学引领社会文化、提升市民文化修养方面,沈阳师范大学的做法值得借鉴。

坐落于沈阳城北部的沈阳师范大学是建于 20 世纪 50 年代的辽宁省属

师范院校。建校60多年来，学校秉承"博学厚德、尚美健行"的校训和服务辽宁省基础教育的理想，为辽宁省及周边几省输送了大批优秀毕业生。近几年来，为了更好地发挥大学直接服务社会的职能，学校在服务当地文化建设方面又进行了卓有成效的探索，尤以其戏剧艺术学院参与沈阳市举办的旨在提升广大市民文化水准和艺术鉴赏能力的"沈阳市艺术惠民'双百万'工程"最富于特色。在该活动中，沈阳师范大学戏剧艺术学院的教授们向社会提供了数以百人次的艺术课程教学，在市民中引起强烈反响。这既提高了沈阳师范大学的知名度，更为大学引领市民艺术文化品位和提升社会文化内涵做出了贡献。

下面是沈阳师范大学戏剧艺术学院在2010年9月为"沈阳市艺术惠民'双百万'工程"中提供的"名师大讲堂"的课程安排（载于《沈阳日报》2010年9月2日A10版），以及该院院长周宏荣教授在此次活动中受到沈阳市的表彰情况（载于《沈阳日报》2011年3月1日A5版）：

沈阳师范大学戏剧艺术学院百万市民艺术培训工程"名师大讲堂"课程安排：

授课时间	课程名称	主讲人简介	课程简介
2010年9月4日 10：00—11：00	《名家名段欣赏》	沈志良，沈阳师范大学戏剧艺术学院教授、中国剧协会员	讲解京剧老生行当的特点及相关知识，教唱传统京剧及现代京剧选段
2010年9月4日 14：00—15：00	《舞蹈形体训练》	胡博，沈阳师范大学戏剧艺术学院舞蹈系教师，毕业于北京舞蹈学院，辽宁省舞蹈协会会员	从理论和实践不同角度讲述舞蹈形体训练的意义、方法和注意事项，引导学员进行舞蹈形体训练，完成简单的舞蹈动作
2010年9月5日 10：00—11：00	《名家名段欣赏》	崔立刚，沈阳师范大学副教授，曾多次出访外地、外国，进行交流演出	讲解京剧小生流派的特点、京剧理论知识、讲授京剧字韵湖广韵、中州音等，教唱京剧名段
2010年9月5日 14：00—15：00	《普通话训练》	金沐，吉林大学硕士研究生毕业，沈阳师范大学戏剧艺术学院影视艺术系副主任，播音与主持专业主讲教师	讲授普通话语音学习需掌握的语音学理论知识，并通过实践方法纠正受方言影响的语音习惯，以达到事半功倍的效果

周宏荣　沈阳师范大学戏剧艺术学院舞蹈系原主任。她领衔艺术惠民工程中的"名师大讲堂"授课,还组建了沈阳市民舞蹈队和模特队。艺术惠民活动开展以来,她凭借自己对专业的热爱与敬业,保证了艺术惠民授课、排练及演出的顺利完成。周教授亲自授课的消息,在市民中一传十,十传百,每次来听课的市民都成倍增长,从二十几人迅速增加到百余人,以至300平方米的教学空间也无法满足教学需求,只能分至三到四个教学班进行授课。市内各区的市民纷纷前来学习,有的市民每天坐车往返三四个小时,却乐此不疲,还要求把授课时间从90分钟增加到三个小时。更有多个舞蹈社团慕名而来,竞相高薪聘请周老师去授课,都被一一谢绝。她说:"我一定支持,如果你们喜欢舞蹈就到沈阳师范大学来。"

3. 高等教育反哺基础教育

高等教育是基础教育的拔高和升级,高等教育是依靠基础教育提供基础的,所以当高等教育回望和反观基础教育时,它对基础教育本质的把握、对基础教育领域问题的审视和剖析,是会更为透彻、更具有针对性和适切性的,这是高等教育的优势。借此优势,高等教育对基础教育在学术上、知识上、技能技巧上和操作策略引领上,就会更多一些优势。所谓高等教育反哺基础教育,就是指高等教育借助自己在学术上、知识上、技能技巧上和操作策略引领上的这些优势,对基础教育领域实施一些高水平的、有效性的服务,从而助益、惠益基础教育。

参与学校的既宏观又精微的管理工作,诸如担任中小学"学监"等,为学校的宏观战略发展提供高层智囊和专业指导,促进学校的变革与改进,这一反哺基础教育的形式很受欢迎。媒体以《"学监"的身影与情怀》[①]为题,对四川省大学青年教师范小明服务基础教育的事迹进行了报道。

---

① http://ghc.xust.edu.cn/nry.jsp?urltype=news.NewsContentUrl&wbnewsid=3075&wbtreeid=1007.

"学监"原意是指旧时学校中从事管理和监督学生之职的专职人员，也叫监学。学监制开始于19世纪中期的美国，是由专业人员协调和指导地方教育事务，确立专业人员在教育活动中的领导地位的一种教育管理制度。"学监"的职责范畴非常广阔：他的指导与督导范围不仅包括学校的一般性事务和教师工作检查、评价，更包括对微观的课堂教学流程的监测与精细的教学点评指导，这就使教师能够随时获得来自专业人士的专业指导，便于及时有效地改进教学工作。

　　在新的历史时期，学监也逐渐走进中国中小学学校生活中。为了提高学校的整体水平，中小学除了聘用一些已退休的经验丰富的校长、知名教师担任学监外，也聘请一些来自高校的学养丰厚、勤于实践、卓有水平的年轻教育专家来学校担任学监。

　　范小明就是这方面的代表人物，他获得四川大学博士学位、上海交通大学博士后，长期从事大学数学专业的教学及微分方程与动力系统研究工作。在当大学教师、搞学术研究的同时，范博士担任四川新津中学实验外国语学校的学监。作为学监，范小明在新津中学实验外国语学校属于学校高层管理人员，由学校董事会任命。作为学监，他没有辜负学校的信任与期待，深入、细致地参与到了学校管理和学科课堂教学的内部和深处，充分行使学监职责，在学校的高层行政管理中发挥了极大作用。与其共事的学校校长等人都很认同这个学监，他们认为范小明的作用类似于教育督导，但高于督导、胜于督导，因为教育督导也不可能对教学工作督导、引领得如此之细、之深、之到位。他们赞赏范小明不仅具有先进的教育理念，而且具有强烈的实践精神与朴实情怀，能随时进入课堂，亲自给教师示范讲课，且表现特有的课堂激情、教学乐趣和强大的感召力，能真正走近学生，关爱学生。范博士的教学法的着眼点是把大多数普通学生培养成优秀学生，而不是只专注于对少部分学生的精英式拔高。校方相信教师们经过培训能逐步掌握他的方式和技术，没有经过培训的教师和经历培训的教师的确不一样。正是基于这样的欣赏与信赖，在范小明担任学监期间，学校基本上把教学管理和教师培训工作全部交给了他。

范小明走进中小学担任学监的举动也被看作是中小学与大学合作办学理念的一种现实尝试，勇敢尝试，是大学教授作为一个学者参与到基础教育中竭诚做好、也能做好的事，在学校管理中，在与师生沟通和教学评价中，学监能够做校长和副校长做不到的事，起到校长和副校长起不到的作用，因为学监在观察、审视基础教育方面具有的视点更为高远一些，在监控和引领学校各方面工作的能力也会比一般教师，甚至一般管理人员，更强一些。这有助于提高教学质量，促进学校的变革与改进，而且还能把先进性办学理念与开拓性教育实践传递向更为广阔的社会层面，带来更好的社会影响和社会效应。

有一些大学教授，虽然不担任中小学"学监"等实际职务，但是因其厚重的理论学养、丰富的实践经验、高超的指导技能，成为被中小学敬仰和信赖的资深专家，在基础教育领域发挥着巨大的作用。华东师范大学的王斌华教授等学者就是这样的典型，他们在帮助江苏常州湖塘桥中心小学教育集团"聚焦平民教育理想，开拓集团发展新程"①，实现农村学校的跨越前进中，发挥了重要作用。

江苏省常州市湖塘桥中心小学建立于 1975 年。在四十年的风雨历程中，湖小以平民教育见长，进行了锲而不舍的教育教学改革探索，并因此而从一所普通的农村小学，跻身于全国教育系统先进单位、全国艺术教育先进单位。2007 年 4 月成立湖塘桥中心小学教育集团。

进入 21 世纪，站在新的学校发展起点上，学校对于平民教育做出更为深入的思考，也迫切需要有新的理念指导行动。2012 年 6 月 21 日上午，华东师范大学王斌华、彭正梅教授应邀来湖小指导，在听取了奚亚英校长介绍了集团的办学理念、培养目标和集团的基本情况，尤其是在听取了集团正在进行的"当代小学生平民人格教育的研究与实践"研究课题的详细介绍后，作为被聘请来帮助破解和共同探讨当下学校发展诸多难题的资深专家，王斌华教授对这些表现出极大的赞赏和明确的肯定："作为湖小的老朋友，十多年来一路感受着湖

---

① http://www.wjedu.net/node/xwzx_2/2012-6-22/126222234938752747.html.

小的成长，从一千多位学生到近万名学生，从两位骨干教师到一百多位五级梯队成员，湖小从课程改革起步，在平民教育之路上书写了自己的传奇。"而他对于奚校长提出的"集团化办学不是搞连锁，而是共性之下的差异发展"的观点特别认同。而今，湖小的八个校区，校校有特色、校校有品质，体现了集团化办学的优质、均衡与特色。参与学校发展规划论证，王教授他们就强烈感受到了平民学校的高尚追求。传统与现代的结合，是湖小平民情结的传承，也是学校现实发展的需求，更是教育平等、教育均衡发展等时代理念的最真实体现。

而对于湖小进一步的发展，王教授也给予了很现实的指导意见与建议，他强调要拓宽研究思路，进行顶层设计，并进一步从课程结构的划分、课程规划的撰写、课程内容的厘定等多方面给予了更为详细的指导。

以学术优长为中小学教育教学活动"诊断把脉"、"开具药方"，提供切实的指导，从而促进中小学教育工作者对教育教学新理论、新观念的掌握及基础教育质量的提升，这也是高等教育反哺基础教育的一种形式。"沈阳师范大学美术与设计学院举办服务基础教育文化讲座"[①] 受到当地中小学教师的欢迎。

2012年7月4日下午，沈阳师范大学美术与设计学院院长张鹏教授在沈河区教育局基础教育培训中心举办了一场题为《校园视觉文化环境设计》的主题讲座。沈河区教育局副局长徐强、沈河区各中小学校长莅临现场，聆听了此次讲座。

张鹏教授在讲座中从校园环境艺术的理念要素、校园环境艺术的行为要素、校园环境艺术的视觉基本要素三方面出发，将学校文化与视觉设计相结合。通过文化的视觉创造，在校园内营造出"以美促德、以美益智"的育人环境，让所有的教育者及受教育者在学校有限

---

① http://news.synu.edu.cn/html/sdxr/2012/7/1271113156158.html.

的空间中接受无限的美育教育。

张鹏教授以形象的多媒体演示、精彩的语言讲解、丰富的实例内容、轻松友好的互动交流，生动而又系统地诠释了校园视觉文化环境设计的意义与内涵，并给予了方法启迪与实用性建议，得到了现场教育同仁们的热烈好评。他们表示，如何进行育人文化环境建设一直是他们关注的问题，张鹏教授的讲座使他们拓宽了建设思路，明确了建设重点与方向，更重要的是激发了他们对营造校园环境文化，提升教育内涵品位的深入理解与探索。

张鹏教授的此次讲座是专家服务基层教育的体现。通过送教至基层中小学，提升基础教育领导者的能力与素质，增强基层教育的育人功能，也体现出了高等教育反哺基础教育的教育生态意蕴。

除此之外，关于大学对基础教育的服务，近年来推行的"G-U-S"（这里，G代表政府、U代表高校、S代表中小学校）协同育人模式，又有新拓展，不仅参与主体有所增加，而且功能上也有所延伸。由北京德清公益基金会、华南师范大学音乐学院、安仁县教育局以及安仁县金紫仙镇豪山中小、关王中小、新洲学校、羊脑学校合作推出的以"助力乡村美育"为主题和宗旨的"双育人音乐支教项目"，便是一例。这一四方合作模式，因公益机构的密切关注、深度参与而拓展和刷新了近年来推行的"G-U-S"协同育人模式，更因与大学生的教学实践和社会服务形成有机对接，而创新出大学生与中小学生共同成长发展的"双育人"音乐支教新样态。

三 "威斯康星理念"对我国大学的启示

"威斯康星理念"带给我国大学以极大的启示，促使我国大学认识到，大学绝不可止步于大学校园的围墙之内，必须放眼社会和未来，必须要以自己特有的知识和智力优势服务于地方经济社会的发展，努力谋求与当地政府、企业的多种有效的合作模式，以推动社会进步。我国是一个高等教育大国，各地高校众多，大学云集。改革开放后的几十年里，我国各地高校，尤其是大学，不仅在思想上对大学服务社会予以高度重视，同时，在实践中，依托自身的独特的文化传统和资源优势，努力探索大学服务社会模式，在构建地方高校服务社会的有效机制方面，进行了有益探索。将书中所述几种大学社会服务方式，以及还未得细加阐述的一些方式综合起来，可以概括为这样几种类型：一是共建经济发展平台，即在地方政府的牵线搭桥下，地方高校与企业、科研单位共建产学研基地、科技园区，促进高校科研成果转化。尤其各地大学在依托自身学科优势，助力地方经济发展，助力地方新农村建设等方面，成绩斐然；二是配合政府建立决策咨询制度，即在地方政府就大政方针、重大决策向高校专家学者听取意见和建议时，高校教授专家学者积极建言献策，起到智囊作用；三是高校建立社会服务动力机制，教学科研人员对社会服务重要性的认识在不断提高，学校组织教授群体或教授个体对社会的经济、文化、基础教育领域提供相应的服务，学校予以相应的政策保障。在进入21世纪新经济时代，各地高校在服务社会、促进地方经济文化发展方面还创造出了更多的成功案例。不断谋求建立更为适切有效的大学与地方合作机制，进一步发挥大学的学科优势，力争更多渠道、多层次、多方面地融入国家、地区的经济社会发展之中。

（一）大学要施行切实有效的社会服务

大学的服务是特色性服务、适切性服务。随着高等教育的发展，高等教育内部的结构、学校层次、学校承担的任务及各个学校的学术优势等都会有很大的差别，在这种形势下，大学社会服务不能搞一刀切，不能搞统一模式。大学要善于根据自身学科传统优势和依托自身的智力资源强项，结合对地方产业结构和地方经济发展的战略目标的研究和把握，施行有特色的服务。威斯康星大学的农学和农业研究是该校最早发展起来的专业，该大学正是在适逢威斯康星农业由种植业向乳业转换的历史时刻，充分利用了大学自身农学专业的教学和研究上的这一优势，为州的农民提供了最有成效的服务。这一点值得我国高校认真学习并发扬光大。

大学的服务是前瞻性服务、可持续性服务。为了可持续地发挥服务社会的功能，提高教师的学术水平和融入社会的能力，我们要鼓励教授专家们走出书斋，走出"象牙塔"，让自己的知识、智能和视野向社会开放，向民众开放，向基层开放，积极寻找社会发展需要的课题项目、研究空间和服务渠道，使学术成果直接为社会服务，直接惠及社会，惠及民众，并不断寻找前瞻性服务、可持续性服务的机遇。当然，科技园建设作为学校高新技术产业发展的重点，努力将其建成高新技术企业的孵化基地、创新创业人才的培养基地、技术创新的研发基地和高新技术产业的辐射基地，也是极大提升学校为地方经济建设和社会服务能力的有效途径。

（二）大学要引领和提升社会文化

科学的发展，技术的进步，生产效率的提高，并伴有物质成果的巨大积累和提供，电子技术、生物技术、核能技术，这些新发明在不断地改变和改善着生产领域的技术基础和人们的物质生活质量，这是工业文明带给人类的巨大福祉，但工业文明在显示它巨大优越性的同时，又给社会带来一些无法回避的问题。对科学技术的过于崇拜和依赖，对金钱和物质财富的极端追求，结果造成利益驱动下的道德标准的倾斜和各种道德失范行为的出现：从那些身居要职国家公务人员贪占巨款潜逃，到房屋桥梁建筑中的造假工程，再到戕害人身心健康的诸如"毒奶粉"、"瘦肉精"之类不安全食品的出现，无不显示着工业文明时代的道德滑坡、人文内涵缺失的悲剧，因而，整合物质文明与精神文明，让技术理性与人文情怀同步和谐发展，是新的历史时期的严肃课题。在这一过程中，大学要发挥自身人文学科优势，为全体社会成员的精神成长提供更多更好的食粮和营养，在引领和提升社会文化中发挥作用。当年的威斯康星大学就是通过推广教育部组织的"图书下乡"、"公共讨论"等方式，启发广大民众的思想，用正确的价值观和主流观念引导社会的文化和舆论，被称为"州共同体的大脑"。可见，大学是社会肌体的大脑，大学是思想进步的引擎，大学是文明素养提升的催化剂。

（三）大学社会服务要与时俱进

大学社会服务要与时俱进，注意处理好教学、科研与服务三者的关系。

一百年前"威斯康星理念"的问世向世界宣告了大学及高等教育必须服务社会的鲜明立场，从而逐渐使大学服务社会成为了人们的共识，并最后定型为大学的重要职能。

一百多年过去了，社会发生了很大变化，大学自身及高等教育领域里也发生了巨大变化：高等教育的类型、结构获得了巨大的增加和充实，已不再仅仅是大学这一种类型。我国大学及高等教育的入学人数急剧增加，高等教育的发展已经进入大众化阶段，大学自身的内部组织利益群体的结构和诉求更为复杂多样，同时，大学与周围各种社会组织的关系也在发生了改变。在这样一个新的形势下，大学实现为社会服务的职能，需要应对新局面，研究新问题，探索新模式，与时俱进。"威斯康星理念"之于今天的意义，更在于它的内在的精神实质，而非它的外在的服务方式，不可完全照搬威斯康星大学的模式，也应努力避免他们当年的一些问题。为此，需要注意这样几点：

1. 大学服务职能与大学其他几个职能的协调一致

大学主要有三个职能：培养人才、科学研究、直接为社会服务。这几者之间的关系必须要处理好，必须要认识清楚几者之间互为前提、互为促进的关系。首先，培养人才是大学的基本任务和基础性职能，一所大学只有将人才培养好，大学里的教授都有高超的引导、教育和培养学生的能力，它才有能力到校园之外的更大的社会范围内去播撒知识的种子和传达真理的声音。况且，随着大学入学人数的不断扩大和大学对社会就学需求者容纳量的不断增加，常规教学工作和人才培养工作也越来越成为社会服务的一项重要体现；科学研究、发展知识是大学的第二项职能，它是服务得以实现的必要的物质性准备，只有不断有新的知识成果产出，大学才有可能将它不断地结合于现代社会，使它转化为能够真正推动社会进步的生产力，在这样的基础上，服务才能实现。高等教育学家潘懋元先生说："高等学校的三个职能的产生和发展是有规律性的。先有培养人才，再有发展科学，再有直接为社会服务。它的重要性也跟产生的顺序一致，产生的顺序也就是它的重要性的顺序。应该说，第一，培养人才；第二，发展科学；第三，直接为社会服务。不能颠倒过来，把直接为社会服务摆在第一位置，把教学或者科研摆在第二、第三位置。有没有人提倡高等学校三个职能的重要性应当颠倒过来呢？确实没有。但也确实有人在实际上自觉不自觉地颠倒过来，这就不能不令人深切关注。"[①]

---

① 潘懋元：《潘懋元高等教育文集》，新华出版社1991年版，第179页。

2. 合理定位大学社会服务活动的方式和服务活动的量度

20世纪初的美国社会发展迅速，政治经济生活领域中对知识的需求非常迫切，而当时的美国高等教育机构不光数量少，而且规模小，1903年范海斯上任时的威斯康星大学在校本科生只有1122人，研究生119人。这种情况下，通过在校园范围内培养人才来促进社会的发展，作用太小太间接了，所以，只有直接将大学的资源用于解决社会问题，才能做到更为有效的服务。而我国现在的很多大学，在国家大力发展高等教育的政策下，通过资产置换、学校合并等方式，大学在学校的规模、人数上获得巨大发展，承担在校学生的培养任务已十分繁重和艰巨。同时高等教育的结构、类型又获得了丰富多样的发展，在这样的形势下，有两个问题值得我们认真思考：一是"大学是应该着眼于内部并致力于发展基础知识和培养有才干的学生来使社会受益呢？还是应该继续对社会需求以新的服务、新的培训项目和新的专家建议形式做出积极的响应？"[①] 二是在坚持大学必须为社会服务的前提下，怎样确定服务的方式和服务的量度？这的确是个新课题。有的大学教师把大量的时间用于校外的服务活动上，而造成对学校内常规教学工作的冲击，这些都是对于"威斯康星理念"之服务精神的曲解和执行中的偏颇，是需要扭转和克服的。

在对"威斯康星理念"之服务精神的继承和发展中，美国学者弗莱克斯纳（A. Flexner）的观点有一定的代表性。他赞同大学要服务社会，不能远离社会，鼓励大学与现实世界保持接触，但是他不赞成大学成为"服务站"的做法，不提倡大学深入到服务实践的具体环节中，而是主张大学在社会问题的解决中只提供解决的思路和方向即可。为此，他列举法国巴斯德教授的做法。巴斯德是一位化学教授，在他从事自己的专业研究过程中，适逢法国的生产经济和法国人民的日常生活受到了蚕病、鸡瘟、狂犬病，以及葡萄酒酿造过程中种种失误等很多困难的威胁。巴斯德教授放下手头的专业研究工作，专心研究解决上述问题的办法，发表了研究结果，但他并没给养蚕人、养鸡人和酿酒师们当顾问，也没有开设这方面的课

[①] ［美］德里克·博克：《走出象牙塔》，徐小洲、陈军译，浙江教育出版社2001年版，第75页。

程，他只是指出了解决问题的方向。弗莱克斯纳列举这个事例就是要说明他的观点：大学向社会提供服务的方式，应该像科学家那样提供服务，并且适可而止，而不是成为卷入其每一个服务细节中的具体事务服务员。

弗莱克斯纳的观点是不是完全正确，有待商榷，但是我们认为，在"威斯康星理念"所昭示的大学服务职能必须坚持，而且要得到加强的前提下，科学合理地定位大学社会服务活动的方式和服务活动的量度，也是十分重要的。

3. 大学要注重建立与政府的良好合作关系

大学与政府的合作关系首先意味着大学在为社会的服务过程中必须服从国家利益的需要。当年，作为州立大学的威斯康星大学积极向所在州、所在社区提供服务时所秉持的基本理由是：大学被公共资金所支付和供给，为什么公众不能让他们自己受益于大学的服务？可见，作为州的大学，为社会服务是理所当然。那么，我们国家的大学基本上都是由国家进行财政拨款的公立大学，所以，当国家和政府代表全体人民利益制定关乎国计民生的重要政策，或做出有利于社会福利和人民生活水平改善的重大决策时，具有相关专业知识的大学教授专家的智力参与是必不可少的。而当国家向大学的专家们发出这样的吁请和呼唤时，大学的专家教授们责无旁贷。

在我国当今急速工业化、城市化的进程中，伴随经济繁荣和社会发展，许多新的社会问题、社会矛盾也在不断出现：资源过度开发问题，环境污染问题，房地产经济膨胀问题，垄断企业高福利待遇的遏制问题，高强度劳动企业工人安全保护问题，农民工权益保障问题，等等。经济越发展，它带来的伴生物的类型越多样，表现形式越复杂，涉及的利益集团和社会层面越纠结。自然，解决这些问题需要的智力成分会越高，对学有专长的大学教授专家的要求和依赖程度会越大。

在我国当前工业化进程急速推进，以及相关法律法规还不够健全的情况下，当前社会上这种只顾经济利益而对劳动者权益、对社会的正义和公平造成危及和伤害的产业领域和经济活动范畴还很多，亟待社会给予规约，亟待得到大学智力和科学力量支持下的强有力的国家政策的出台。在民主社会里，大学听从国家的呼唤而服务于民主政治的需要，这是人民的福音，是大学的荣耀。

当然，大学与政府间良好合作关系的建立还要注意避免社会激进主义的观点，避免教育隶从政治、丧失其应有的独立性之情形的出现。那种认为大学只是被动地接受由政府机构、公司或其他强有力的组织所确定的议程来为社会服务，去帮助任何拥有足够权力和金钱的群体实现其抱负或野心的社会激进主义的观点是错误的。当年威斯康星大学参与州的行政管理工作就曾被指责"大学要控制州"，大学成了政治的"工具"，虽然这些指责多数是保守派的虚妄之辞，但是，它也足以提醒我们在与政府的合作中保持一个适当的态度和立场。这个问题上，其他教育家也早有告诫："被动地接受社会的目标和价值观，不仅剥夺了大学学术领导权，而且还促使其卷入了伦理和智力价值都受到质疑的活动中。"①

本章小结

"威斯康星理念"在近代中国的传播是"威斯康星理念"与中国的第一次近距离碰撞。在近代列强侵略的隆隆炮声中，中国的国门被迫向世界打开，中国人在感受到西方科学技术的先进与强大的同时，也接受了许多新的思想观念，"威斯康星理念"正是在这样的背景下传入中国的，它主要是随着留美、留英学生的归来，以及一些文化界和教育界的知名人士对西方考察后，逐渐被介绍到中国的，而其中蔡元培和陶履恭先生功不可没，他们或撰文阐述，或通过各种场合的演说，将这一理念传播向国内，告知于国人。通过蔡元培、陶履恭等人的宣传、介绍，"威斯康星理念"所代表的大学服务社会的观点不仅受到国人的欢迎，而且也激发和促动了大学人服务社会的行动，最典型的就是北京大学"校役夜校"（工友夜校）的开办和"北京大学平民教育讲演团"的成立，他们的活动表明了直接将大学的知识资源用于民众的启迪之上，让大学的大门向民众敞开，表明了大学服务社会这一西方理念在中国的落地生花，更表明了教育的民

---

① ［美］德里克·博克：《走出象牙塔》，徐小洲、陈军译，浙江教育出版社2001年版，第90页。

主与平等这一新的时代精神的弘扬。

20世纪80年代以后中国社会进入改革开放的新时期，这是"威斯康星理念"在中国发生巨大影响作用的又一个高峰时期。伴随着中国现代化进程的加速，作为时代精神的"威斯康星理念"也愈发为中国人所接受，使中国人愈发深刻地认识到：现代大学不只是培养人才和发展知识的教学、科研组织，还更应该是社会经济与文化活动的重要资源和组成部分，是社会经济文化生活中不可或缺的资源配置要素和内在推动要素。大学不只以教授在校大学生、培养人才的方式实现对社会的责任，更应该以运用自己的学术资源和智识力量直接效力于社会、服务于社会。大学服务社会的行动迅速展开，风生水起，各地大学根据自己学校的实际情况和各自的学科优势，创生出了许多服务社会的形式和模式，综合起来，这些形式与模式可以概括为这样几种类型：一是大学对政府的服务，"协同创新"中政府的智囊与伙伴；二是大学对地方经济的服务，助力经济腾飞；三是大学对社会的文化教育服务，文化提升与教育反哺。

"威斯康星理念"带给我们的深刻启示就是大学要施行切实有效的社会服务，大学的服务是特色性服务、适切性服务，大学的服务是前瞻性服务、可持续性服务；大学要引领和提升社会文化，大学是社会肌体的大脑，大学是思想进步的引擎，大学是文明素养提升的催化剂；大学服务社会要与时俱进，为此，要注意处理好教学、科研与服务三者的关系，要努力做好大学服务职能与大学的其他几个职能的协调一致，合理定位大学服务社会活动的方式和服务活动的量度，同时，大学更要注重建立与政府的良好合作关系。

结　语

在 19 世纪向 20 世纪转换的世纪之交，在地处美国中西部地区北部的平原上，一群具有改革视野和开拓精神的威斯康星大学人，用一系列服务社会的思想和行为，用自己异军突起、独树一帜的个性，书写了被称为"威斯康星理念"的大学改革的壮丽篇章，强烈地触及了以个体理性涵育为本位、以形而上的义理研究为追求的传统大学职能观和办学模式，从而开启了教学（人才培养）、科研（发展知识）和服务（社会服务）这大学三大职能鼎足而立的"三国时代"。

事实上，"威斯康星理念"的根本意义绝不在于向世人介绍了一个大学直接服务社会的案例，及该大学所采用的几个具体的服务形态和方式，而更在于向世界昭示了这样的一个理念：作为社会有机组成部分的大学，作为一个荟萃着具有高智商、高才能人群的组织，它的办学实践必须要以提升全社会的质量和品格、促进社会的发展与进步为着眼点，必须要以全社会为参照系，必须要以对社会的发展提供引擎和助力作用为终极目的和评判标准。大学在"象牙塔"里脱离生活世界的封闭孤立、自话自说和拒绝大众的情形，应该为历史所摒弃。大学不是为培育社会特定阶层人的特定品质而存在，它是为"增加人类成就的总量"（add to the sum of human achievement）而存在，而工作。

威斯康星大学不仅向世界奉献了被誉为"美国二十世纪最有创造性思想之一"的"威斯康星理念"，更以它勇敢的社会服务行为，激励和带动了世界各地大学实现打开"象牙塔"、面向社会和民众的历史性跨越。它让世人从"州的边界就是大学校园的边界"里感受到了"威斯康星理念"的宝贵价值和恒远意义,让世人懂得:大学的影响绝不只在大学的校园内,大学的影响应该超越大学的围墙,辐射向更广阔的社会,传播向更多数量的民众。

一 "威斯康星理念"标志着美国式新大学的出现

"威斯康星理念"标志着以服务为典型特征和终极目的的美国式新大学的出现,标志着集英国大学、德国大学优点,并在其基础上有所发展的美国式新大学的成型。

美国的教育源自欧洲,最早的英国移民为美国的高等教育带来英国的住宿式学院,这是美国高等教育的始基,从那时起,自由教育哲学支配美国的学院达两个世纪之久。随着19世纪中期留德学子的回国,以研究为指向的大学理念又在美国的土地上结出果实:一批约翰·霍普金斯式的研究型大学建立起来,但是,"美国人很快感到这种崇尚纯科学研究的大学还不足以满足美国社会日新月异的变化之需,事实上,约翰·霍普金斯大学很快也进行了内部调整,在它的学校组织里充实进去了本科教育的部分"①。应该说,求真务实的美国人深深意识到,他们更需要的是一种既有英国住宿式学院师生共同生活、共同学习切磋之优点,又将纯粹的基础性科学研究与现实问题的应用研究结合起来的为美国社会发展提供切实服务的大学。

在这样的历史时刻,以服务为核心要义的"威斯康星理念"应运而生,威斯康星大学顺应了这样的社会要求。在威斯康星大学,它的服务理念不仅体现在它创立的几个直接服务州的改革计划和推广教育活动上,而且整个大学的工作和运转都是建立在服务哲学之上的。范海斯们追求着、努力推动着的大学全部的工作都是围绕着服务这一基点来展开。在威斯康星大学,良好的校园物质环境,优秀的师资,高水平的教学,是传递知识、实现服务职能的依托,不断积累起来的研究成果是服务社会、服务人民的保障,因此,在范海斯们的努力下,威斯康星大学既保持和发展着拥

---

① Urban, W. J. American Education: A History. New York: McGraw-Hill. 2004, p.182.

有公共寝室、公共活动室的英国寄宿式大学的教育模式，又推崇和发展着以研究为核心特征的德国大学精神，并且把德国的纯粹研究发展为对应用科学的研究，以此为依托实现着对州、对社会、对人民的服务，因此，威斯康星大学是一所努力集英国大学、德国大学优点于一身的大学，"威斯康星理念"标志着集英德大学优点并在其基础上有所发展的美国式新大学的出现。如果说，《莫里尔法案》的颁布为美国大学服务职能的确立提供了法理依据，那么，威斯康星大学从事的社会服务活动则为美国及世界的高等教育提供了一个完美的实践样板。它使"应社会之需、为社会服务"的思想不再仅仅是一个哲学思潮，不再仅仅停留于舆论层面、法理层面、学理层面，而是进入了实践层面。"威斯康星理念"创建了一种新型的大学样式和大学运行模式，体现了一种教育实践智慧。

二 "威斯康星理念"标志着打破高等教育传统的封闭体制

"威斯康星理念"标志着大学打破了高等教育的封闭体制，大学在与社会的开放性联系和互动中，在社会生活的坐标系中，找到了自己的合理定位。

现代大学一个最重要的特征就是大学与社会关系的拉近和加强，大学肩负起社会责任，大学与社会的其他组织系统之间是一种相互依赖、相互支持和相互促进的关系。威斯康星大学通过倡导和实施为州服务，使现代大学与社会之间联系得以彰显和加强。

从大学自身的角度来说，"威斯康星理念"标志着大学冲破了阻隔在大学与社会之间的樊篱，大学打破了一直以来的封闭自为的存在和运行状态，而与社会机体之间建立起了有机的联系，在这种联系中，大学发挥了指导和帮助工农业生产的效能，实现了价值的最大化，同时，大学也从为社会服务的实践中找到了自身持续发展的新的生长点，在这个意义上，我们说，"威斯康星理念"为大学指明了一条可持续发展的宽广而坚实的道路；从社会生活的大的观照视野上来说，"威斯康星理念"反映了大学从此摆脱了偏居社会一隅，对社会生活的冷漠和无视的局面，而是从此走向社会舞台的中心，扮演起社会的"服务站"、"州共同体的大脑"的角色，从而找到了大学在现代社会中的合理定位，这是一种历史性的转变。

1151年，法国王室向巴黎大学颁发特许状，作为学生和教师共同体的大学这一学术组织宣告成立。应该说，以培养牧师、医生、律师为基本定向的中世纪大学在它的成立之初是注意到了社会的基本需求的。但是，自从经院主义哲学兴起之后，在服务于宗教信仰的指挥棒下，大学越来越将自己学术活动的焦点集中于知识的传授积累和义理的推究思辨之上，它离纷繁多彩的现实生活越来越远，成了一个自话自说的机构，成了一个按照自我逻辑存在和运行的"象牙塔"。大学越来越秉持着远离社会现实生活的形而上学的价值取向。这样的大学遵循的理念是：大学必须与社会保持必要的距离。这已成为19世纪中期以前大学里基本的办学指导思想和办学传统。

　　"威斯康星理念"是对这一传统的超越。"威斯康星理念"的倡导者们坚持大学必须与社会和人民的生活建立联系，由人民所支持的大学一定要回馈于人民。大学的活动绝不可以被大学的钢筋水泥的院墙所限制，大学要走出校园，走到人民中间，大学的围墙要延伸到州的边界。大学不再是对社会生活漠不关心，只专注于义理究辨的"象牙塔"，而是时刻观察和反映人民需求的"瞭望塔"；大学不再是只满足某一社会阶层之需的通才精英的养成所，而是为全社会提供智力营养的"共同体的大脑"。

　　首先，大学是州经济活动的推动者，大学凭借自己的智力优势成为经济发展的"助推剂"。在威斯康星，大学与州的人民的鲜活生动的物质生产生活世界相联系。在那作为州的支柱产业的乳业生产中，无论是其乳品质量的检测，无论是其奶牛疾病的防治，都有大学的专家教授在给予把关。"大学对于州的人民来说，近在咫尺。"威斯康星州因此而被称作"奶牛农场优生学的实验场"。

　　其次，大学是州的精神品质的提升者、文化的引领者。威斯康星大学通过大学推广教育部的辩论与公共讨论系，组织全州人民就当前重大社会问题展开讨论，对于州的人民的思维能力提高、情智开发和审美意趣发展都起到了引领作用。它与人民思考着的精神世界发生联系。大学因此而被称为"州共同体的大脑"。

　　再次，大学是州的政治活动的智囊、伙伴。它与州的政府之间是合作伙伴关系。威斯康星接受了德国在社会公共事务管理中充分使用大学教授及受过教育的人才的理念,"威斯康星大学成为与立法、司法和行政部门并列的州的第四个部门"。这一点并不是写在宪法里的,哪部法律里也没有做这样的规定,但是,人们无论在拉夫莱特的办公室里,还是在范海斯的办公室里,都能强烈感受到政府和大学之间的最为紧密的联系。在各自研究领域里术业有专攻的教授们被引进到州的行政管理的各个部门和领域,通过主持制定各种进步主义的法律,通过在各个委员会里的行政管理工作,规约和遏制了各种腐败的滋生,推进了州的政治民主化进程。

三 "威斯康星理念"标志着大学社会服务功能的确立

"威斯康星理念"标志着大学社会服务这一新功能的确立,它丰富和发展了大学功能的内涵构成。

吸吮了古代文化精华而形成的中世纪大学被称为是"中世纪最美丽的花朵",是一个珍贵的文明结晶。现代大学是在中世纪大学基础上发展起来的学术机构,在它几百年的发展进程中,人们自然对它赋予了许多期待,然而,一直以来它就是一个远离社会的"象牙塔"。无论是以传授规定的知识来界定大学职能,还是以进行"纯科学"探究来理解大学目标,大学都是一个不受制于任何外在的影响,按照自身规律运行和发展的独立机体,它有自己不可变更的逻辑。学界将这种教育哲学概括为理性主义大学观,这一观点认为大学主要受认识论哲学思想的指导,大学的主要工作是进行有效的知识的传递和对未来世界规律性知识的探索和获得。弗莱克斯纳就是这一观点的坚定的倡导者。他明确指出大学应该成为探索知识、解决问题、高水平地训练人的严肃机构,大学应该探索"物理世界"、"社会世界"和"美艺世界"的种种知识。在他看来,大学就是一个与社会平行的独立地做着自己的事情的机构,它并不对社会承担什么直接的责任。应该说,这一观点及其在这一观点支配下的大学实践成为20世纪之前的大学教育的主旋律,为德国、美国等国家的大学所推崇。尽管作为近现代大学之母的中世纪大学也具有一定的职业培训功能,但是,它在向近现代大学迈进的过程中,却渐渐形成了以进行自由教育为主要使命的学院教育模式。在这样的学院里,教育的目的、教育的内容和教育的方式方法,这些关乎教育的最基本问题的确定,不是以社会的政治经济生活中最为基本的人才需求为指针的,而是以通过进行古典知识传授和训练理智思辨为主要目的的自由教育来完成对人的文化涵育。这样的大学也培养人才,但它培养的却是只适合于诸如文官、牧师等非常具有局限性的社会岗位的通才型人才。而千千万万真正劳作于社会生产岗位的普通劳动者在大学里是无法获得形成自己知识技能的一席之地的。这样的大学,不是推动社会前进的人才母机和人才库;这样的大学里,培养和储备着的不是去运转社会机体的各个部分的人才;这样的大学,不是在训练和提升人的具体劳动知识技能上下功夫,而是在训练人的优雅举止、心智能力上下功夫,它是一个满足人的理智思辨乐趣的所在。这样的大学的功能是单一的。

然而,毕竟一个社会的发展,其基本动力要来自于生产领域的变革。工业革命向世人显示了技术基础变革带来的巨大力量,更带来对教育的迫切之需。它要求教育能够向生产领域提供更多更好的智力支持,它要求教育要向社会的生产岗位输送巨大的具有基本知识技能的人力资源,它要求教育,尤其是大学要成为推动社会前行的动力站。

"威斯康星理念"的出现彻底打破了关于大学功能的传统观念。威斯康星大学的教育实践正是迎和了这样的社会之需,并且引起大学功能发生质的革命。范海斯等一批远见卓识的美国大学校长能够跳出大学自身本位,以大学与社会的关系、大学对社会的责任这样一个更为新的和更为宽广高远的视角来看待大学的职能和大学存在的意义,实现了关乎大学意义的质的转变。

首先,它完成的是基于个人本位的大学功能观到基于社会本位的大学功能观的转变。自由教育一直以来强调的是理性、知识、道德和信仰,它指向的是个人的文化精神品格的修炼,它注重的是生产出完善的个体;而威斯康星大学在服务理想指引下所进行的教育实践,则是跳出了自由教育的单一模式,而是着眼于促进社会发展的宏大视野,范海斯们秉持着"增加人类成就总量"、"为人类的所有努力提供训练机会"这样一个更为崇高、更为高远的大学理想去安排、规划和运转大学这部智力机器。在威斯康星大学,无论是其教授们参与公共管理活动,还是学者们进行的科学研究和探索,以及知识推广传播,不是要解决一人、一事、一地的问题，而是以整个州的全面进步为宗旨的，以州的人民的利益的全面满足为目标。

其次，威斯康星大学服务理念的实现，是教学、研究职能有机结合的结果。服务是威斯康星大学的根本的办学方针，但它的服务绝不是抛开了大学的教学和研究职能的服务。为了更好地实现服务的理想，威斯康星大学努力融合英国住宿式大学和德国研究性大学的优点，使其成为服务理想实现的基本保障。应该说，这里的服务是建立于教学和研究职能之上的服务，是对教学和研究职能的拓展和延伸。如果没有结构合理的教学组织、优异的教学力量和杰出的研究成果，服务职能也无从实现。

再次，威斯康星大学服务理念的实现反映了由以往以青少年为主要对象的教育，扩展为包括成人教育对象在内的教育，是教育走向现代化的表现。

四　"威斯康星理念"代表着教育民主理想的实现

"威斯康星理念"集中表述为"为州服务"，在这里"服务"是它的外在表现形式，而它所承载的精神实质则是教育的民主，即人人有权利、有机会享受教育。"威斯康星理念"代表着教育理念的革命，教育民主理想的实现，意味着在教育目的终极指向上实现了由贵族意识到民主意识的提升。

首先，"威斯康星理念"代表的教育民主概念表现为对所有社会成员的教育权利的承认、尊重和争取，表现为所有社会成员教育机会的均等和教育资格的平等。人类自有教育以来，教育都是占人口少数的统治阶级和富贵阶级的独有物品，为数众多的人民大众是无权无缘享受这一福祉的。从 2500 多年前的古希腊罗马时期到 19 世纪末都是这样。但是，从 19 世纪末到 20 世纪初的世纪之交，随着世界范围内资产阶级革命的风起云涌，随着启蒙运动的发展，人类社会开始为社会公众的民主权利而斗争的历程。这些反映到教育领域里，就是教育民主意识的不断觉醒和高涨，而这一理念在威斯康星大学就聚合成集中的呼声。无论是巴斯科姆的"大学要致力于全体公民普遍的道德提升"的理想，还是钱伯林的"大学要寻求普遍影响"的愿望，抑或是范海斯"直到我们大学的影响渗透进了州的每一个角落,我才会满意"的决心,都表达着"威斯康星理念"里一个最为基本的教育民主思想:教育权利的平等。在这一思想的指引下,大学的教授们走进人民中,走进农夫的农场、谷仓、马厩,去指导检验牛奶的质量,去研究饲草的改良、奶酪的制作,去调查防治奶牛的病疫;农民们则在冬天里走进大学的课堂,在传授实用知识的短期班里,或在大学开办的、分散于州内各地的"家庭主妇学校"、"面包师学校"等机构里,学习直接有助于他们的生产生活的知识。

其次,从课程的角度来说,"威斯康星理念"代表的教育民主表现为所有人类知识领域中的学习和研究上的平等。在自由教育理念的支配下,西方社会长期以来是以希腊语、拉丁语等古典学科为学习和研究的对象,其他知识被排斥在外,无法跻身于学校的课程体系之中。自从康奈尔大学响亮地提出要办一所"任何人都能学到任何知识"的大学起,应用知识开始逐渐获得与古典文化知识平等的地位。这种所有人类知识领域中的学习和研究上的平等的理想在西部州立大学中逐渐得到实现,而威斯康星大学更是将这一理想渗透在了富于改革精神的全部学校课程中。威斯康星大学教授特纳说:"在我们的教育历史上,没有什么事情比加在大学身上的民主的压力更具有震撼效果,这种民主压力要求大学去适应所有人民的要求。从这些由先锋理想所塑造起来的西部州立大学中,生发出了对于科学学科的充分的承认,尤其是对于那些致力于自然界规律探索的应用学科的承认,形成了对于那些传统规定课程的打破,形成了职业性课程与学院派课程在同一所大学校园中的联手,形成了农业课程、工程课程和商业课程的发展,有了对律师、行政管理者、公务人员、新闻工作者的培训。所有这些,都是处于服务于民主而不是单单服务于个人成就这一理想的指引之下的。"[①] 在威斯康星大学,实施自由教育的文理学院和实施实用教育的专业学院在大学中的地位是一样的,"威斯康星理念"实现了由古典学术课程到实用课程间的平衡。

再次,"威斯康星理念"代表的民主又包含着一种求真、务实的经验主义、实证主义精神。从古典时代亚里士多德创立三段论的形式逻辑,到

---

① McCarthy, C. The Wisconsin Idea. New York: The Macmilan Company. 1912, p. 124.

中世纪经院哲学给近代大学留下的浓郁的思辨传统,在漫长的历史进程中,主导欧洲思想界和学术界的一直是演绎式的思维模式。在美国西进运动中的吃苦耐劳精神的哺育下,在德国移民踏实诚恳性格的感染下,威斯康星这片热土上的人民慢慢培育起研究实际,贴近实际,一切从实际出发的求真、务实的思想品格和行事作风。威斯康星大学教授们参与制定州的各种法规,并不是将欧洲的现成的法律法规拿过来套用,也不是将国内其他州的法律法规直接复制,他们都是立足于州的实际,有针对性地研制出来;农业院系的推广教育活动也都是紧密结合州内实际,开展与州内新兴的奶牛饲养业和乳品业相关的调研和培训活动,大学推广教育部的四个系的活动内容更是与时代、与州人民的生活息息相关。信息与福利系开办的面包师学校、反结核病展览等,都是与人民的饮食、健康等密切相关,该系下属的市政参考局每年要解答来自全州乡村和城市的 1500 多个问题。公共辩论系每年向全州居民下发的讨论条目达 8 万条之多。正如人们所言:"像大学推广教育部这样一个部门的建立的伴生物或许要比这个部门的建立本身还要大。教授们走进人民中间,与人民的需求发生了联系,并且能够将理论结合于实践之中,当然,人民也从中学到了对专家的尊敬和热爱。"[①]

总之,肇始于 19 世纪向 20 世纪转换之际,完善和发展于 20 世纪的"威斯康星理念",是大学社会服务功能的代名词,无论在高等教育领域,还是在教育史上,它都是一个转折和巨变的象征。它标志着美国式新大学的出现,高等教育传统的封闭体制的打破和大学社会服务功能的确立,它更代表着教育民主理想的实现。从此,作为高等教育机构的大学不再是远离社会的"象牙塔",也不是少数精英人士独享理智思辨乐趣的专属领地,而是成为促进社会政治进步、经济发展的"推助器",成为大众心智开启、精神提升的泉源。大学的影响不再仅仅局限于大学校园之内,而是超越了大学围墙的围阻,辐射向更广阔的社会层面,播洒向更多人的心田。

---

① McCarthy, C. The Wisconsin Idea. New York: The Macmilan Company. 1912, p.141.

主要参考文献

一 英文文献

Bogue, A. G., T. Robert, The Wisconsin: One Hundredand Twenty – Five Years. Madison: University of Wisconsin Press. 1965.

Bumard A. Weiberger, The La Follettes of Wisconsin. Madison: The University of Wisconsin Press. 1994.

Barnes, Gregory, The American University: A World Guide, Philadelphia: isi Press. 1984.

Bascom, John: The Spirit Of A University, The Wisconsin Alumni Magazine, Vol. 8, Number 6, (March) 1907.

Bascom, John. The Future Of The University, The Wisconsin Alumni Magazine, Vol. 9, Number 3 (Dec.) 1907.

Bascom, John. Adaptation in University Work to the Popular Want, . The Wisconsin magazine alumni, Vol. 8, Number 9—10 (June) 1907.

Brubacher, John S. & Rudy, Willis, Higher Education in Transition. New Brunswick and London: Transaction Publishers. 1997.

Brubacher, John S. A History of the Problem of Education. New York: McGraw – Hill Book Company. 1966.

Buenker, John, D. HistoricalDictionary of the Progressive Era: 1890—1920, New York: Greenwood Press. 1988.

Burgchardt, C. R. Robert M. La Follette, Sr. : The Voice of Conscience, . Westport: Greenwood Press. 1992.

Benjiamin, G. . Rader. The Academic Mind and Reform: The Influence of Richard T. Ely in American Life. Madison: University of Wisconsin Press. 1966.

Curti, M. & Carstensen, V. The University of Wisconsin: 1848—1925, Vol. I, Madison: iversity of Wisconsin Press. 1949.

Curti, M. & Carstensen, V. The University of Wisconsin: 1848—1925, VoII, Madison: iversity of Wisconsin Press. 1949.

Chamberlin, Thomas C. Biographical Memoir Charles Richard Van Hise. National Acedemy of Sciences. 1918, Vol. XVII, 6th.

Commons, John. : Myself. New York: Macmillan. 1921.

Cohen, W. J. Edwin E. Witte. Cautious Reformer. Madison: University of Wisconsin Press. 1969.

Doan, Edward, N. The La Follette and the Wisconsin Idea. New York: Macmillan. 1947.

Ferrick, J. Faculty Outreach: Activities and Attitudes. Madison: Office of out Development, University of Wisconsin. 1999.

Grieder, Calvin. American Education. New York: The Ronald Press Company. 1965.

Hard, William. A University in Public Life. Outlook, (July 6), 1912.

Harter, Jr. Lafayette G. , John. R. Commons: His Assault on Laissez - faire. Corvallis: egon University Press. 1962.

Howe, Frederick C. Wisconsin: An Experiment in Democracy. New York: Charles Scribner's Sons. 1912.

Hofstadter, Richard, American Higher Education: A Documentary History, Vol. I, Chicago: The University Chicago Press. 1961.

Hoeveler, Jr. J. D. , The University and the Social Gospel. The Intellectual Origin of thé Wissonsin Ideá, Wisconsin Magazine of History 59, Surnmer. 1976.

James, Edmund. J. The Functionofthe State University, Scifnce Vol. 22, No. 568 (Nov. 17), 1905.

Johnson, J. A., (ed). Introduction to the Foundation of American Education. Boston: Auynand Bacon Company. 2002.

Knoks, A. B. Higher Education in a learning Society, London: Josse - Bass Inc. 1988.

La Follette, Robert M. A Personal Narrative of Political Experience. Madison: University of Wisconsin Press. 1913.

Lampman, R. Economists at Wisconsin, 1892—1992. Madison: Board of Regents of theUniversity of Wisconsin System. 1993.

McCarthy, Charles, The Wisconsin Idea. New York: Macmillian Comoany. 1911.

Maxwell, Robert S. La Follette and the Rise of the Progressives in Wisconsin. Madison: ate Historical of Wisconsin. 1956.

Mitzel, H. E., (ed). Encyclopedia Educational Reserch. New York: The Macmillan Publishing Co. znc. 1982.

Orvis, M. Burchart. A University That Goes to the People. The American Review of Reviews, Vol. XLV, (January 6), 1912.

Ostergren Robert, C., Wisconsin Land and Life, The University of Wisconsin: 1848—1925, VoII, Madison: University of Wisconsin Press. 1997.

Rudolph, Fredcrick. The American college and University. : A History. New York: McGraw Hill. 1962.

Stark, J. The Wisconsin Idea: The University's Service to the States. 1995—1996 Wisconsin Blue Book, . Madison, 1996.

Shalala, D. E., New Paradigms: The Reserch University in Society. Teacher Couege Record, Volume 92, Number 4, Summer, 1991.

Slosson, Edwin E. Great American University. New York: Macmillan. 1910.

Storr, Richard J. Harper's University: The Beginning. Chicago: The University Chicago Press, Chicago, 1966.

Spring, Joel, The American School: 1642—2000, New York: McGraw Hill.

2001.

Spring, Joel, The American Education. New York: McGraw Hill. 2000.

The Jubilee Committee, The Jubilee of the University of Wisconsin. Madoson 1904.

Trechter, David. The WisconsinIdea. Servey Reserch Center Report. 2005, 5 (April).

Urban, W. J. America Education: A History, New York: McGraw Hill. 2001.

Vance, M. Maorice, Charles Richard Van Hise Scientist Progressive. Milwaukee: The North American Press. 1960.

Veysey, Laurence, The Emergence of American University. Chicago: Chicago University Press. 1970.

Weisberger, Bernard. A., The LA Follettes of Wisconsin, . Madison: The University of Wisconsin Press. 1994.

Westmeyer, paul. A History of American Higher Education. San Antonio: Charles C. Thomas, 1985.

Witte J. F. Wisconsin Ideas: The Continuing Role of the University in the State and Beyond. Josse–Bass, a Wiley Company. 2000.

Witte, Edwin E. Social Security Perspectives: Essays by Witte, Edwin E. dison: University of Wisconsin Press. 1962.

Wisconsin Idea in Action in The University of Wisconsin – Madison program PATS. http://www.wisc.edu/PATS/, 2010-7-14.

Alan B. Knox & Joe Corry. The Wisconsin Idea for the 21st Century. 1995—1996 Wisconsin Blue Book Madison, 1996: 86.

Center of Cooperatives in The University of Wisconsin – Madison. program FHCW. http://www.wisconsinnidea.wisc.edu/profiles/crouse/, 2009-4-21.

Wisconsin Idea in Action in The University of Wisconsin – Madison program CWA. http://www.wisc.edu/writing/Aboutus/Serplaces.html#library, 2007-2/2009-5-18.

School of Music in The University of Wisconsin – Madison program Piano Pioneers. http://www.wisconsinnidea.wisc.edu/profiles/Pianopioneers/,

2009-1-28.

二 中文文献

潘懋元:《潘懋元高等教育文集》,新华出版社1991年版。
陈学飞:《美国高等教育发展史》,四川大学出版社1989年版。
王英杰:《美国高等教育的发展与改革》,人民教育出版社2002年版。
王廷芳:《美国高等教育》,福建教育出版社1995年版。
王保星:《美国现代高等教育制度的确立》,河北教育出版社2005年版。
南京大学高等教育研究所:《当代教育发展的重大课题》,南京大学出版社1990年版。
顾明远:《世界教育大系:高等教育》,吉林教育出版社2000年版。
朱国仁:《高等教育职能论》,黑龙江教育出版社1999年版。
朱国仁:《挑战与创新:构建新经济时代的中国高等教育》,南京师范大学出版社2001年版。
胡建华、陈列、周川:《高等教育学新论》,江苏教育出版社1995年版。
戚万学:《高等教育学》,山东大学出版社2008年版。
徐辉:《变革时代的大学使命》,浙江大学出版社1999年版。
黄福涛:《外国高等教育史》,上海教育出版社2003年版。
张斌贤:《外国教育史》,教育科学出版社2008年版。
滕大春:《美国教育史》,人民教育出版社2001年版。
[德]弗·鲍尔生:《德国教育史》,滕大春、滕大生译,人民教育出版社1986年版。
贺国庆:《德国和美国大学发达史》,人民教育出版社1998年版。
施晓光:《美国大学思想论纲》,北京师范大学出版社2001年版。
姚云:《美国高等教育法治研究》,山西教育出版社2004年版。
[美]L.A.克雷明:《学校的变革》,单中惠译,山东教育出版社2009年版。
[日]永井道雄:《日本的大学》,李永连译,教育科学出版社1982年版。
[西]奥尔特加·加塞特:《大学的使命》,徐小洲译,浙江教育出版社2001年版。

［美］约翰·S. 布鲁贝克：《高等教育哲学》，王承绪译，浙江教育出版社 2001 年版。

［美］罗伯特·M. 赫钦斯：《美国高等教育》，汪利兵译，浙江教育出版社 2001 年版。

［美］德里克·博克：《走出象牙塔：现代大学的社会责任》，徐小洲译，浙江教育出版社 2001 年版。

［美］伯顿·克拉克：《高等教育新论》，王承绪译，浙江教育出版社 2001 年版。

［美］亚伯拉罕·弗莱克斯纳：《现代大学论——美英德大学研究》，浙江教育出版社 2001 年版。

李剑虹：《大转折的年代——美国进步主义运动研究》，天津教育出版社 1992 年版。

单中惠：《现代教育的探索——杜威与实用主义教育思想》，人民教育出版社 2002 年版。

单中惠、杨捷：《外国大学教育问题史》，山东教育出版社 2006 年版。

吴式颖：《外国教育思想通史》，湖南教育出版社 2002 年版。

夏炎德：《欧美经济史》，上海三联书店 1991 年版。

董小川：《美国文化概论》，人民出版社 2006 年版。

董小川：《儒家文化与美国基督新教文化》，商务印书社 1999 年版。

丁则民、黄仁伟：《美国通史》（第三卷），人民出版社 2002 年版。

余志森、王春来：《美国通史》（第四卷），人民出版社 2002 年版。

何顺国：《美国史通论》，学林出版社 2001 年版。

陈利民：《办学理念与大学发展》，中国海洋大学出版社 2006 年版。

［英］亚当·斯密：《国富论》，唐日松译，华夏出版社 2004 年版。

［美］爱默生：《爱默生演讲录》，孙学宜译，中国人民大学出版社 2004 年版。

［美］大卫·沃德：《令人骄傲的传统和充满挑战的未来：威斯康星大学的 150 年》，李曼丽、李越译，清华大学出版社 2007 年版。

钱乘旦：《美国的新保守主义》，江苏人民出版社 2003 年版。

王天一：《西方教育思想史》，湖南教育出版社 1996 年版。

吕磊：《美国的新保守主义》，江苏人民出版社 2003 年版。

吕庆广：《六十年代美国学生运动》，江苏人民出版社 2004 年版。

赵敦华：《西方哲学简史》，北京大学出版社 2001 年版。

康健：《威斯康星思想与高等教育的社会职能》，《外国教育研究》1988 年第 4 期。

大光：《范海斯的高等教育思想》，《高教文摘》1990 年第 5 期。

贺国庆：《美国高等教育现代化的基石——南北战争后到 1900 年间美国高等教育的变革》，《河北师范大学学报》1998 年第 1 期。

贺国庆：《从莫里尔法案到威斯康星观念》，《河北大学学报》1998 年第 3 期。

王保星：《威斯康星观念的诞生及对美国高等教育的影响》，《河北师范大学学报》2000 年第 1 期。

刘宝存：《"威斯康星理念"与大学的社会服务职能》，《理工高等教育研究》2003 年第 5 期。

续润华、李建强：《农工学院大创建及其对内战后美国高等教育的影响》，《河北师范大学学报》2005 年第 4 期。

张皑：《威斯康星思想对我国发挥地方高校社会服务职能的启示》，《重庆文理学院学报》2006 年第 3 期。

段江飞：《我国大学社会服务职能的历史考察与分析》，清华大学，2005 年。

李栋：《论我国研究型大学的社会服务职能》，湖南师范大学，2006。

高平叔编：《蔡元培教育论著选》，人民教育出版社 1991 年版。

高平叔编：《蔡元培教育文选》，人民教育出版社 1980 年版。

潘懋元、刘海峰编：《中国近代教育史资料汇编：高等教育》，上海教育出版社 2007 年版。

陈元晖主编：《中国近代教育史资料汇编：教育行政机构及教育团体》，上海教育出版社 2007 年版。

http://baike.so.com/doc/4578096.html.

http://wenku.baidu.com/view/06eedd0b52ea551810a687f3.html.

http://news.sohu.com/20100330/n271193436.shtml.

http://news.synu.edu.cn/html/YXSX/2012/10/12101915401240.html.

http：//edu.zjol.com.cn/05edu/system/2010/09/21/016950217.shtml.

http：//news.syau.edu.cn/news/mtsn/F5A2FCEF17433EAA.shtml.

http：//xcb.web.shiep.edu.cn/meiti/open.asp?id=1055.

http：//ghc.xust.edu.cn/nry.jsp?urltype=news.NewsContentUrl&wbnewsid=3075&wbtreeid=1007.

http：//www.wjedu.net/node/xwzx_2/2012-6-22/126222234938752747.html.

http：//news.synu.edu.cn/html/sdxr/2012/7/1271113156158.html.

后 记

书稿终于可以交给出版社了，搁笔之时，感慨万千。拙作是在我的博士论文基础上加以丰厚而成，此时此刻，在南京师范大学攻读博士学位的情景又浮现在眼前。以中年之龄意欲完成高深艰苦的博士学业，既要圆求学梦，又想尽好家庭之责，实非易事，想起那些不寻常的日日夜夜，个中甜酸苦辣，真是无以言表。

我庆幸遇到了一位好导师：国内外国教育史界知名专家、华东师范大学教授单中惠先生。师从单教授学习的这几年，自己不仅在外国教育史专业领域的知识积累和研究视野得到拓展，更重要的是，先生以他身上特有的那种中国传统文人的正直、严谨、求实之品格，让我懂得了什么是我们须永远恪守的治学风范，什么是为学与做人的根本。懈怠的时刻，想到导师那一双严厉而又饱含期望的眼睛，心中不免生出几分畏惧，但更多的是温暖与激励。恩师如父，还有一直关心我的师母谷老师，感谢他们的严教与慈怀，感谢这份幸遇！

在南京师范大学，我有幸还遇到很多给我以深刻影响的好老师：周采教授三言两语又极为精到的点拨，连同她那娴雅淡定的气质，早已成为我记忆中的经典。还有胡建华教授、金生鈜教授、杨启亮教授、张乐天教授、胡金平教授、冯建军教授、朱中都教授，南京大学的汪霞教授，以及合肥师范学院的朱镜人教授，让我永远记住他们的教导之恩！

我还要感谢一起学习的同窗学友、南京师范大学和华东师范大学外国教育史专业方向博士团队里的同学们，他们各自的优秀和精彩是我永远的学习榜样。

  此外，南京大学的特木勒教授、大连远东工具集团董事长齐树民先生，以及他们远在美国的朋友，在我查找、搜集资料的过程中，给了我极大的帮助，谢谢他们！

  当然，我还要非常感谢我的爱人对我学术基质的赏识和激发，他给我从学习器材置备到用餐方式选择等方面都做了细心安排；还有我的宝贝儿子，他以少年期独立与叛逆兼具的呼应形式，与妈妈同成长。一句话：是家人亲人给予我的多方面的鼓励与支持，让我得以开启人生"后青年阶段"的求学之旅，并能够安心圆满地完成学业。

  最后，请允许我向在我论文撰写和专著完善过程中给予多方面关照和帮助的所有朋友们一并致谢！感谢沈阳师范大学对于学者们学术成长所提供的平台，感谢中国社会科学出版社编辑们的辛勤劳动！

杨艳蕾

2023 年 4 月拙作重印时

于北京珠穆朗玛宾馆